Ahmet Talha Özen

Vergleichende Studien zum strafrechtlichen Notstand im deutschen und türkischen Recht

Schriften zum Straf-,
Strafprozess- und Strafvollzugsrecht

Band 19

LIT

Ahmet Talha Özen

Vergleichende Studien zum strafrechtlichen Notstand im deutschen und türkischen Recht

LIT

∞

Gedruckt auf alterungsbeständigem Werkdruckpapier entsprechend
ANSI Z3948 DIN ISO 9706

Bibliografische Information der Deutschen Nationalbibliothek
Die Deutsche Nationalbibliothek verzeichnet diese Publikation in der Deutschen Nationalbibliografie; detaillierte bibliografische Daten sind im Internet über https://dnb.dnb.de abrufbar.

ISBN 978-3-643-15632-7 (br.)
ISBN 978-3-643-35632-1 (PDF)
Zugl: Hamburg, Univ., Diss., 2024

Verlagskontakt:
Fresnostr. 2 D-48159 Münster
Tel. +49 (0) 2 51-62 03 20
E-Mail: lit@lit-verlag.de https://www.lit-verlag.de

Auslieferung:
Deutschland: LIT Verlag, Fresnostr. 2, D-48159 Münster
Tel. +49 (0) 2 51-620 32 22, E-Mail: vertrieb@lit-verlag.de

Vorwort

Der strafrechtliche Notstand ist ein zentraler und viel diskutierter Aspekt der Dogmatik des Allgemeinen Teils. Im deutschen Strafrecht ist der Notstand sowohl als Rechtfertigungs- als auch als Entschuldigungsgrund anerkannt. Demgegenüber scheint der Notstand im türkischen Strafrecht lediglich eine dieser Eigenschaften zu besitzen. Ziel der Arbeit ist es, die theoretischen und dogmatischen Grundlagen des strafrechtlichen Notstands zu beleuchten und eine vergleichende Analyse der Notstandsregelungen im deutschen und türkischen Strafrecht vorzunehmen.

Zunächst möchte ich meinen herzlichen Dank und meine große Dankbarkeit gegenüber meinem Betreuer *Prof. Dr. Jochen Bung* zum Ausdruck bringen. Seine Unterstützung begann nicht erst mit meiner Dissertation, sondern bereits während meines Masterstudiums und hielt bis heute an. In dieser langen Zeit hat er mich nicht nur wissenschaftlich begleitet, sondern auch persönlich inspiriert und motiviert. Seine wertvollen Ratschläge, sein umfangreiches Fachwissen und sein stets offenes Ohr für meine Anliegen haben maßgeblich zu meinem Fortschritt und Erfolg beigetragen.

Mein Dank gilt auch *Prof. Dr. Aziz Epik* für die Erstellung des Zweitgutachtens sowie *Prof. Dr. Dr. Milan Kuhli*, der an meiner Disputation teilgenommen hat.

Mein besonderer Dank gebührt dem türkischen Bildungsministerium, das mir durch ein großzügiges Stipendium das Masterstudium und die Promotion in Deutschland ermöglicht hat. Besonders danke ich auch dem türkischen Bildungsattaché und dessen Mitarbeitern, die sich um meine offiziellen Angelegenheiten gekümmert haben.

Ferner möchte ich meinem Freund und auch Fachkollegen *Çağrı Tuğşat Kemaloğlu, LL.M.* meine Wertschätzung für seine Unterstützung aussprechen.

Ein großer Dank schulde ich zudem meinen Eltern und Brüdern, deren unermüdliche Unterstützung und großer Einsatz mir den Weg bis hierher ermöglicht haben.

Zuletzt möchte ich meiner Frau danken, die mir von Anfang an immer zur Seite stand und mir Kraft und Unterstützung gegeben hat.

Diese Arbeit widme ich meiner Tochter *Handan*.

Hamburg, im Juli 2024 *Ahmet Talha Özen*

Inhaltsverzeichnis

Abkürzungsverzeichnis

§	Paragraf
§§	Paragrafen
a. A.	anderer Ansicht
a. F.	alte Fassung
Abs.	Absatz
AEMR	Allgemeine Erklärung der Menschenrechte
AL	AD Legendum
ARPh	Archiv für Rechts- und Wirtschaftsphilosophie
Art.	Artikel
AT	Allgemeiner Teil
Aufl.	Auflage
Bd.	Band
BGB	Bürgerlisches Gesetzbuch
BGH	Bundesgerichtshof
BGHSt	Entscheidungen des BGH in Strafsachen
BRJ	Bonner Rechtsjournal
Buchst.	Buchstaben
BVerfG	Bundesverfassungsgericht
Calif.	California
CD	Ceza Dairesi (Strafsenat)
CHD	Ceza Hukuku Dergisi
CMK	Ceza Muhakemesi Kanunu (türkische Strafprozessordnung)
DEÜFD	Dokuz Eylül Üniversitesi Hukuk Fakültesi Dergisi
EBYÜHFD	Erzincan Binali Yıldırım Üniversitesi Hukuk Fakültesi Dergisi
EGMR	Europäischer Gerichtshof für Menschenrechte
EMRK	Europäische Konvention zum Schutze der Menschenrechte und Grundfreiheiten
EuGH	Gerichtshof der Europäischen Union
f.	folgende (Seite/Randnummer)
ff.	folgende (Seiten/Randnummern)
Fn.	Fußnote
FS	Festschrift
GA	Goltdammer's Archiv für Strafrecht
GG	Grundgesetz
GVG	Gerichtsverfassungsgesetz
h. L.	herrschende Lehre
h. M.	herrschende Meinung
HPD	Hukuki Persperktifler Dergisi
HRRS	Höchstrichterliche Rechtsprechung im Strafrecht
Hrsg.	Herausgeber

IPBPR	International Pakt über die bürgerliche und politische Rechte
IÜHFM	İstanbul Üniversitesi Hukuk Fakültesi Mecmuası
JA	Juristische Arbeitsblätter
Jh.	Jahrhundert
JR	Juristische Rundschau
JRE	Jahrbuch für Recht und Ethik
Jura	Juristische Ausbildung
JuS	Juristische Schulung
JZ	Juristenzeitung
Ks	Große Strafkammer als Schwurgericht
LG	Landgericht
m.	Madde (Artikel)
MRK	Menschenrechtskonvention
NJW	Neue Juristische Wochenschrift
Nr.	Nummer
NStZ	Neue Zeitschrift für Strafrecht
OLG	Oberlandesgericht
OWiG	Gesetz über Ordnungswidrigkeiten
Rev.	Rewiev
RevGer.	Revisionsgericht
RG	Reichsgericht
RGS	Entscheidungen des Reichsgerichts in Strafsachen
Rn.	Randnummer
S.	Seite
SJZ	Süddeutsche Juristen Zeitung
Ss	Strafsenat
StGB	Strafgesetzbuch
StPO	Strafprozessordnung
StR	Strafsenat
Stud.	Study
StV	Der Strafverteidiger
TBBD	Türkiye Barolar Birliği Dergisi
TCK	Türk Ceza Kanunu (türkisches Strafgesetzbuch)
Theol.	Theologie
tOGB	türkisches Obligationsgesetzbuch
tStGB	türkisches Strafgesetzbuch
tStPO	türkische Strafprozessordnung
tZGB	türkisches Zivilgesetzbuch
UK	United Kingdom
Univ.	University
Urt.	Urteil
Vol.	Volume
VR	Verwaltungsrundschau

Wm. & Mary L. Rev.	William & Mary Law Review
YCGK	Yargıtay Ceza Genel Kurulu (Große Senat des türkischen Kassationsgerichtshof in Strafsachen)
ZfP	Zeitschrift für Politik
ZIS	Zeitschrift für Internationale Strafrechtsdogmatik
ZJS	Zeitschrift für das Juristische Studium
ZStW	Zeitschrift für die gesamte Strafrechtswissenschaft

Einleitung

I. Vorbemerkungen

Diese vergleichende Studie konzentriert sich speziell auf den Notstand im deutschen und türkischen Strafrecht. Deutschland und die Türkei sind zwei Länder mit unterschiedlichen Rechtssystemen und kulturellen Hintergründen, die eine interessante Grundlage für den Vergleich bieten. Mithilfe der Untersuchung der Notstandsregelungen in beiden Ländern wird es möglich sein, Gemeinsamkeiten, Unterschiede und etwaige Einflüsse auf die Ausgestaltung dieses wichtigen Rechtsinstituts aufzudecken.

Der Notstand ist ein Zustand, bei dem es um eine gegenwärtige Gefahr für rechtlich geschützte Interessen geht, deren Abwendung nur auf Kosten fremder Interessen möglich ist; es handelt sich demnach um einen gefahrdrohenden Zustand, zu dessen Behebung das Ergreifen außerordentlicher Maßnahmen erforderlich wird.[1] Der Begriff des Notstands gehört allerdings nicht nur zur Terminologie der Rechtswissenschaft, sondern basiert vielmehr auch auf einer allgemeinen Situation.[2] Deshalb kann der Notstand in verschiedenen Rechtsgebieten als rechtliche Norm unterschiedlich geregelt werden.[3] Demnach ist es zunächst erforderlich, den Notstand nach entsprechenden Rechtsgebieten zuzuordnen und dessen rechtliche Natur zu bestimmen. Erst danach wird der strafrechtsrelevante Notstand unter die Lupe genommen, indem die aktuellen Notstandsregelungen und historischen Entwicklungen in beiden Strafrechtssystemen berücksichtigt werden.

Historisch betrachtet finden notstandsbezogene Regelungen in fast allen Rechtssystemen in vielfältiger Form Anwendung. Allerdings ist die rechtliche Natur des Notstands noch umstritten. Es bedarf daher vor allem einer rechtlichen Klassifizierung, ob der Notstand einen Entschuldigungs-, einen Rechtsfertigungsgrund oder beide gemeinsam verkörpert. Damit spielt diese Klassifizierung nicht nur für die rechtliche Begründung des Notstands, sondern auch für dessen Rechtsfolgen eine wichtige Rolle. Erst nach einer eindeutigen Klassifizierung ist es somit

---

1 Siehe für die Definition dieser Begriff: DWDS (https://www.dwds.de/wb/Notstand) – Zugriffsdatum: 09.01.2024.

2 Siehe für die unterschiedliche Verwendung dieses Begriffs in anderen Bereichen: PONS (https://de.pons.com/übersetzung/deutsch-als-fremdsprache/Notstand) – Zugriffsdatum: 09.01.2024.

3 Der Notstand ist sowohl strafrechtlich als auch zivilrechtlich nach seiner Prägung geregelt. Er steht so etwa im deutschen Strafrecht §§ 34, 35 StGB, §§ 228, 904 BGB, im türkischen Strafrecht Art. 25 Abs. 2 tStGB (türkisches Strafgesetzbuch, Art. 753 tZGB (türkisches Zivilgesetzbuch).

möglich, den Notstand rechtlich zu begründen und festzustellen, auf welche rechtliche Grundlage er sich stützt.

Im deutschen Strafgesetzbuch wird der Notstand in zwei Paragrafen mit unterschiedlicher rechtlicher Natur geregelt.[4] § 34 StGB beinhaltet einen Rechtfertigungsgrund, während es sich bei § 35 StGB um einen Entschuldigungsgrund handelt.[5] Demnach trennt der deutsche Gesetzgeber den Notstand in zwei Rechtsnormen.

Im StGB werden die Voraussetzungen des Notstands nach der Differenzierungstheorie[6] vorgeschrieben.[7] Tritt daher ein Notstand ein, werden alle relevanten Umstände des einzelnen Falls bewertet, um eine erfolgreiche, rechtliche Klassifizierung des Notstands durchführen zu können. Dabei wird insbesondere festgestellt, ob dieser gemäß § 34 StGB als Rechtfertigungsgrund oder gemäß § 35 StGB als Entschuldigungsgrund anzusehen ist. Eine solche Unterscheidung zwischen den Notstandsformen erschwert jedoch offensichtlich deren Begründungs-

---

4 § 34 StGB regelt den rechtfertigenden Notstand wie folgt: *Wer in einer gegenwärtigen, nicht anders abwendbaren Gefahr für Leben, Leib, Freiheit, Ehre, Eigentum oder ein anderes Rechtsgut eine Tat begeht, um die Gefahr von sich oder einem anderen abzuwenden, handelt nicht rechtswidrig, wenn bei Abwägung der widerstreitenden Interessen, namentlich der betroffenen Rechtsgüter und des Grades der ihnen drohenden Gefahren, das geschützte Interesse das beeinträchtigte wesentlich überwiegt. Dies gilt jedoch nur, soweit die Tat ein angemessenes Mittel ist, die Gefahr abzuwenden;* § 35 StGB regelt den entschuldigenden Notstand so: *(1) Wer in einer gegenwärtigen, nicht anders abwendbaren Gefahr für Leben, Leib oder Freiheit eine rechtswidrige Tat begeht, um die Gefahr von sich, einem Angehörigen oder einer anderen ihm nahestehenden Person abzuwenden, handelt ohne Schuld. Dies gilt nicht, soweit dem Täter nach den Umständen, namentlich weil er die Gefahr selbst verursacht hat oder weil er in einem besonderen Rechtsverhältnis stand, zugemutet werden konnte, die Gefahr hinzunehmen; jedoch kann die Strafe nach § 49 Abs. 1 StGB gemildert werden, wenn der Täter nicht mit Rücksicht auf ein besonderes Rechtsverhältnis die Gefahr hinzunehmen hatte. (2) Nimmt der Täter bei Begehung der Tat irrig Umstände an, welche ihn nach Absatz 1 entschuldigen würden, so wird er nur dann bestraft, wenn er den Irrtum vermeiden konnte. Die Strafe ist nach § 49 Abs. 1 StGB zu mildern.*

5 Die Überschrift des § 34 StGB lautet ‚rechtfertigender Notstand', jene des § 35 StGB ‚entschuldigender Notstand'.

6 Siehe dazu unten B. II. 1. c.

7 Der deutsche Gesetzgeber nimmt den Notstand sowohl als einen Rechtfertigungsgrund (in § 34 StGB) als auch als einen Entschuldigungsgrund (in § 35 StGB) an.

versuche, die daher unterschiedlich ausfallen.[8] Da der deutsche Gesetzgeber den Notstand im StGB in zwei unterschiedlichen Formen (Rechtfertigungs- und Entschuldigungsgrund) annimmt, erfolgt die rechtliche Begründung unter Berücksichtigung dieser beiden Formen.

Auf der Seite des rechtfertigenden Notstands werden zur Begründung zwei Ansätze in Betracht gezogen, nämlich die Feststellung des rechtlichen Wesens des rechtfertigenden Notstands sowie dessen Prinzipien. In diesem Zusammenhang kommen daher die Zweck- und Kollisionstheorien[9] zur Bestimmung des rechtlichen Wesens des rechtfertigenden Notstands in Betracht.

Die Zwecktheorie versucht den rechtfertigenden Notstand zu begründen, indem sie den Zweck des Täters, den er durch seine Handlung anstrebt, legitimiert. Obwohl rechtfertigender Notstand zum Teil im Lichte der Zwecktheorie erklärt werden kann, reicht diese nicht aus, um diesen im vollen Umfang zu begründen. Es wird nämlich in Einzelfällen nicht möglich sein, objektiv festzustellen, welches Mittel welchem Zweck dient oder ob der anzustrebende Zweck tatsächlich gerecht ist.

Die Kollisionstheorie begründet den rechtfertigenden Notstand als eine Abwägung der Rechtsgüter oder des rechtlichen Interesses, die unter den jeweiligen Umständen eines Notstandsfalls einander widerstreiten. Wenngleich dieser Ansatz eine plausible Begründung zum rechtfertigenden Notstand liefert, wird nicht völlig geklärt, ob diese Abwägung auf das Rechtsgut oder auf das Interesse gestützt werden sollte. Ferner ist es fragwürdig, wie eine Abwägung durchgeführt werden soll, wenn es um gleichwertige, tatbezogene Rechte geht. Obwohl die Rechtsgüter oder Interessen theoretisch gleich sein sollten, können ihre Bedeutung und Relevanz für den Einzelnen voneinander abweichen. Würde daher dieser Maßstab bei der Abwägung bloß ignoriert, wäre dies als Unbilligkeit zu sehen.

Zur Legitimität des rechtfertigenden Notstands werden einige Prinzipien in Betracht gezogen, womit die utilitaristischen und solidarischen Ansätze in den Vordergrund gerückt werden. Nach dem utilitaristischen Ansatz[10] wird die Notstandshandlung legitimiert, weil sie bloß sozial nützlich ist. Dagegen geht der solidarische Ansatz[11] davon aus, dass die Geschädigten derartige Notstandshandlung dulden sollen.

---

8 Denn an dieser Stelle müssen sowohl für den rechtfertigenden Notstand als auch den entschuldigenden Notstand getrennte Begründungen angeführt werden, da die Rechtsnatur in beiden Fällen unterschiedlich ist.

9 Siehe dazu unten B. II. 2. b. i.

10 Siehe dazu unten B. II. 2. b. ii.

11 Siehe dazu unten B. II. 2. b. ii.

Heute wird in der deutschen Literatur der rechtfertigende Notstand hauptsächlich auf das Prinzip des überwiegenden Interesses und auf das Solidaritätsprinzip zurückgeführt, wobei noch immer auf die Zwecktheorie Bezug genommen wird.[12] Obwohl in der türkischen Literatur die rechtliche Natur des Notstands sehr umstritten ist, stützt sich der rechtfertigende Notstand im türkischen Strafrecht nach einem Teil der Lehre hauptsächlich auf das Prinzip des überwiegenden Interesses.[13]

Bei entschuldigendem Notstand verletzt der Täter, dessen Willensbestimmung aus Angst in konkreter Gefahrenlage erheblich beeinträchtigt wird, ein Rechtsgut von anderen, um sein eigenes Rechtsgut zu schützen. Mithin liegt hier eine subjektive Verbindung zwischen dem Täter und seiner Notstandshandlung vor; diese verweist jedoch auf die Schuldhaftigkeit des Täters und nicht auf die Rechtswidrigkeit der Handlung. Hierbei werden die psychologischen und normativen Theorien in Betracht gezogen.[14]

Der in § 35 Abs. 1 StGB normierte Notstand gilt als ein Entschuldigungsgrund, d. h. als ein *numerus clausus*, aus dem sich die Straflosigkeit des Täters ergibt.[15] In der Praxis gibt es bezüglich dieser Norm auch ein Abgrenzungsproblem zu dem rechtfertigenden Notstand, der in § 34 StGB normiert wird und Parallelen aufweist.[16] Zwischen diesen beiden Regelungen bestehen jedoch auch erhebliche Unterschiede.[17] Deshalb kann diese Differenzierung in Hinsicht auf die rechtliche Bewertung und deren Rechtsfolge von erheblicher Bedeutung sein.[18]

Im türkischen Strafrecht wird der Notstand lediglich als Einzelnorm in Art. 25 Abs. 2 tStGB (türkisches Strafgesetzbuch) geregelt.[19] Dieses bietet jedoch keine

---

12 *Pawlik*, Der rechtfertigende Notstand, S. 30; *Rosenau,* in SK-StGB, § 34 Rn. 1; *Roxin/Greco*, Strafrecht Allgemeiner Teil, § 15 Rn. 10 f.; *Tsilimpari*, Die Regelung des Notstands im deutschen und im englischen Recht, S. 42; *Zieschang,* in LK-StGB, § 34 Rn. 8.

13 *Demirbaş*, Ceza Hukuku Genel Hükümler, S. 329.

14 Siehe dazu unten B. II. 3. c.

15 *Gropp/Sinn,* Strafrecht Allgemeiner Teil, § 6 Rn. 125.

16 *Gropp/Sinn,* Strafrecht Allgemeiner Teil, § 6 Rn. 131.

17 *Bock*, Strafrecht Allgemeiner Teil, S. 402.

18 *Kindhäuser/Zimmermann*, Strafrecht Allgemeiner Teil, § 17 Rn. 7; auch *Rengier*, Strafrecht Allgemeiner Teil, § 19 Rn. 5.

19 Art. 25 Abs. 2 tStGB lautet: *Ein Täter wird nicht bestraft, wenn er Taten in der Notwendigkeit begeht, sich oder einen anderen aus einer schweren und tatsächlich bestehenden Gefahr zu retten, die einem eigenen Recht oder dem Recht des anderen droht, die er nicht wissentlich verursacht hat und der auf andere Weise nicht zu begegnen ist. Dies gilt unter der Voraussetzung, dass zwischen der Schwere der Gefahr und dem Gut sowie dem verwendeten Mittel ein angemessenes Verhältnis besteht*; für

eindeutige Aufklärung, zu welchem Bereich (Entschuldigungs- oder Rechtfertigungsgrund) der Notstand gehört.[20] Das tStGB weist somit keine maßgeblichen Merkmalen darauf, zu welcher Art diese Notstandsnorm gehört.[21]

In diesem Zusammenhang kann das gewählte Thema hinsichtlich der Kontroverse in Bezug auf eine Rechtsvergleichung interessant sein, weil das türkische Strafrecht den Notstand, im Gegensatz zum deutschen Strafrecht, nicht in zwei verschiedenen Formen normiert.[22] Deshalb ist das rechtliche Wesen des Notstands im türkischen Strafrecht umstritten, d. h., ob dieser einen Rechtfertigungs- oder Entschuldigungsgrund darstellt.[23] Dieser bemerkenswerte Unterschied und die Abgrenzung von § 34 und § 35 StGB erfordert demnach einen umfassenden Vergleich zwischen den beiden Rechtssystemen.

II. Zweck der Arbeit

Das übergeordnete Ziel dieser Dissertation besteht darin, eine umfassende und gründliche Untersuchung des strafrechtlichen Notstandsinstituts im deutschen und türkischen Rechtssystem durchzuführen. Die Analyse erstreckt sich dabei über historische Entwicklungen, materielle Voraussetzungen und theoretische Ansichten des Notstands in beiden Rechtsordnungen.

Mit diesem Dissertationsprojekt ist jedoch auch beabsichtigt, umfassende Einblicke in die Theorien zu bieten, die sich mit den relevanten Problemen im Zusammenhang mit den Notstandsregelungen befassen. Darüber hinaus wird angestrebt, auch den übergesetzlichen Notstand zu beleuchten, der zwar nicht gesetzlich geregelt ist, jedoch in der Lehre und Rechtsprechung in Betracht gezogen wird.

Des Weiteren ist geplant, in einem vergleichenden Ansatz die Situation in der türkischen Literatur und Rechtsprechung zum Thema in die Arbeit einzubeziehen. Durch einen vergleichenden Ansatz sollen Gemeinsamkeiten, Unterschiede und mögliche Auswirkungen auf individuelle Rechte bzw. die strafrechtliche

---

die Übersetzung siehe *Tellenbach*, Das türkische Strafgesetzbuch: Türk Ceza Kanunu Art. 25 Abs. 2.

20 *Özbek u. a.*, Türk Ceza Hukuku Genel Hükümler, S. 403; *Zafer*, Ceza Hukuku Genel Hükümler TCK m. 1–75), S. 385.

21 Es ist jedoch offensichtlich, dass dieser Paragraf (Art. 25 Abs. 2 tStGB) die beiden Notstandsformen nicht völlig umfasst; von einem Teil der türkischen Strafrechtslehre wird jedoch trotzdem der Notstand sowohl als ein Rechtfertigungsgrund als auch als ein Entschuldigungsgrund angenommen; *Demirbaş*, Ceza Hukuku Genel Hükümler, S. 286; *Zafer*, Ceza Hukuku Genel Hükümler TCK m. 1–75), S. 383 f.

22 Ähnlich *Özaydın*, Notwehr und Notstand im deutsch-türkischen Rechtsvergleich, S. 166 f.

23 *Koca/Üzülmez*, Türk Ceza Hukuku Genel Hükümler, S. 347.

Praxis aufgezeigt werden. Hierbei liegt ein besonderer Fokus auf der Schlussbetrachtung, wo der Notstand abschließend begründet werden sollte.

Die Erkenntnisse dieser Dissertation sollen nicht nur ein vertieftes Verständnis des Notstands in diesen beiden Rechtssystemen ermöglichen, sondern auch zur Weiterentwicklung rechtlicher Überlegungen in Bezug auf das Notstandsinstitut beitragen.

III. Gang der Arbeit

Der Schwerpunkt dieser Arbeit liegt auf dem Vergleich zwischen dem deutschen und türkischen Strafrecht in Bezug auf die Notstandsregelungen. Diese Vergleichsstudie wird weiterhin die Unterschiede zwischen beiden Strafrechtssystemen hinsichtlich der Rechtsfolge und Voraussetzungen für den Notstand darlegen, indem sowohl die theoretischen Grundlagen als auch die Praxis berücksichtigt werden.

Bei der Ausarbeitung wird eine qualitative Methode verwendet, wobei das Thema in grundlegende Kapitel unterteilt wird. Bevor der Notstand vertieft behandelt wird, soll jedoch im ersten Kapitel ein allgemeiner Überblick über die Rechtswidrigkeit und Schuld gegeben werden. Die Grundlage bildet hierbei die Frage, ob die Rechtsnatur des Notstands ein Rechtfertigungs- oder ein Entschuldigungsgrund ist. Deshalb wird auf dieses Verhältnis stets Rücksicht genommen.

Im zweiten Kapitel wird versucht, die Rechtsnatur des Notstands unter Berücksichtigung der geltenden gesetzlichen Vorschriften sowie historischer und philosophischer Ansichten zu erläutern. Hierbei wird insbesondere das deutsche Recht herangezogen, etwa mithilfe der durch die Lehre entwickelten Theorien.

Danach werden die aktuellen Notstandsvorschriften und deren Voraussetzungen in beiden Rechtssystemen in separaten Kapiteln ausführlich behandelt.[24] Nachdem die beiden Strafrechtssysteme in ihren Einzelteilen untersucht worden sind, soll in einem weiteren Kapitel ein umfassender Vergleich systematisch durchgeführt werden. Zudem findet auch der übergesetzliche Notstand in diesem Vergleichskapitel Erwähnung, wobei besonders außergewöhnliche Fällen, die nicht gesetzlich geregelt sind, infrage gestellt werden.[25]

---

24 In diesem Abschnitt werden auch die zivilrechtlichen Vorschriften und die in der Vergangenheit geltenden Vorschriften zum Notstand für beide Rechtssysteme erwähnt.

25 Da der übergesetzliche Notstand eine Art des Notstands ist und teilweise in beiden Rechtssystemen angewendet wurde, wird dieser in besonderen Abschnitt unter dem Kapitel E. VII erwähnt.

Im Schlusskapitel erfolgt schließlich eine Zusammenfassung. Zudem werden Bewertungen der geltenden Notstandsvorschriften beider Rechtssysteme sowie der Rechtsnatur des Notstands durchgeführt.

A. Überblick zum Verhältnis der Rechtswidrigkeit und Schuld

I. Vorbemerkungen

In fast allen modernen Strafrechtssystemen liegt bei der Prüfung des Deliktsaufbaus ein dreigliedriger Verbrechensbegriff vor,[1] bestehend aus Tatbestandsmäßigkeit, Rechtswidrigkeit und Schuld.[2] In diesem Rahmen treffen die Tatbestandsmäßigkeit und Rechtswidrigkeit vor allem auf das Unrecht der Handlung zu, wohingegen es bei der Schuld um die subjektive Vorwerfbarkeit des Täters geht.[3] Die Prüfung der Schuld hängt jedoch von der Existenz des Unrechts ab.[4] Mit anderen Worten ausgedrückt, eine tatbestandsmäßige und rechtswidrige Tat sollte zuerst bestehen, damit die Ebene der Schuld überprüft werden kann.[5] Der Täter wird nämlich erst dann bestraft, wenn die drei Merkmale in aufeinanderfolgende Weise zur Gänze erfüllt sind.[6]

Aus den oben genannten Gründen kann der Schluss gezogen werden, dass sich die Rechtswidrigkeit und Schuld hinsichtlich ihrer rechtlichen Natur und Rechtsfolgen erheblich unterscheiden.[7] Diese Differenzierung sollte deshalb auch bei den Rechtfertigungs- und Entschuldigungsgründen berücksichtigt werden.[8] In den folgenden Abschnitten wird daher die strafrechtliche Natur der Rechtswidrigkeit und Schuld getrennt behandelt. Dies ermöglicht eine bessere rechtliche Abgrenzung zwischen Rechtfertigungs- und Entschuldigungsgründen. Daraufhin lässt sich der Notstand effizienter vertiefen, da dieser, was im Übrigen einen Schwerpunkt dieser Arbeit bildet, sowohl als ein Rechtfertigungsgrund als auch als ein Entschuldigungsgrund im deutschen Strafrecht geregelt ist.[9] Im türkischen Strafrecht wird

---

1 Im Gegensatz zum dreistufigen Verbrechensaufbau vertritt eine alternative Meinung die Vorstellung eines Gesamtunrechtstatbestands, der alle Merkmale vereint, die ein Unrecht begründen oder ausschließen. Gemäß dieser Ansicht bestünde der Deliktsaufbau nicht aus drei Stufen, sondern lediglich aus zwei: Dem Gesamtunrechtstatbestand und der Schuld. Dieses Verständnis basiert auf der Lehre der negativen Tatbestandsmerkmale; *Kaspar*, Strafrecht Allgemeiner Teil, § 5 Rn. 6 f.

2 Siehe zu den detaillierten Informationen: *Schünemann*, Einführung in das strafrechtliche Systemdenken, S. 1 (1ff.).

3 *Eisele*, in SSK-StGB, Vor §§ 13 ff. Rn. 20; *Koca/Üzülmez*, Türk Ceza Hukuku Genel Hükümler, S. 85 ff.

4 *Rengier*, Strafrecht Allgemeiner Teil, § 12 Rn. 1.

5 *Roxin/Greco*, Strafrecht Allgemeiner Teil, § 19 Rn. 1.

6 *Gropp/Sinn,* Strafrecht Allgemeiner Teil, § 2 Rn. 66.

7 *Rengier*, Strafrecht Allgemeiner Teil, § 24 Rn. 1.

8 Siehe zu den ausführlichen Untersuchungen *Eser,* Die Unterscheidung von Rechtfertigung und Entschuldigung, S. 301 (313 f.).

9 Siehe oben Fn. 5.

hingegen auch die Ansicht vertreten, dass der Notstand ein Rechtfertigungs- bzw. ein Entschuldigungsgrund oder auch beides zusammen sei.[10]

1. Rechtswidrigkeit

Bei der Rechtswidrigkeit handelt es sich definitionsgemäß um eine Handlung, die gegen das geltende Recht verstößt.[11] Dieser Verstoß sollte jedoch nicht nur für ein Rechtsgebiet, sondern für alle Rechtsgebiete gelten, d. h. ein Verhalten ist entweder gerechtfertigt oder rechtswidrig, was allerdings nicht nach jeweiligen Rechtsgebieten variieren kann.[12] Die auf der Ebene der Rechtswidrigkeit zu stellende Frage lautet daher, ob die tatbestandsmäßige Tat im Einzelfall rechtswidrig ist oder nicht, wobei der rechtsfreie Raum eine Ausnahme darstellt.[13]

Die Rechtswidrigkeit ist ein tatbezogenes Verbrechensmerkmal,[14] da sie von einer tatbestandsmäßigen Handlung abhängig ist.[15] Hierbei kann davon ausgegangen werden, dass sich die Rechtswidrigkeit auf das Unrecht der Handlung bezieht.[16] In diesem Zusammenhang ist die Rechtswidrigkeit ein Merkmal des Verbrechens, welches unter dem Unrecht mit der Tatbestandsmäßigkeit eng zusammenhängt.[17]

Die Rechtswidrigkeit ist außerdem teilbar, was bedeutet, dass durch eine Handlung mehrere Tatbestände erfüllt werden können oder durch mehrere Handlungen nur ein Tatbestand verwirklicht werden kann.[18] Deswegen ist die Bewertung der Rechtswidrigkeit nicht als ‚Gesamtrechtswidrigkeit', sondern ausschließlich in Hinsicht auf die betroffene Tat auszuführen.[19]

---

10 Siehe unten Kapitel D.

11 *Heinrich*, Strafrecht Allgemeiner Teil, Rn. 305; siehe für Wörterbuchdefinition: Duden (https://www.duden.de/rechtschreibung/Rechtswidrigkeit) – Zugriffsdatum: 09.01.2024; DWDS (https://www.dwds.de/wb/Rechtswidrigkeit?o=Rechtwidrigkeit) – Zugriffsdatum: 09.01.2024.

12 *Kindhäuser/Zimmermann, Strafrecht* Allgemeiner Teil, § 15 Rn. 1; *Rengier*, Strafrecht Allgemeiner Teil, § 17 Rn. 1; *Özbek u. a.*, Türk Ceza Hukuku Genel Hükümler, S. 291.

13 Siehe zur ausführlichen Information: *Baumann u. a.*, Strafrecht Allgemeiner Teil, § 14 Rn. 11.

14 *Heinrich*, Strafrecht Allgemeiner Teil, Rn. 309.

15 *Mitsch*, GA 2016, 472 (473).

16 Ähnlich *Kindhäuser/Zimmermann*, Strafrecht Allgemeiner Teil, § 15 Rn. 1.

17 *Rengier*, Strafrecht Allgemeiner Teil, § 11 Rn. 11.

18 *Baumann u. a.*, Strafrecht Allgemeiner Teil, § 14 Rn. 14.

19 *Paeffgen/Zabel*, in NK-StGB, Vor §§ 32 Rn. 41.

Unter Rechtswidrigkeit wird im Strafrecht eine Handlung verstanden, die gegen die Strafgesetze verstößt, ohne dass diese von einem Rechtfertigungsgrund gedeckt ist.[20] Somit ist die Rechtswidrigkeit als ein negatives Merkmal zu prüfen.[21] Aufgrund dieser Erläuterungen kann der Schluss gezogen werden, dass das strafrechtliche Unrecht nicht zur Gänze mit der zivilrechtlichen Rechtswidrigkeit übereinstimmt, weil im Strafrecht die zivilrechtliche Rechtswidrigkeit einer Handlung nicht unbedingt unter Strafe gestellt werden muss.[22] Ein solches Verhalten stellt jedoch auch in diesem Fall ein Unrecht dar, wenngleich es nicht strafbar ist.[23]

Bei der Prüfung der Rechtswidrigkeit haben die subjektiven Voraussetzungen keine bedeutsamen Unterschiede. In einigen besonderen Fällen wird die Rechtswidrigkeit allerdings als subjektiver Tatbestand außerhalb der Ebene der Rechtswidrigkeit geprüft.[24] Jedoch ist hier zu beachten, dass die Rechtswidrigkeit ein eigenes subjektives Merkmal hat. So wird auch auf der Ebene der Rechtswidrigkeit geprüft, ob eine Tat alle subjektiven Rechtsfertigungsmerkmale erfüllt.

Betreffend des Strafrechts ist ein wichtiger Punkt das Verhältnis zwischen Tatbestandsmäßigkeit und Rechtswidrigkeit.[25] Denn diese Darlegung spielt gleichzeitig dabei eine Rolle, wie viele Prüfungsstufe bei dem Deliktsaufbau vorliegen, wenn die Tatbestandsmäßigkeit und die Rechtswidrigkeit gemeinsam das Unrecht eines Verhaltens darstellen.[26] Bisher wurden verschiedene Theorien entwickelt, um das Verhältnis von Tatbestand und Rechtswidrigkeit festzustellen.[27] Diese Theorien werden in den folgenden Abschnitten oberflächlich erklärt.

---

20 *Bock*, Strafrecht Allgemeiner Teil, S. 259 f.

21 *Freund/Rostalski*, Strafrecht Allgemeiner Teil, § 3 Rn. 25.

22 *Heinrich*, Strafrecht Allgemeiner Teil, Rn. 307.

23 *Bock*, Strafrecht Allgemeiner Teil, S. 260.

24 *Baumann u. a.*, Strafrecht Allgemeiner Teil, § 14 Rn. 13; diesbezüglich kann der Diebstahl nach § 242 StGB als Beispiel genannt werden, wo eine Sache durch den Täter rechtswidrig angeeignet wird. In dieser Zuordnung wird der betroffene Ausdruck ‚rechtswidrig' nicht auf der Ebene der Rechtswidrigkeit, sondern auf jener der Tatbestandsmäßigkeit in Betracht kommen, da es sich hier vielmehr um ein Merkmal der Tatbestandsmäßigkeit handelt. Nachdem die Tatbestandsmäßigkeit erfüllt ist, wird die übliche Prüfung der Rechtswidrigkeit auf der zweiten Stufe des Strafaufbaus durchzuführen sein.

25 *Schmid*, Das Verhältnis von Tatbestand und Rechtswidrigkeit aus rechtstheoretischer Sicht, S. 11.

26 *Kaspar*, Strafrecht Allgemeiner Teil, § 5 Rn. 6 f.

27 Siehe für detaillierte Informationen *Gropp/Sinn,* Strafrecht Allgemeiner Teil, § 5 Rn. 2.

Was das Verhältnis zwischen Tatbestandsmäßigkeit und Rechtswidrigkeit anbelangt, bildet die erste Theorie die sog. Lehre von den negativen Tatbestandsmerkmalen. Demnach ist die Tatbestandsmäßigkeit *ratio essendi*[28] der Rechtswidrigkeit.[29] Nach dieser Theorie liegt ein Verbrechen vor, wenn sich die Tatbestandsmäßigkeit verwirklicht; die Rechtswidrigkeit ist demnach ein negatives Element der Tatbestandsmäßigkeit.[30] Das heißt, für die Verwirklichung der Tatbestandsmerkmale sollten im Einzelfall keine Rechtfertigungsgründe vorliegen. Nach dieser Lehre gehört zum objektiven Tatbestand auch die Feststellung, dass im Einzelfall kein Rechtfertigungsgrund gegeben ist.[31] Demzufolge bezeichnen die objektiven Voraussetzungen der Rechtfertigungsgründe die negativen Merkmale des objektiven Tatbestandes.[32] Gemäß der Vertreter dieser Theorie existierten beim Deliktsaufbau in diesem Sinne zwei Stufen, nämlich die Tatbestands- und die Schuldebene, wobei erstere sowohl den positiven und eigentlichen Tatbestand als auch die negative Rechtswidrigkeit umfasse.[33]

Die Theorie der Lehre von den negativen Tatbestandsmerkmalen spielt insbesondere bei den Irrtumsfällen eine große Rolle; demnach wird die irrige Annahme der Voraussetzungen eines Rechtfertigungsgrundes (sog. Erlaubnistatbestandsirrtum) in § 16 Abs. 1 StGB behandelt, weil hier die Feststellung der Rechtswidrigkeit in den Tatbestandsmerkmalen erfolgt.[34]

Diese Theorie wurde jedoch aus folgenden Gründen kritisiert: Zum einen verwirft sie die Unterscheidung von Tatbestandsmäßigkeit und Rechtswidrigkeit.[35] Zum anderen kann eine Handlung tatbestandsmäßig, aber gleichzeitig rechtmäßig bzw. rechtswidrig sein, ohne jedoch tatbestandsmäßig zu sein.[36]

Die zweite Auffassung zu dieser Kontroverse geht davon aus, dass die Tatbestandsmäßigkeit zwar die Rechtswidrigkeit indiziere, aber nicht davon auszugehen sei, dass dieses Indiz als eine allgemeine Regel angenommen wird.[37] Sie

---

28 Dieser Begriff kommt aus dem Lateinischen und bedeutet „die Ursache oder der Grund der Existenz einer Sache“; siehe Meriam-Webster; (https://www.merriam.webster.com/dictionary/ratio%20essendi) – Zugriffsdatum: 15.10.2023.

29 *Gropp/Sinn*, Strafrecht Allgemeiner Teil, § 5 Rn. 7 f.

30 *Puppe*, Der Aufbau des Verbrechens, in: FS Harro Otto zum 70. Geburtstag, S. 389 (393).

31 *Gropp/Sinn,* Strafrecht Allgemeiner Teil, § 5 Rn. 8.

32 *Rengier*, Strafrecht Allgemeiner Teil, § 30 Rn. 18.

33 *Gropp/Sinn,* Strafrecht Allgemeiner Teil, § 5 Rn. 14.

34 *Gropp/Sinn,* Strafrecht Allgemeiner Teil, § 5 Rn. 15.

35 *Roxin/Greco*, Strafrecht Allgemeiner Teil, § 10 Rn. 21 f.

36 *Gropp/Sinn,* Strafrecht Allgemeiner Teil, § 5 Rn. 16.

37 *Fischer*, in KK-StGB, Vor §§ 13 Rn. 46; *Wessels u. a.*, Strafrecht Allgemeiner Teil, Rn. 395.

stelle demnach vielmehr bloß einen Anhaltspunkt für die Rechtswidrigkeit dar und keinen absoluten Indikator für die Rechtswidrigkeit. Es handele sich daher um einen Hinweis auf die Rechtswidrigkeit einer Tat.[38] In diesem Sinne sollte darüber hinaus bei der zweiten Prüfungsstufe der Rechtswidrigkeit einer Handlung geklärt werden, ob ein Rechtfertigungsgrund im Einzelfall tatsächlich vorhanden ist, damit das endgültige Rechtswidrigkeitsurteil geschlossen werden kann.[39]

Nach einer von der h. M. vertretenen Theorie, die das Verhältnis zwischen Tatbestandsmäßigkeit und Rechtswidrigkeit beschreibt, ist die Tatbestandsmäßigkeit die *ratio cognoscendi*[40] der Rechtswidrigkeit.[41] Mit anderen Worten ausgedrückt bedeutet dies, dass die Bestimmung des tatbestandsmäßigen Verhaltens jedenfalls auf ein typisch rechtswidriges Verhalten hinweist.[42] Dies führt jedoch zu einer Prüfung, die erst vor der Prüfung der Rechtswidrigkeit möglich ist.[43] Die Rechtfertigungsgründe werden nämlich nicht geprüft, wenn keine tatbestandsmäßige Handlung vorliegt, weshalb die Feststellung der Tatbestandsmäßigkeit auch die Prüfung der Rechtswidrigkeit voraussetzt.[44]

Nach hiesiger Ansicht haben diese Theorien in der Praxis keine große Bedeutung, abgesehen von der Behandlung des Erlaubnistatbestandsirrtums, da die Prüfung der Tatbestandsmäßigkeit und Rechtswidrigkeit eine Bewertung des Unrechts des Verhaltens darstellt.[45] Demzufolge kommen alle Theorien, die zum Verhältnis zwischen Tatbestandsmäßigkeit und Rechtswidrigkeit entwickelt wurden, bei der Prüfung des Deliktsaufbaus zum gleichen Ergebnis.[46]

---

38 *Gropp/Sinn,* Strafrecht Allgemeiner Teil, § 5 Rn. 22.

39 *Maurach/Zipf*, Strafrecht Allgemeiner Teil, § 24 Rn. 7 f.

40 Dieser Begriff kommt aus dem Lateinischen und bedeutet ‚der Grund des Wissens'; siehe Meriam-Webster Wörterbuch; https://www.merriam-webster.com/dictionary/ratio%20cognoscendi – Zugriffsdatum: 15.10.2023.

41 *Gropp/Sinn,* Strafrecht Allgemeiner Teil, § 5 Rn. 24; *Koca/Üzülmez*, Türk Ceza Hukuku Genel Hükümler, S. 266.

42 A. A. *Schmidhäuser*, Der Unrechtstatbestand, in: FS Karl Engisch zum 70 Geburtstag, S. 433 (454).

43 *Gropp/Sinn,* Strafrecht Allgemeiner Teil, § 5 Rn. 24.

44 *Rengier*, Strafrecht Allgemeiner Teil, § 11 Rn. 11; ähnlich *Roxin/Greco*, Strafrecht Allgemeiner Teil, § 7 Rn. 7.

45 Ähnlich *Rönnau*, in LK-StGB, Vor §§ 32 Rn. 11.

46 Ähnlich *Kindhäuser/Zimmermann*, Strafrecht Allgemeiner Teil, § 6 Rn. 9.

2. Schuld

Das Schuldprinzip besagt, dass eine Strafe stets eine Schuld voraussetzt. Anders ausgedrückt lässt sich dies mit dem Grundsatz „*Keine Strafe ohne Schuld*"[47] zusammenfassen.[48] Dieser Grundsatz hat Verfassungsrang und basiert auf der Würde und Eigenverantwortlichkeit des Menschen (Art. 1 Abs. 1 und Art. 2 Abs. 1 GG) sowie dem Rechtsstaatsprinzip (Art. 20 Abs. 3 GG).[49] Die Schuld stellt somit ein Merkmal dar, das sowohl die Begründung als auch die Begrenzung einer Strafe für eine Straftat betrifft.[50] In dieser Hinsicht spielt die Schuld für die Strafbarkeit eine bedeutsame Rolle.

Nach der Feststellung, dass eine tatbestandsmäßige und rechtswidrige Handlung verwirklicht wurden, ist die Schuld nach h. M. das dritte Merkmal des strafrechtlichen Verbrechensbegriffs[51] und bildet so die dritte Stufe bei der Prüfung des Deliktsaufbaus.[52] Demnach ist es erforderlich, um die Schuld zu prüfen, dass die Tatbestandsmäßigkeit und Rechtswidrigkeit im Einzelfall vorliegen müssen.[53]

Im strafrechtlichen Sinne bedeutet Schuld nach dem normativen Schuldbegriff,[54] dass die vorhandene tatbestandsmäßige und rechtswidrige Tat dem Täter auch persönlich vorzuwerfen ist.[55] Dies ist jedoch keine allgemeine Missbilligung, die

[47] Diese Grundlage ist lateinisch als *nulla poena sine culpa* bezeichnet worden; zu ausführlichen Angaben über diese Grundlage siehe *Adam u. a.*, NStZ 2017, 7 (8 ff.).

[48] *Gropp/Sinn*, Strafrecht Allgemeiner Teil, § 1 Rn. 199; *Heinrich*, Strafrecht Allgemeiner Teil, Rn. 525; *Kindhäuser/Zimmermann*, Strafrecht Allgemeiner Teil, § 5 Rn. 335; *Hirsch*, ZStW 1994, 746 (748).

[49] BVerfGE 95, 96 (140); 110, 1, (13); BGHSt 50, 40, (49); *Rengier*, Strafrecht Allgemeiner Teil, § 24 Rn. 1.

[50] *Kindhäuser/Zimmermann, Strafrecht* Allgemeiner Teil, § 21 Rn. 1.

[51] Die Schuld unterscheidet sich im Strafrecht als ein rechtlicher Begriff von moralischen und öffentlichen Schuldbegriffen. Nach *Gropp/Sinn* verfügen die Begriffe ‚Schuldhaftigkeit' und ‚Schuld' über unterschiedliche Bedeutungen. Dabei ist es nicht immer einfach, beide Begriffe voneinander zu unterscheiden. Nach dieser Ansicht ist die Schuldhaftigkeit als Eigenschaft der tatbestandsmäßigen und rechtswidrigen Handlung zu verstehen. Die Schuld ist hingegen das, was dem Täter als seine Tat zum Vorwurf gemacht wird. Demnach ist Schuld eine schuldhafte Unrechtsverwirklichung; siehe *Gropp/Sinn*, Strafrecht Allgemeiner Teil, § 6 Rn. 45.

[52] *Heinrich*, Strafrecht Allgemeiner Teil, Rn. 524; *Jescheck/Weigend*, Lehrbuch des Strafrechts: Allgemeiner Teil, S. 404 f.; *Krey/Esser*, Deutsches Strafrecht Allgemeiner Teil, Rn. 255.

[53] *Kühl*, Strafrecht Allgemeiner Teil, § 10 Rn. 3; *Roxin/Greco, Strafrecht Allgemeiner Teil,* § 19 Rn. 3; *Wessels u. a.*, Strafrecht Allgemeiner Teil, Rn. 623.

[54] Hierzu *Fischer*, in KK-StGB, Vor §§ 13 Rn. 47a.

[55] *Bock*, Strafrecht Allgemeiner Teil, S. 374; *Gropp/Sinn*, Strafrecht Allgemeiner Teil,

sich auf jemanden aufgrund seines Verhaltens richtet, sondern eine strafrechtliche Vorwerfbarkeit in Bezug auf den Täter.[56] Denn eine Handlung, die gegen Gewohnheitsrecht verstößt, wird nicht unbedingt unter Strafe gestellt.[57] Aus diesen Gründen sollte dieser Schuldbegriff als eine strafrechtliche Vorwerfbarkeit gesehen werden.

Gegenstand des Schuldvorwurfes ist dabei immer die konkrete Tat, die durch den Gesinnungsunwert gekennzeichnet ist.[58] Demzufolge besteht der Vorwurf gegenüber dem Täter darin, dass er sich nicht rechtmäßig verhalten hat, obwohl er die Möglichkeit gehabt hätte, dies zu tun.[59] Bei der Prüfung der Schuld wird deshalb beachtet, ob sich der Täter für das Recht oder das Unrecht entschieden hat, da jeder Mensch über eine Willensfreiheit[60] verfügt. Dieser Grundsatz bildet die

---

§ 6 Rn. 45; *Kaspar*, Strafrecht Allgemeiner Teil, § 5 Rn. 339; *Kindhäuser/Zimmermann*, Strafrecht Allgemeiner Teil, § 21 Rn. 7; *Rengier*, Strafrecht Allgemeiner Teil, § 11 Rn. 13.

56 *Bock*, Strafrecht Allgemeiner Teil, S. 373.

57 *Heinrich*, Strafrecht Allgemeiner Teil, Rn. 528; *Koca/Üzülmez*, Türk Ceza Hukuku Genel Hükümler, S. 314 f.; *Roxin/Greco*, Strafrecht Allgemeiner Teil, § 19 Rn. 1.

58 *Gropp/Sinn,* Strafrecht Allgemeiner Teil, § 6 Rn. 3; *Kühl*, Strafrecht Allgemeiner Teil, § 10 Rn. 2.

59 *Bock*, Strafrecht Allgemeiner Teil, S. 374; näher *Rengier*, Strafrecht Allgemeiner Teil, § 24 Rn. 1.

60 Die Willensfreiheit ist ein grundlegender Begriff der Rechtsphilosophie, der die Fähigkeit einer Person beschreibt, ihre Handlungen bewusst und autonom zu gestalten, ohne von äußeren Zwängen oder deterministischen Kräften vollständig bestimmt zu sein. Sie umfasst die Vorstellung, dass ein Individuum in der Lage ist, zwischen verschiedenen Handlungsoptionen frei zu wählen und somit für seine Entscheidungen und ihr daraus resultierendes Verhalten moralisch verantwortlich ist. Die Willensfreiheit steht im Zentrum vieler ethischer und rechtlicher Debatten und bildet die Grundlage für Konzepte wie Schuld, Strafe und Vertragsfreiheit. Sie stellt daher eine wichtige Voraussetzung für die Rechtfertigung von Rechtssystemen und die Ausgestaltung von Rechten und Pflichten dar. Obwohl die genaue Natur und der Grad der Willensfreiheit kontrovers diskutiert werden, bleibt sie ein zentraler Aspekt des menschlichen Handelns und der Rechtsphilosophie. Dieser Begriff wird zudem in der Philosophie als Indeterminismus bezeichnet. Die Willensfreiheit ist ein grundlegender Begriff der Rechtsphilosophie, der die Fähigkeit einer Person beschreibt, ihre Handlungen bewusst und autonom zu gestalten, ohne von äußeren Zwängen oder deterministischen Kräften vollständig bestimmt zu sein. Sie umfasst die Vorstellung, dass ein Individuum in der Lage ist, zwischen verschiedenen Handlungsoptionen frei zu wählen und somit für seine Entscheidungen und ihr daraus resultierendes Verhalten moralisch verantwortlich ist. Die Willensfreiheit steht im Zentrum vieler ethischer und rechtlicher Debatten und bildet die Grundlage für Konzepte wie Schuld, Strafe und Vertragsfreiheit. Sie stellt daher eine wichtige Voraussetzung für die

Grundlage für die rechtliche Bewertung von Handlungen und ermöglicht es, individuelle Verantwortlichkeit zu beurteilen.[61]

Zusammenfassend betrachtet ergibt sich somit, dass die Bewertung der Schuld auf der Entscheidung des Täters zwischen Recht und Unrecht basiert, wobei die konkrete Tat im Fokus steht und die individuelle Willensfreiheit eine entscheidende Rolle spielt.

Zur Begründung der Schuld wurden verschiedene Theorien von der Lehre entwickelt, wie etwa die psychologische Schuldtheorie, die psychologisch-normative Schuldtheorie, die rein normative Schuldtheorie und diverse Modifikationen der Schuldtheorie.[62] Die Inhalte dieser Theorien werden in diesem Abschnitt jedoch nicht behandelt, um ein Abweichen vom Schwerpunkt dieser Arbeit zu vermeiden.

Beim Prüfungsaufbau des Verbrechens liegen auf der Ebene der Schuld hauptsächlich zwei Bewertungen vor, nämlich die Strafbegründungsschuld und die Strafzumessungsschuld.[63] Darüber hinaus wird auch eine dreifache Bewertung in der Lehre vertreten, wonach die Umfassung des Unrechts als weitere Bewertungsebene hinzugefügt wird.[64] Es kann allerdings davon ausgegangen werden, dass es nicht nötig ist, die Bestimmung des Unrechtsumfangs als separate Bewertungsebene von der Strafbegründungsschuld zu untersuchen.

Bei der Prüfung der Strafbegründungsschuld wird die Tatsache überprüft, ob die begangene Tat dem Täter subjektiv vorgeworfen werden kann.[65] Die Bewertung des Schuldvorwurfs hat jedoch nicht nach der allgemeinen Persönlichkeit des Täters zu erfolgen, sondern nach der von ihm begangenen Tat.[66] Hiermit ist die Lebensführungs- oder Charakterschuld, d. h. eine ‚Dispositionsschuld' gemeint.[67] Ferner sollte hier der Gedanke nicht außer Acht gelassen werden, dass in diesem

---

Rechtfertigung von Rechtssystemen und die Ausgestaltung von Rechten und Pflichten dar. Obwohl die genaue Natur und der Grad der Willensfreiheit kontrovers diskutiert werden, bleibt sie ein zentraler Aspekt des menschlichen Handelns und der Rechtsphilosophie. Dieser Begriff wird zudem in der Philosophie als Indeterminismus bezeichnet. *Bung*, Das Straftatsystem in Hegels Grundlinien der Philosophie des Rechts, S. 39 (43); *Buonicore*, Freiheit und Schuld als Anerkennung, S. 61 f.; *Willaschek*, Der Begriff der Willensfreiheit im deutschen Strafrecht, S. 1185 (1189).

61 NJW 1952, 593 (593); *Kaspar*, Strafrecht Allgemeiner Teil, § 5 Rn. 340; auch *Kindhäuser/Zimmermann*, Strafrecht Allgemeiner Teil, § 21 Rn. 5.

62 Zu ausführlicher Information dafür siehe *Gropp/Sinn,* Strafrecht Allgemeiner Teil, § 6 Rn. 8 ff.

63 *Gropp/Sinn*, Strafrecht Allgemeiner Teil, § 6 Rn. 33.

64 *Heinrich*, Strafrecht Allgemeiner Teil, Rn. 527.

65 *Gropp/Sinn*, Strafrecht Allgemeiner Teil, § 6 Rn. 33.

66 *Heinrich*, Strafrecht Allgemeiner Teil, Rn. 528.

67 *Gropp/Sinn*, Strafrecht Allgemeiner Teil, § 6 Rn. 47.

Zusammenhang der freie Wille völlig angenommen wird. Denn Strafrecht wäre bedeutungslos, wenn die Willensfreiheit vorher abgelehnt wird.[68] Das Vorhandensein der Willensfreiheit ist daher nicht eine Voraussetzung der Schuld, da im Strafrecht in der Regel jeder nach seinem freien Willen entscheiden kann, wie er handeln will.[69] Eine Prüfung, ob ein freier Wille auf theoretischer Ebene vorliegt, ist daher hinsichtlich der Schuld nicht mehr erforderlich.

Die Strafzumessungsschuld als zweites Element ist eine rechtliche Bewertung, die bei der Strafzumessung für den schuldhaft agierenden Täter eine Rolle spielt.[70] Derzeit spielt die sog. strafbegrenzende Wirkung des Schuldprinzips[71] eine entscheidende Rolle. Deshalb darf die festgestellte Strafe nicht über die Schwere der Schuld des Täters hinausgehen.[72] Die Schuldhaftigkeit ist daher ein Maßstab der Strafzumessung gem. § 46 Abs. 1 Satz 1 StGB.[73]

In Bezug auf den Aufbau der Schuld sind folgende drei Tatsachen zu prüfen: Die Schuldfähigkeit des Täters, das Unrechtsbewusstsein des Täters und das Vorhandensein eines Entschuldigungsgrunds. Um auf der Ebene der Schuld zu vervollständigen, sollten auf der ersten Stufe zwei Merkmale, nämlich die Schuldfähigkeit und das Unrechtsbewusstsein des Täters, positiv und das letzte Merkmal (Vorhandensein der Entschuldigungsgründe) negativ festgestellt werden.

Unter dem Begriff der Schuldfähigkeit wird verstanden, dass der Täter das Unrecht der Tat einsehen und danach handeln kann.[74] Demnach steht diese Definition mit der Einsichts- und Steuerungsfähigkeit des Täters in Verbindung. Im StGB[75] wird die Schuldfähigkeit als ein negatives Merkmal geregelt.[76] Der Gesetzgeber nimmt daher Erwachsene als grundsätzlich schuldfähig an.[77] Mithin wird diese Fähigkeitsbewertung allerdings nur dann in Betracht gezogen, wenn im Einzelfall die Anhaltspunkte dafür vorliegen, dass der Täter schuldunfähig ist.

---

68 *Kaspar*, Strafrecht Allgemeiner Teil, § 5 Rn. 342.

69 *Heinrich*, Strafrecht Allgemeiner Teil, Rn. 526.

70 *Roxin/Greco*, Strafrecht Allgemeiner Teil, § 19 Rn. 54.

71 Dieses Schuldprinzip wird im Lateinischen *nulla poena sine culpa* bezeichnet (keine Strafe ohne Schuld).

72 *Hirsch*, ZStW 1994, 746 (748).

73 Nach § 46 Abs. 1 Satz 1 StGB unter dem Titel Grundsätze der Strafzumessung: *Die Schuld des Täters ist Grundlage für die Zumessung der Strafe [...].*

74 Zur Definition der Schuldfähigkeit siehe DWDS (https://www.dwds.de/wb/Schuldfähigkeit) – Zugriffsdatum: 15.10.2023.

75 Diese Normen finden sich in den §§ 19, 20 StGB.

76 *Kindhäuser/Zimmermann*, Strafrecht Allgemeiner Teil, § 22 Rn. 1.

77 *Roxin/Greco*, Strafrecht Allgemeiner Teil, § 20 Rn. 1.

Aus der Schuldfähigkeit lässt sich jedenfalls entnehmen, dass die Tat nur einem schuldfähigen Täter vorgeworfen werden kann.[78]

Das Unrechtsbewusstsein als zweiter Prüfungspunkt wird in § 17 StGB unter dem Titel „Verbotsirrtum" geregelt.[79] Hierbei wird nicht von einer unabhängigen Form ausgegangen, sondern im Sinne des Irrtums davon, dass der Täter zu einem unvermeidbaren Verbotsirrtum geführt wird.[80] Um dem Täter eine Handlung im Rahmen der Schuld vorzuwerfen, sollte in der Tat kein fehlendes Unrechtsbewusstsein des Täters vorliegen.[81] Das Unrechtsbewusstsein besteht demnach in der ‚Einsicht, Unrecht zu tun'.[82] Darunter wird verstanden, ‚etwas Unrechtes' oder ‚gegen das Recht Verstoßendes' getan zu haben.[83] Mit Unrechtsbewusstsein handelt der Täter somit dann, wenn ihm bewusst ist, dass sein Verhalten der Rechtsordnung widerspricht.[84]

3. Zum Verhältnis von Rechtswidrigkeit und Schuld

Bei der Prüfung des Verbrechensaufbaus werden die Schuld und das Unrecht der Handlung in rechtlicher Hinsicht auf unterschiedlicher Ebene bewertet.[85] Demnach setzt die Schuld vorwiegend eine tatbestandsmäßige und rechtswidrige Tat voraus.[86] Das heißt, das Unrecht der Handlung muss sich zunächst verwirklichen, damit die Schuld geprüft werden kann.[87] Denn die Schuld bezieht sich zwar auf den Täter und die von ihm begangene Tat, nicht aber direkt auf die allgemeine

---

78 *Kaspar*, Strafrecht Allgemeiner Teil, § 5 Rn. 347.

79 Gem. § 17 StGB; *fehlt dem Täter bei Begehung der Tat die Einsicht, Unrecht zu tun, so handelt er ohne Schuld, wenn er diesen Irrtum nicht vermeiden konnte. Konnte der Täter den Irrtum vermeiden, so kann die Strafe nach § 49 Abs. 1 gemildert werden.*

80 *Kindhäuser/Zimmermann*, Strafrecht Allgemeiner Teil, § 21 Rn. 12.

81 *Bock*, Strafrecht Allgemeiner Teil, S. 374; *Kaspar*, Strafrecht Allgemeiner Teil, § 10 Rn. 87; *Rengier*, Strafrecht Allgemeiner Teil, § 12 Rn. 6.

82 *Bock*, Strafrecht Allgemeiner Teil, S. 392.

83 *Rengier*, Strafrecht Allgemeiner Teil, § 6 Rn. 4.

84 NJW 1952, 593 (593).

85 *Kindhäuser/Zimmermann*, Strafrecht Allgemeiner Teil, § 6 Rn. 1 ff.; siehe zur ausführlichen Informationen zum Verhältnis zwischen Unrecht und Schuld im Verbrechensaufbau: *Frisch*, Unrecht und Schuld im Verbrechensbegriff und in der Strafzumessung, in: FS Heinz Müller-Dietz zum 70. Geburtstag, S. 237 (237); a. A. *Lesch*, JA 2002, 602 (608 ff).

86 *Bock*, Strafrecht Allgemeiner Teil, S. 108; *Kindhäuser/Zimmermann*, Strafrecht Allgemeiner Teil, § 6 Rn. 2; ählich *Roxin/Greco*, Strafrecht Allgemeiner Teil, § 7 Rn. 8.

87 Siehe zur ausführlichen strafrechtlichen Gutachtentechnik: *Freund/Rostalski*, Strafrecht Allgemeiner Teil, S. 463 ff.

Persönlichkeit des Täters.[88] Unter der Schuld wird daher die persönliche Vorwerfbarkeit in Bezug auf den Täter wegen der tatbestandsmäßigen und rechtswidrigen Tat verstanden.[89] Demgegenüber bezieht sich das Unrecht auf die Handlung des Täters, welche die Frage betrifft, ob sie als Verwirklichung eines Tatbestands zurechenbar ist.[90]

Auch bei den Rechtsfolgen spielt die Abgrenzung von Rechtswidrigkeit und Schuld eine wichtige Rolle.[91] Die Rechtsfolge einer Straftat hängt demnach davon ab, ob der Täter in der Rechtswidrigkeits- oder Schuldphase stecken geblieben ist.[92] Wenn eine tatbestandsmäßige Handlung durch einen Rechtsfertigungsgrund gedeckt ist, hebt dies das Unrecht der Tat auf und der Täter wird infolgedessen freigesprochen.[93] Im Falle der Existenz fehlender Schuldhaftigkeit des Verhaltens sowie Schuldminderungs-, Schuldsauschließungs- und Entschuldigungsgründen stellt die Handlung zwar noch ein Unrecht dar,[94] allerdings wird der Täter dafür nicht bestraft, weil ihm die begangene rechtswidrige Tat nicht zugerechnet werden kann.[95]

Demnach kann weiterhin festgestellt werden, dass eine Tat, die durch einen Rechtfertigungsgrund gedeckt ist, kein Unrecht darstellt, da sie nicht rechtswidrig ist. Infolgedessen ist es auch nicht erlaubt, in diesem Fall das Recht auf Notwehr auszuüben.[96] Eine lediglich entschuldigte Tat bleibt hingegen rechtswidrig und stellt somit ein Unrecht dar. Obwohl der Täter selbst straflos bleibt, kann daher gegen die Tat in Notwehr vorgegangen werden.[97] Das Gleiche gilt für die Teilnahme. Der Mittäter haftet demnach nicht, wenn die Tat des Haupttäters gerechtfertigt ist; hingegen haftet er in Fällen, in denen die Tat des Haupttäters zwar rechtswidrig ist, aber dieser Verstoß dem Haupttäter nicht, aber ihm zugemutet werden kann.[98]

---

88 *Jescheck/Weigend*, Lehrbuch des Strafrechts, S. 418; *Koca/Üzülmez*, Türk Ceza Hukuku Genel Hükümler, S. 314.

89 *Kindhäuser/Zimmermann*, Strafrecht Allgemeiner Teil, § 21 Rn. 5.

90 *Ebert*, Strafrecht Allgemeiner Teil, S. 92; *Gropp/Sinn,* Strafrecht Allgemeiner Teil, § 6 Rn. 4; *Wessels u. a.*, Strafrecht Allgemeiner Teil, Rn. 623.

91 *Greco*, GA 2009, 636 (639).

92 *Heinrich*, Strafrecht Allgemeiner Teil, Rn. 317.

93 Siehe unten A. III. 2. d.

94 *Freund/Rostalski*, Strafrecht Allgemeiner Teil, § 3 Rn. 38.

95 *Kaspar*, Strafrecht Allgemeiner Teil, § 5 Rn. 339.

96 *Heinrich*, Strafrecht Allgemeiner Teil, Rn. 318.

97 *Roxin/Greco*, Strafrecht Allgemeiner Teil, § 15 Rn. 10.

98 Ähnlich *Greco*, GA 2009, 636 (639).

Die oben genannten Unterscheidungen spielen freilich auch im Verhältnis von Rechtfertigungs- und Entschuldigungsgründen eine große Rolle.[99] In dieser Hinsicht bildet dies für den Notstand einen wichtigen Anhaltspunkt. Weiterhin liegen einige besondere, präzisierende Unterschiede zum Verhältnis von Rechtfertigungs- und Entschuldigungsgründen zwischen dem deutschen und türkischen Recht vor.[100] In der Folge wird daher der allgemeine Strafaufbau zur Rechtswidrigkeit und Schuld des deutschen und türkischen Strafrechts beleuchtet und die anerkannten Rechtfertigungs- und Entschuldigungsgründe in beiden Strafrechtssysteme (deutsch-türkisch) durchgängig erwähnt. Ferner soll versucht werden, die allgemeinen Merkmale aufzuzeigen.

II. Überblick über das deutsche Strafrecht

1. Rechtfertigungsgründe

Unter einem Rechtfertigungsgrund wird im Strafrecht eine Ausnahmesituation verstanden, in der das Gesetz die vorliegende Tat nicht bestraft, obwohl diese tatbestandsmäßig ist.[101] Das heißt, ein rechtswidriges Handeln wird in Einzelfällen dadurch gestattet, dass ein angenommener Rechtfertigungsgrund das betroffene Verhalten überdeckt.[102] Diese Situation wird auch als Erlaubnistatbestand bezeichnet.[103] Die Rechtfertigungsgründe erfassen auf diese Weise Situationen, in denen das vom Gesetz verbotene Verhalten gestattet ist, indem die Persönlichkeit des Täters nicht in Betracht gezogen wird.[104]

Die rechtliche Rechtfertigung verkörpert jedoch nicht auch eine ethische Dimension, da es unterschiedliche Bewertungen in Bezug auf die Relevanz zwischen der Rechtsordnung und der Ethik geben kann.[105] Rechtfertigungsgründe ermöglichen demnach dem Täter eine Eingriffsbefugnis; dies bedeutet eine Duldungspflicht für das Opfer, dessen Interessen im Einzelfall geschädigt wurden.[106] Dies

---

99 Siehe unten A. III. 2. b. und A. III. 2. c.

100 Siehe unten Kapitel A. III. 4.

101 *Rengier*, Strafrecht Allgemeiner Teil, § 17 Rn. 3.

102 *Kaspar*, Strafrecht Allgemeiner Teil, § 5 Rn. 162; *Kindhäuser/Zimmermann*, Strafrecht Allgemeiner Teil, § 6 Rn. 4.

103 *Kindhäuser/Zimmermann*, Strafrecht Allgemeiner Teil, § 15 Rn. 7; *Wessels u. a.*, Strafrecht Allgemeiner Teil, Rn. 397.

104 Da die Rechtfertigungsgründe auf der Ebene des Unrechts behandelt werden, sollte der allgemeine Maßstab des Rechtswidrigkeitsurteils unabhängig von der Individualität des Täters bleiben. *Otto*, ZStW 1975, 539 (572).

105 Ausführlich zum Verhältnis von Moral und Recht siehe *Schapp*, Rechtfertigung und Recht, S 81 (93 f.).

106 *Wessels u. a.*, Strafrecht Allgemeiner Teil, Rn. 398.

begünstigt wiederum einerseits den Täter und bringt andererseits besonders im Notstand einen Nachteil für das Opfer.

Die rechtlichen Quellen der Rechtfertigungsgründe können sich aus rechtlichen Regeln, allgemeinen rechtlichen Maßstäben, dem Gewohnheitsrecht sowie den Ordnungswidrigkeiten ableiten.[107] In diesem Rahmen gehen die strafrechtlich relevanten Rechtfertigungsgründe aus der gesamten Rechtsordnung hervor, die sowohl aus geschriebenen als auch ungeschriebenen Normen besteht.[108] Das heißt, es gibt keine Begrenzung für die Anzahl der Rechtfertigungsgründe, sodass im Strafrecht und in anderen Rechtsgebieten viele verschiedene Rechtfertigungsgründe vorliegen; allerdings sind nicht alle davon gesetzlich geregelt.[109]

Folgende Rechtfertigungsgründe werden in verschiedenen Gesetzen normiert: Notwehr (§ 32 StGB und § 227 BGB), rechtfertigender Notstand (§ 34 StGB und § 16 OWiG), erlaubte Selbsthilfe (§§ 229, 704, 859, 1029 BGB), zivilrechtlicher und defensiver Notstand (§ 228 BGB), aggressiver Notstand (§ 904 BGB), Festnahme (§ 127 StPO), Blutentnahme (§ 81a StPO), Beschlagnahme (§§ 94 ff. StPO), Durchsuchung (§§ 102 ff. StPO). Abgesehen von diesen Vorschriften bestehen auch noch einige ungeschriebenen Rechtfertigungsgründe.[110] Aufgrund der unterschiedlichen Merkmale und Kriterien in jedem Rechtsgebiet kann ein Rechtfertigungsgrund, der in einem bestimmten Rechtsgebiet geregelt ist, möglicherweise in einem anderen Rechtsgebiet anders geregelt werden.[111] Obwohl diese Vorschriften Parallelen aufweisen können, sind sie daher nicht selbsttätig aufeinander übertragbar.[112]

Da nun keine bestimmte Anordnung und Anzahl der Rechtfertigungsgründe vorliegen, sind diese womöglich hinsichtlich der allgemeinen Prinzipien zu beschreiben.[113] In der Regel hat jeder Rechtfertigungsgrund einen eigenständigen Aufbau und individuelle Eigenschaften; dennoch gelten einige allgemeine Maßstäbe als

[107] *Mitsch*, Recht der Ordnungswidrigkeiten, § 9 Rn. 4.

[108] *Kindhäuser/Zimmermann*, Strafrecht Allgemeiner Teil, § 15 Rn. 17.

[109] *Baumann u. a.*, Strafrecht Allgemeiner Teil, § 14 Rn. 31.

[110] Dazu sind beispielsweise die rechtfertigende Pflichtenkollision zu zählen, bei der es sich um eine rechtliche Situation handelt, in der zwei oder mehrere Pflichten oder Prinzipien miteinander in Konflikt geraten. Des Weiteren die mutmaßliche Einwilligung, bezogen auf die rechtliche Annahme oder Vermutung, dass eine Person in bestimmten Situationen ihre Einwilligung zu einer Handlung gegeben hätte, wenn sie dazu in der Lage gewesen wäre. Siehe dazu *Kindhäuser/Zimmermann*, Strafrecht Allgemeiner Teil, § 15 Rn. 12.

[111] Ein Beispiel hierfür sind die Unterschiede zwischen dem Notstand in § 34 StGB und in den §§ 228, 904 BGB.

[112] Ein Beispiel für die Parallelität bildet die Notwehr in § 32 StGB und § 227 BGB.

[113] *Baumann u. a.*, Strafrecht Allgemeiner Teil, § 14 Rn. 31.

Rechtfertigungsprinzipien, die für alle Rechtfertigungsgründe anwendbar ist.[114] Dies ist im Übrigen der Grund, warum es allgemeine Ordnungen und Merkmale für alle Rechtfertigungsgründe gibt.[115]

In diesem Rahmen bestehen zwei grundlegende Auffassungen, die als monistisch und pluralistisch bezeichnet werden können.[116] Nach der monistischen Auffassung werden alle Rechtfertigungsgründe durch einen grundlegenden Gesichtspunkt bewertet, nämlich das Überwiegen des Erhaltungsinteresses.[117] Nach der pluralistischen Auffassung lägen dagegen verschiedene Prinzipien[118] zur allen Rechtfertigungsgründen vor.[119] In der Lehre werden außerdem zumeist folgende Prinzipien angeordnet:[120] Die Angemessenheit des Mittels, das Überwiegen des Nutzens, des Erhaltungsinteresses und des Interessenmangels. Nach der Anordnung und Darstellung von *Roxin* werden als Prinzipien in diesem Sinne die Schutz- und Rechtsbewährungsprinzipien, die Verhältnismäßigkeit sowie das Güterabwägungs- und Autonomieprinzip genannt.[121]

2. Aufbau der Rechtfertigungsgründe

Im deutschen Strafrecht ist jeder Rechtfertigungsgrund ähnlich wie im allgemeinen Verbrechensaufbau als objektives oder subjektives Tatbestandsmerkmal zu prüfen.[122] In diesem Zusammenhang kommen in den objektiven Rechtfertigungsmerkmalen die äußeren Umstände der Tat vor, während in den subjektiven Rechtfertigungsmerkmalen die innere Einstellung des Täters berücksichtigt wird.[123]

---

114 *Kühl*, Strafrecht Allgemeiner Teil, § 6 Rn. 10.

115 *Heinrich*, Strafrecht Allgemeiner Teil, Rn. 323.

116 *Baumann u. a.*, Strafrecht Allgemeiner Teil, § 14 Rn. 39.

117 *Gropp/Sinn*, Strafrecht Allgemeiner Teil, § 5 Rn. 29.

118 Folgende Prinzipien können als Beispiel angeführt werden: Prinzip der Verantwortung durch das Eingriffsopfer zur Notwehr, Prinzip der Wahrnehmung des Opferinteresses zur mutmaßlichen Einwilligung, Prinzip der Mindestsolidarität zum aggressiven Notstand; für detaillierte Informationen *Kindhäuser/Zimmermann, Strafrecht* Allgemeiner Teil, siehe § 15 Rn. 4.

119 *Jakobs,* Strafrecht Allgemeiner Teil, § 11 Rn. 3.

120 *Gropp/Sinn*, Strafrecht Allgemeiner Teil, § 5 Rn. 34; *Rosenau,* in SK-StGB, § 32 Rn. 8.

121 *Roxin/Greco, Strafrecht Allgemeiner Teil,* § 14 Rn. 42 f.

122 *Freund/Rostalski,* Strafrecht Allgemeiner Teil, § 3 Rn. 16; *Rengier*, Strafrecht Allgemeiner Teil, § 17 Rn. 9.

123 *Baumann u. a.*, Strafrecht Allgemeiner Teil, § 14 Rn. 43.

Die Voraussetzung der Rechtfertigung einer Tat ist dann gegeben, wenn die objektiven und subjektiven Merkmale im Einzelfall vollständig vorliegen.[124] Wenn daher eine Tat die objektiven und subjektiven Rechtfertigungsmerkmalen nur teilweise erfüllt, bleibt sie noch rechtswidrig.[125] Es sei denn, es liegt ein anderer, weniger anspruchsvoller Rechtfertigungsgrund vor.[126] Falls keine diejenigen Rechtfertigungsgrund vorliegt, kann in diesem Fall allerdings bei der Strafzumessung zugunsten des Täters eine Strafmilderung angenommen werden, da sich der Unrechtsgehalt dieser Tat durch die teilweise Erfüllung der Rechtfertigungsmerkmale verringert.[127]

Im Falle der irrtümlichen Annahme einer Rechtfertigungslage kommt ein Erlaubnistatbestandsirrtum für den Täter in Betracht.[128] Die Rechtsnatur des Erlaubnistatbestandsirrtums ist jedoch höchst umstritten.[129] Um nicht vom Hauptthema abzuweichen, wird hier nur die herrschende Ansicht dargestellt.[130] In diesem Sinne kommt die von der h. L. vertretene, eingeschränkte Schuldtheorie in Betracht, nach der im Falle eines Erlaubnistatbestandsirrtums § 16 Abs. 1 Satz 1 StGB analog angewendet wird.[131]

Auf der Seite der subjektiven Merkmale der Rechtfertigungsgründe sind die Feststellungen noch etwas komplizierter. Zunächst sollte daher hier geklärt werden, ob die Prüfung der subjektiven Merkmale tatsächlich der Rechtfertigungsgründe bedarf.[132] Wenn dies der Fall wäre, sollte eruiert werden, aus wie vielen Stufen diese subjektiven Elemente bestehen müssen.[133]

Nach h. M. müsse das subjektive Merkmal unbedingt für die Anwendung eines Rechtfertigungsgrunds im Einzelfall vorliegen.[134] Grundsätzlich werden dafür zwei subjektive Elemente in Betracht gezogen: die Kenntnis des Täters über die

---

124 *Kindhäuser/Zimmermann*, Strafrecht Allgemeiner Teil, § 15 Rn. 7.

125 *Sternberg-Lieben*, in SSK-StGB, Vor §§ 32 Rn. 22.

126 *Paeffgen/Zabel*, in NK-StGB, Vor §§ 32 Rn. 138.

127 *Rönnau*, in LK-StGB, Vor §§ 32 Rn. 111.

128 *Kindhäuser/Zimmermann*, Strafrecht Allgemeiner Teil, § 29 Rn. 11.

129 *Scheffler*, Jura 1993, 617 (617).

130 Siehe zur ausführlichen Darstellungen des Erlaubnistatbestandirrtums auch *Scheffler*, Jura 1993, 617 (618 ff.).

131 *Bock*, Strafrecht Allgemeiner Teil, S. 370; *Schünemann/Greco*, GA 2006, 777 (777).

132 *Kaspar*, Strafrecht Allgemeiner Teil, § 5 Rn. 167.

133 Hierzu näher *Kindhäuser/Zimmermann*, Strafrecht Allgemeiner Teil, § 15 Rn. 9.

134 NStZ 1996, 29 (30); *Bock*, Strafrecht Allgemeiner Teil, S. 263; *Freund/Rostalski*, Strafrecht Allgemeiner Teil, § 13 Rn. 17; *Gropp/Sinn*, Strafrecht Allgemeiner Teil, § 5 Rn. 47.

Umstände des Tatbestandes und dessen Wille, der sich auf den Erfolg des Rechtfertigungsgrunds bezieht.[135]

Eines von den notwendigen subjektiven Rechtfertigungsmerkmalen, das von nahezu allen Ansichten vertreten wird, ist der Umstand, dass der Täter von der Rechtfertigungslage Kenntnis haben muss.[136] Nach der personalen Unrechtslehre[137] sei nämlich eine Bewertung der Handlung durchzuführen.[138] Diese Bewertung erfolge aber nicht durch eine *ex ante*-Betrachtung[139], sondern eine *ex post*-Betrachtung[140].[141] Das heißt, der Erfolg der Handlung spielt im Einzelfall keine entscheidende Rolle, da es unbeachtlich ist, ob eine Handlung einen Rechtfertigungsgrund mit sich bringt bzw. eine Rechtfertigungslage vorhanden ist.[142] In diesem Sinne setzt ein Rechtfertigungsgrund einerseits ein Wissenselement voraus, andererseits ist jedoch umstritten, ob auch ein Willenselement dafür notwendig ist.[143]

Weiterhin ist die Fahrlässigkeit für das Wissenselement nicht ausreichend, sodass zumindest bedingter Vorsatz für den Fall vorliegen muss.[144] Falls der Täter im Einzelfall keine Kenntnis über die Rechtfertigungslage hat, kommt die Versuchslösung in Betracht.[145] Das heißt, der Täter wird nach h. M. aufgrund des Versuchs

---

135 *Kaspar*, Strafrecht Allgemeiner Teil, § 5 Rn. 227; *Rengier*, Strafrecht Allgemeiner Teil, § 18 Rn. 102; *Wessels u. a.*, Strafrecht Allgemeiner Teil, Rn. 411–413.

136 *Frisch*, Grund- und Grenzprobleme des sog. subjektiven Rechtfertigungselements, in: FS Karl Lackner zum 70. Geburtstag, S. 113 (148).

137 Unter dem Begriff der personalen Handlungslehre wird verstanden, dass sich das Verhalten des Täters im Wesentlichen als Äußerung der Persönlichkeit entpuppt; Diese Auffassung bringt einen neuen Gesichtspunkt für den Handlungsbegriff hervor, indem sie anders als der soziale Handlungsbegriff zu einer erheblichen Unterscheidung von Bewertung und Bewertungsobjekt gelangt; siehe zu ausführlichen Darstellungen der personalen Handlungslehren: *Kutalia*, Handlungslehre, S. 63–100.

138 *Gropp/Sinn*, Strafrecht Allgemeiner Teil, § 5 Rn. 58.

139 *Ex ante* bedeutet ‚im Voraus', ‚vorab' oder ‚zuvor'. Dies beschreibt eine Betrachtung oder Beurteilung der Sachlage vor dem Eintritt des eigentlichen Ereignisses, siehe Neueswort (https://neueswort.de/ex-ante) – Zugriffsdatum: 09.01.2024.

140 *Ex post* bedeutet das Antonym zu *ex ante*, d. h. ‚im Nachhinein', ‚hinterher'. Dies beschreibt eine Betrachtung oder Beurteilung der Sachlage nach dem Eintritt des eigentlichen Ereignisses, siehe neueswort.de (https://neueswort.de/ex-ante) – Zugriffsdatum: 09.01.2024.

141 *Kindhäuser/Zimmermann*, Strafrecht Allgemeiner Teil, § 15 Rn. 8.

142 *Roxin/Greco*, Strafrecht Allgemeiner Teil, § 15 Rn. 130.

143 *Wessels u. a.*, Strafrecht Allgemeiner Teil, Rn. 411.

144 *Rengier*, Strafrecht Allgemeiner Teil, § 17 Rn. 12.

145 *Bock*, Strafrecht Allgemeiner Teil, S. 264; Zur Diskussion gegen die Versuchlösung siehe *Krey/Esser*, Deutsches Strafrecht Allgemeiner Teil, S. 469.

bestraft, wenn er sich nicht wissentlich verhält, während er nach seiner Vorstellung die Straftat verwirklichen wollte.[146] Nach einer anderen Ansicht wird die Unkenntnis von der Rechtfertigungslage des Täters ähnlich wie ein untauglicher Versuch nach § 23 Abs. 3 StGB bewertet.[147] Eine Bestrafung des Täters wegen des Versuchs verstößt allerdings gegen die allgemeinen Strafrechtsmaßstäbe.[148] Eine weitere Ansicht lag darüber vor, dass der Täter wegen eines vollendeten Delikts bestraft wird, weil der Mangel des subjektiven Rechtfertigungselements den Rechtfertigungsgrund ausschließt.[149]

Eine weiteres, notwendiges subjektives Rechtfertigungsmerkmal, dessen Erfordernis bei der Anwendung des Rechtfertigungsgrunds unklar ist, ist der Wille des Täters, der sich auf den rechtfertigenden Erfolg richtet.[150] Der Wille des Täters ist neben dem Wissenselement ausnahmsweise als subjektives Merkmal im Rechtfertigungstatbestand erforderlich.[151] Das subjektive Merkmal des Rechtfertigungsgrunds sollte sich deshalb in Bezug auf den Täter nicht nur auf die Kenntnis über die objektiven Umstände des aktuellen Sachverhaltes, sondern auch auf den Abwehrwillen erstrecken.[152] In dieser Hinsicht sollte jeder Rechtfertigungsgrund getrennt nach seinen eigenen Eigenschaften dargestellt werden.[153]

Sind mehrere Rechtfertigungsgründe einschlägig, so können sie grundsätzlich nebeneinander angewandt werden. Ausnahmen können sich jedoch ergeben, wenn die Rechtfertigungsgründe auf demselben Grundprinzip beruhen und einer von ihnen spezifischere Anforderungen stellt oder weitergehende Rechtsfolgen vorsieht.[154] An dieser Stelle ist jedoch zu klären, wie zu behandeln ist, wenn es um die Konkurrenz der Rechtfertigungsgründe geht.[155] Deshalb empfiehlt es sich, die Rechtfertigungsgründe in einer festgelegten Reihenfolge zu überprüfen.[156]

---

146 *Gropp/Sinn*, Strafrecht Allgemeiner Teil, § 5 Rn. 49.

147 *Gropp/Sinn*, Strafrecht Allgemeiner Teil, § 15 Rn. 51.

148 U. Ä. *Gropp/Sinn*, Strafrecht Allgemeiner Teil, § 15 Rn. 56.

149 NJW 1952, 312 (313); *Heinrich*, Strafrecht Allgemeiner Teil, Rn. 326.

150 *Bock*, Strafrecht Allgemeiner Teil, S. 263.

151 *Baumann u. a.*, Strafrecht Allgemeiner Teil, § 14 Rn. 48.

152 *Wessels u. a.*, Strafrecht Allgemeiner Teil, Rn. 413.

153 *Rengier*, Strafrecht Allgemeiner Teil, § 4 Rn. 12.

154 *Rosenau,* in SK-StGB, Vor §§ 32 Rn. 9.

155 *Rönnau*, in LK-StGB, Vor §§ 32 Rn. 78.

156 Es ist anzumerken, dass die spezifischeren Rechtfertigungsgründe zuerst geprüft werden sollten. Wenn ein vorrangiger Rechtfertigungsgrund greift, müssen die nachfolgenden Rechtfertigungsgründe nicht mehr erwähnt werden. Wenn mehrere gleichrangige Rechtfertigungsgründe in Betracht kommen, sollten diese einzeln angesprochen und bestätigt werden; siehe *Heinrich*, Strafrecht Allgemeiner Teil, Rn. 332.

3. Zwischenfazit

Zusammenfassend betrachtet lässt sich festhalten, dass es nicht immer möglich ist, die entscheidenden, allgemeinen Grundsätze für jeden einzelnen Rechtfertigungsgrund festzulegen.[157] Obwohl einige allgemeine Prinzipien für alle Rechtfertigungsgründe gelten, hat jeder Rechtfertigungsgrund (auch außerhalb des Strafrechts), insbesondere auf der subjektiven Seite, seine eigenen Eigenschaften, die deshalb im Einzelfall auch einzeln bewertet werden müssen.[158] Darum sollte in jedem Einzelfall eine Bewertung unter Berücksichtigung der allgemeinen Grundsätze sowie der Voraussetzungen und Merkmale der jeweiligen Rechtfertigungsgründen in besonderer Weise vorgenommen werden, um festzustellen, ob sie auf die entsprechende Tat anwendbar sind.

Im Folgenden ist daher auf diesen Aspekt näher einzugehen, d. h., ob das Willenselement zur Anwendung aller Rechtfertigungsgründe als ein subjektives Rechtfertigungsmerkmal tatsächlich vorliegen sollte. Nach h. L. vertritt hierzu die Ansicht, dass das subjektive Rechtfertigungselement erst dann erfüllt wird, wenn der Täter Kenntnis über die Rechtfertigungslage hatte.[159] Das heißt, ein Rechtfertigungsgrund setzt kein voluntatives Element voraus.[160]

Nach einem Teil der Lehre der reichte jedoch diese Annahme nicht so aus, sodass weiterhin das Willenselement erforderlich ist.[161] In diesem Zusammenhang lassen sich daher folgende Argumente anführen:[162] Die Rechtfertigung einer Handlung liegt darin, dass unter normalen Umständen als unrechtmäßig betrachtete Handlungen in Ausnahmesituationen als berechtigt angesehen werden, sofern die spezifischen Bedingungen für die Rechtfertigung erfüllt sind. In diesem Zusammenhang ist es wichtig, dass der Handelnde bei der Ausführung der Tat eine entsprechende Einstellung besitzt und beabsichtigt, sich im Einklang mit dieser Einstellung aus der gegenwärtigen, ungewöhnlichen Situation zu befreien. Dabei stellt die Einstellung eine Ausnahmeregelung dar. Dies umfasst darüber hinaus keine Handlungen, die nicht für einen bestimmten Willen ausgeführt werden.

Da der Vorsatz und die Fahrlässigkeit als subjektive Tatbestandsmerkmale zur Ebene des Unrechts gehören,[163] sollen alle subjektiven Rechtfertigungselemente

---

[157] *Roxin/Greco*, Strafrecht Allgemeiner Teil, § 14 Rn. 38.
[158] Ähnlich *Gropp/Sinn*, Strafrecht Allgemeiner Teil, § 5 Rn. 28.
[159] *Rosenau,* in SK-StGB, § 34 Rn. 35.
[160] *Paeffgen/Zabel*, in NK-StGB, Vor §§ 32, Rn. 93.
[161] *Kindhäuser/Zimmermann*, Strafrecht Allgemeiner Teil, § 15 Rn. 9.
[162] Siehe dazu *Paeffgen/Zabel*, in NK-StGB, Vor §§ 32, Rn. 97.
[163] *Roxin/Greco,* Strafrecht Allgemeiner Teil, § 7 Rn. 4 ff.

bei der Feststellung der Rechtswidrigkeit berücksichtigt werden.[164] Der Vorsatz umfasst bei der Prüfung der subjektiven Tatbestandsmerkmale sowohl das Wissenselement als auch das Willenselement.[165] Es sei daher in diesem Zusammenhang nicht plausibel, die subjektiven Rechtfertigungsmerkmale abweichend von den subjektiven Tatbestandsmerkmalen zu bewerten. Aus diesem Grund sollen unbedingt bei der Prüfung der Rechtfertigungsgründe das Willens- und Wissenselement in gleicher Art und Weise vorliegen.[166] Der Gesetzgeber verwendet ferner den Ausdruck „*um [...] abzuwenden*" in den §§ 32, 34 StGB und gibt damit ebenfalls einen Hinweis auf das Erfordernis des Willenselements.[167]

Ein weiterer wichtiger Punkt, auf den Bezug zu nehmen ist, ist das Rechtsfolgeproblem beim Fehlen des subjektiven Rechtfertigungselements. Wie bereits erwähnt wurde, werden verschiedene Meinungen zu dieser Angelegenheit zum Ausdruck gebracht.[168] Nach hiesiger Ansicht ist allerdings die Bestrafung nach den Regelungen des Versuchs und des untauglichen Versuchs nicht vertretbar, da der Täter seine tatbestandsmäßige Handlung vollendet hat und der tatbestandsmäßige Erfolg bereits eingetreten ist.

Es ist davon auszugehen, dass in jenen Fällen, in denen das subjektive Rechtfertigungselement fehlt, die Vollendungsstrafbarkeit des Täters eine angemessene Lösung verkörpert. Der Täter wollte nämlich die betreffende Straftat nach seiner Vorstellung begehen, wobei er die objektiven Umstände der Rechtfertigungslage nicht kennt und sich ohne Abwendungswille verhält. Die Verantwortung des Täters schließt sich jedoch in einem Einzelfall nicht aus, wenn seine Tat durch einen Rechtfertigungsgrund fehlerhaft gedeckt wird. Da die vollendete Straftat somit durch den Täter begangen wird, kommt kein Versuch infrage.

4. Entschuldigungsgründe

Entschuldigungsgründe sind spezifische Umstände, unter denen eine normative Motivation nach dem Gesetzgeber als unzumutbar gilt.[169] Demnach liegen sie auf der Ebene der Schuld im Verbrechensaufbau, wo sie als negative Merkmale geprüft werden und zum Verzicht auf den strafrechtlichen Schuldvorwurf beim

---

164 Näher dazu *Rengier*, Strafrecht Allgemeiner Teil, § 17 Rn. 9.

165 *Kaspar*, Strafrecht Allgemeiner Teil, § 5 Rn. 127.

166 So auch *Jescheck/Weigend*, Lehrbuch des Strafrechts: Allgemeiner Teil, S. 328 ff.

167 Siehe zu ausführlichen Bemerkungen über die subjektive Seite des Notstands unten: C. III. 3.

168 Siehe dazu bereits oben A. IV. 2. b.

169 *Kindhäuser/Zimmermann*, Strafrecht Allgemeiner Teil, § 21 Rn. 13.

Täter führen.[170] Entschuldigungsgründe sind nicht ein Fehlverhalten des Täters, mit dem die Schuldunfähigkeit in Verbindung steht, sondern eine Nachsicht, die in der konkreten Konstellation aufgetreten ist.[171] Entschuldigungsgründe unterscheiden sich deshalb wesentlich von den Schuldausschließungs- und Schuldminderungsgründe.[172]

Wenn ein Entschuldigungsgrund infrage kommt, bleibt die Schuld des Täters zwar bestehen, wird jedoch gemindert. Dennoch ist der Täter aufgrund besonderer Nachsicht in Bezug auf den Verzicht auf den strafrechtlichen Schuldvorwurf nicht zu bestrafen.[173] Die Schuldminderung braucht daher nicht bis zum Ausschluss der Schuld zu gelangen. Demnach ist auch nicht erforderlich, dass die Schuld vollständig aufgehoben wird, um auf die Bestrafung zu verzichten. Es reicht vielmehr aus, wenn die Schuld auf ein solches Maß reduziert wird.[174]

Obwohl Entschuldigungsgründe im StGB als *numerus clausus* geregelt werden,[175] wird in der Lehre der übergesetzliche Notstand als ein solcher angenommen.[176] Wie dem Namen zu entnehmen ist, ist jedoch der übergesetzliche Notstand kein Teil des StGB. Im StGB sind daher die geregelten Entschuldigungsgründe der entschuldigende Notstand (§ 35 StGB) und der Notwehrexzess (§ 33 StGB).[177]

5. Zusammenfassung

Im deutschen Verbrechensaufbau werden Rechtswidrigkeit und Schuld getrennt und nacheinander geprüft, nachdem materiellen Voraussetzungen der Tatbestandsmäßigkeit erfüllt sind.[178] Zunächst sollten im Rahmen der Feststellung des Unrechts die Tatbestandsmäßigkeit und Rechtswidrigkeit der Handlung und danach im Rahmen der Schuld die Schuldhaftigkeit des Täters geprüft werden.[179]

---

170 *Rengier*, Strafrecht Allgemeiner Teil, § 24 Rn. 11.

171 *Freund/Rostalski*, Strafrecht Allgemeiner Teil, § 4 Rn. 7.

172 Zu dieser Unterscheidung siehe Sternberg/Lieben, in SSK-StGB, Vor §§ 32 Rn. 108; es wird jedoch auch die Auffassung vertreten, dass eine solche Unterscheidung tatsächlich nicht vorliegt; *Roxin/Greco*, Strafrecht Allgemeiner Teil, siehe § 19 Rn. 57.

173 *Roxin/Greco*, Strafrecht Allgemeiner Teil, § 19 Rn. 56.

174 Siehe *Gropp/Sinn*, Strafrecht Allgemeiner Teil, § 6 Rn. 124.

175 *Gropp/Sinn*, Strafrecht Allgemeiner Teil, § 6 Rn. 125.

176 *Kindhäuser/Zimmermann*, Strafrecht Allgemeiner Teil, § 21 Rn. 14; siehe die ausführlichen Darstellungen zum übergesetzlichen Notstand unten: E. VII.

177 *Kindhäuser/Zimmermann*, Strafrecht Allgemeiner Teil, § 21 Rn. 13.

178 *Kaspar*, Strafrecht Allgemeiner Teil, § 5 Rn. 5.

179 *Streng*, Wie weit reicht das Koinzidenzprinzip?, in: FS Werner Beulke zum 70. Geburtstag, S. 313 (313).

Das heißt, ‚ohne Rechtswidrigkeit gibt es keine Schuld'.[180] In diesem Sinne lässt sich entnehmen, dass die Prüfung der Rechtswidrigkeit und Schuld vollständig erfolgen muss, damit der Täter unter Strafe gestellt werden darf.[181]

Auf der Ebene der Rechtswidrigkeit findet eine rechtliche Bewertung darüber statt, ob ein Rechtfertigungsgrund vorliegt, sobald die tatbestandsmäßige Handlung vom Täter ausgeführt wurde.[182] Demnach ist auf der zweiten Stufe des Verbrechensaufbaus zu prüfen, ob die tatbestandsmäßige Handlung rechtswidrig oder gerechtfertigt ist.[183] Wenn eine tatbestandsmäßige Handlung nicht vom Rechtssysteme gedeckt wird, ist sie jedenfalls rechtswidrig.[184]

Auf der Ebene der Schuld findet eine rechtliche Bewertung statt, ob die betroffene tatbestandsmäßige und rechtswidrige Handlung dem Täter auch persönlich subjektiv vorgeworfen werden kann.[185] Dies hängt jedoch davon ab, wie der psychische Zustand des Täters war, während er die tatbestandsmäßige und rechtswidrige Handlung ausführte. Diese Bewertung lässt sich auf der dritten Stufe des Verbrechensaufbaus durchführen[186], womit dem Grundsatz der Strafzumessung entsprochen wird.[187]

Die Unterscheidung zwischen Rechtswidrigkeit und Schuld ist daher wichtig, weil sich die rechtliche Natur und der Prüfungsaufbau der beiden Formen voneinander wesentlich unterscheiden.[188] Im deutschen Strafrecht differieren Rechtswidrigkeit und Schuld auch hinsichtlich ihrer Rechtsfolgen.[189] Liegt daher ein Rechtfertigungsgrund vor, wird ein Freispruch gem. § 267 Abs. 5 Buchst. 1 StPO für den Täter als Sachurteil verkündet, weil das Unrecht der Handlung nicht mehr besteht. Liegt hingegen eine geringere Schuldhaftigkeit des Täters vor, wird zwar ein Freispruch gem. § 267 Abs. 5 Buchst. 1 StPO für den Täter als Sachurteil verkündet, daneben werden jedoch ggf. Maßregeln gem. den §§ 61 ff. StGB angeordnet.[190]

---

180 *Hellmann*, Die Anwendbarkeit der zivilrechtlichen Rechtfertigungsgründe im Strafrecht, S. 13.

181 Ähnlich *Rengier*, Strafrecht Allgemeiner Teil, § 12 Rn. 1.

182 Siehe dazu bereits oben Fn. 45.

183 *Rengier*, Strafrecht Allgemeiner Teil, § 17 Rn. 1.

184 Ähnlich *Kaspar*, Strafrecht Allgemeiner Teil, § 5 Rn. 162.

185 *Kindhäuser/Zimmermann*, Strafrecht Allgemeiner Teil, § 5 Rn. 4.

186 *Gropp/Sinn*, Strafrecht Allgemeiner Teil, § 6 Rn. 3.

187 *Freund/Rostalski*, Strafrecht Allgemeiner Teil, § 1 Rn. 59; *Gropp/Sinn*, Strafrecht Allgemeiner Teil, § 6 Rn. 50; *Kaspar*, Strafrecht Allgemeiner Teil, § 2 Rn. 19 f.

188 Ähnlich *Streng*, Wie weit reicht das Koinzidenzprinzip?, in: FS Werner Beulke zum 70. Geburtstag, S. 313 (324).

189 Siehe dazu bereits oben A. IV. 1. c.; Fn. 116.

190 *Kaspar*, in SK-StGB, § 20 Rn. 120.

Die Rechtfertigungs- und Entschuldigungsgründe unterscheiden sich auch in ihrer Regelungsform. Da erstere nicht als *numerus clausus* geregelt sind, liegt eine bestimmte Anzahl an Entschuldigungsgründe vor.[191] Das bedeutet, dass es keine festgelegte, begrenzte Anzahl von anerkannten Rechtfertigungsgründen gibt. Anstatt dessen ist jedoch anzunehmen, dass es eine bestimmte Anzahl von Entschuldigungsgründen gibt. Obwohl es in dieser Hinsicht eine Ausnahme (nämlich den übergesetzlichen Notstand) gibt,[192] lässt sich daraus ableiten, dass die Quelle der Entschuldigungsgründe ausschließlich das Gesetz ist.

III. Überblick über das türkische Strafrecht

1. Vorbemerkungen

Im türkischen Strafrecht wurde erst nach der neuen Gesetzesreform im Jahr 2005 die präzise Unterscheidung von Unrecht und Schuld wie im deutschen Strafrecht angenommen.[193] Demzufolge sind heute die Ebene des Unrechts und jene der Schuld im Verbrechensaufbau vollständig voneinander getrennt,[194] d. h. es wurde ein zweistufiger Aufbau gebildet, nämlich die Unrechts- und Schuldebene.[195]

In der Literatur finden Diskussionen darüber statt, wie viele Stufen im Verbrechensaufbau vorliegen sollten.[196] Die Prüfung des Deliktsaufbaus wird nach h. L. in der gleichen Weise und Reihenfolge wie im deutschen Strafrecht durchgeführt, wo Tatbestandsmäßigkeit, Rechtswidrigkeit und Schuld in einer Folge geprüft werden.[197] Die Rechtswidrigkeit gehört mithin wie im deutschen Strafrecht zur Ebene des Unrechts und wird daher vor der Schuld geprüft.[198] Demgegenüber

---

191 Siehe *Gropp/Sinn*, Strafrecht Allgemeiner Teil, § 5 Rn. 27 und § 6 Rn. 125.

192 Diese Ausnahme ist der übergesetzliche Notstand wie in Kapitel E. VII erwähnt.

193 Im Jahr 2005 wurden in der Türkei umfassende Reformen im Strafrecht durchgeführt. Das Strafgesetzbuch von 2004 bildete die Grundlage für diese Reformen. Das neue Strafgesetzbuch trat am 1. Juni 2005 in Kraft und ersetzte das frühere Gesetz von 1926. Die Reformen im türkischen Strafrecht von 2005 hatten das Ziel, das Strafrechtssystem an internationale Standards anzupassen und den Schutz der Grundrechte und Freiheiten zu verbessern.

194 *Bekar*, Türk ve Amerikan Hukukunda Zorunluluk Hali, S. 20; *Özbek/Doğan*, DEÜHFD 2007, 195 (199).

195 *Dülger*, CHD 2014, 121 (154).

196 Ausführliche Betrachtungen zu diesen Diskussionen siehe *Isfen*, Das Schuldprinzip im Strafrecht, S. 17 ff.

197 *Artuk u. a.*, Ceza Hukuku Genel Hükümler, S. 287; *Koca/Üzülmez*, Türk Ceza Hukuku Genel Hükümler, S. 89; *Özbek u. a.*, Türk Ceza Hukuku Genel Hükümler, S. 218.

198 *Özbek/Doğan*, DEÜHFD 2007, 195 (199).

wird die Schuldhaftigkeit des Täters erst nach dem Unrecht untersucht, ob ein schuldhaftes Verhalten vorliegt.[199]

Aus den oben genannten Gründen besteht im Sinne des Verbrechensaufbaus grundsätzlich kein erheblicher Unterschied zwischen beiden Strafrechtssystemen. Deshalb ist davon auszugehen, dass die rechtliche Natur der Rechtswidrigkeit und Schuld im türkischen Strafrecht dieselbe wie im deutschen Strafrecht ist. Dennoch bestehen wesentliche Unterschiede zwischen den Rechtfertigungs- und Entschuldigungsgründen, wie aus den folgenden Absätzen hervorgehen wird.

2. Rechtfertigungsgründe

Im türkischen Strafrecht sind Rechtfertigungsgründe als eine Ausnahmesituation anzunehmen, in der die vorhandene tatbestandsmäßige Handlung vom Gesetz gestattet wird.[200] Im Falle der Existenz eines Rechtfertigungsgrundes wird die Rechtswidrigkeit der Handlung daher vollständig aufgehoben, d. h. das Unrecht der Handlung wird nicht mehr in Betracht gezogen.[201] Dafür gibt es im türkischen Strafrecht zwei Ansätze, ähnlich wie im deutschen Strafrecht, welche im Lichte der monistischen und pluralistischen Gedanken vorgebracht werden, damit die Rechtfertigungsgründe rechtlich begründet werden können.[202]

Im türkischen Strafrecht gibt es darüber hinaus ebenfalls keine bestimmte Anzahl an Rechtfertigungsgründen, sowie hat in der Regel jeder Rechtfertigungsgrund seinen eigenen Aufbau und individuelle Eigenschaften.[203] Dennoch finden sich einige Maßstäbe für alle Rechtfertigungsgründe als Rechtfertigungsprinzipien.[204]

In Bezug auf den Prüfungsaufbau der Rechtfertigungsgründe besteht kein großer Unterschied zwischen türkischem und deutschem Strafrecht. Ein Anhaltspunkt dafür ist, dass beide Strafrechtssystemen unterscheiden, ob ein subjektives Element zum Rechtfertigungsgrund für erforderlich gehalten werden soll. In diesem Sinn werden beide Ansichten von der türkischen Strafrechtslehre vertreten,

---

199 *Özgenç*, Türk Ceza Hukuku Genel Hükümler, S. 455 f.; a. A. siehe *Dağaşan*, Das Ansehen des Staates im türkischen und deutschen Strafrecht, S. 36. Nach der Darstellung des Autors wird die Schuldfähigkeit des Täters im Rahmen des subjektiven Elements mit dem Vorsatz und der Fahrlässigkeit behandelt.

200 Siehe: *Hakeri*, Ceza Hukuku Genel Hükümler, S. 303.

201 *Özgenç*, Türk Ceza Hukuku Genel Hükümler, S. 313.

202 *Dülger*, CHD 2014, 121 (159).

203 *Artuk u. a.*, Ceza Hukuku Genel Hükümler, S. 489.

204 *Hakeri*, Ceza Hukuku Genel Hükümler, S. 280; siehe auch *Özbek u. a.*, Türk Ceza Hukuku Genel Hükümler, S. 295 f.

wonach das subjektive Element für nötig oder nicht nötig gehalten wird.[205] In der deutschen Strafrechtslehre geht die h. M. von der Erforderlichkeit eines subjektiven Rechtfertigungselements –insbesondere Wissenselement- aus.[206] In der türkischen Strafrechtslehre wird demgegenüber von der h. M. vertreten, dass bloß das Eintritt der objektiven Rechrfertigungsmerkmalen für die Rechtfertigungsgründe ausreichend ist.[207]

Weiterhin kann im Rahmen der Rechtswidrigkeit eine Konstellation bestehen, in der mehrere Rechtfertigungsgründe nebeneinander vorhanden sind. In einem solchen Fall stehen jedoch die Rechtfertigungsgründe nicht im Widerspruch, sondern werden parallel zueinander bewertet.[208] Mithin müssen die im Einzelfall zusammen entstehende Rechtfertigungsgründe kumulativ bewertet werden.[209]

Im türkischen Strafgesetzbuch werden Rechtfertigungsgründe unsystematisch und unklar gemeinsam mit den Entschuldigungsgründen geregelt.[210] Demnach ist nicht leicht abzugrenzen, welche Gründe zur Rechtfertigung und welche zur Entschuldigung gehören.[211] Die folgenden Gründe sind zumeist von der türkischen Strafrechtslehre als Rechtfertigungsgründe anzunehmen[212], die ebenfalls im tStGB vorgeschrieben werden: Gesetzliche Vorschrift und Anordnung eines Vorgesetzten (Art. 24 Abs. 1 tStGB)[213], Notwehr (Art. 25 Abs. 1 tStGB)[214],

---

205 *Hakeri*, Ceza Hukuku Genel Hükümler, S. 282; *Özbek u. a.*, Türk Ceza Hukuku Genel Hükümler, S. 295.

206 *Wessels u. a.*, Strafrecht Allgemeiner Teil, Rn. 412.

207 *Erdin*, Hukuka Uygunluk Sebeplerinde Subjektif Unsur Sorunu, 426 f.; *Kangal*, Ceza Hukukunda Zorunluluk Durumu, S. 203; *Önder*, Ceza Hukuku Dersleri, S. 252; a. A. *Demirbaş*, Ceza Hukuku Genel Hükümler, S. 297.

208 *Hakeri*, Ceza Hukuku Genel Hükümler, S. 281.

209 *Özbek u. a.*, Türk Ceza Hukuku Genel Hükümler, S. 295 f..

210 Siehe *Talas/Wania*, Die Unterscheidung von Rechtfertigungs- und Entschuldigungsgründen im deutschen und türkischen Strafrecht, S. 415 (423 f.).

211 In dieser Hinsicht kann Art. 25 tStGB als ein Beispiel genannt werden, worin im ersten Absatz die Notwehr und im zweiten Absatz der Notstand geregelt wird. Dabei ist unstrittig, dass die Notwehr als ein Rechtfertigungsgrund gilt, allerdings ist die rechtliche Natur des Notstands umstritten, welche in dieser Dissertation bearbeitet wird.

212 *Özbek/Doğan*, DEÜHFD 2007, 195 (197).

213 Art. 24 Abs. 1 tStGB lautet: *Wer eine gesetzliche Vorschrift ausführt, wird nicht bestraft*; für die Übersetzung siehe *Tellenbach*, Das türkische Strafgesetzbuch: Türk Ceza Kanunu Art. 24 Abs. 1.

214 Art. 25 Abs. 1 tStGB lautet: *Ein Täter wird nicht bestraft, wenn er Taten in der Notwendigkeit begeht, einen rechtswidrigen Angriff gegen eigenes Recht oder das Recht eines anderen abzuwehren, der gegenwärtig ist, bevorsteht oder dessen Wiederholung sicher zu erwarten ist. Dies muss in einer Weise geschehen, die nach der Lage und den Bedingungen dieses Zeitpunkts in einem angemessenen Verhältnis zu dem*

Ausübung eines Rechts (Art. 26 Abs. 1 tStGB)[215] und Einwilligung des Berechtigten (Art. 26 Abs. 2 tStGB).[216] Zudem finden sich weitere Rechtfertigungsgründe außerhalb des tStGB.[217] Der Notstand ist allerdings bezüglich seiner rechtlichen Natur sehr umstritten, sodass unklar ist, ob es ein Rechtfertigungs- oder Entschuldigungsgrund ist.[218]

3. Entschuldigungsgründe

Die Existenz eines Entschuldigungsgrunds führt zum Verzicht des strafrechtlichen Schuldvorwurfs beim Täter, weil das rechtmäßige Verhalten aufgrund der konkreten, zwingenden Gründe von ihm nicht mehr erwartet werden kann. In einem solchen Fall bleiben zwar die Schuldfähigkeit und das Unrechtsbewusstsein des Täters unverändert, verringern sich jedoch wesentlich.[219] Daher kann der Täter für seine geringe Schuld nicht bestraft werden.[220] Die Entschuldigungsgründe unterscheiden sich damit von den Schuldausschließungs- und Schuldminderungsgründen.[221] Im türkischen Strafrecht gibt es darüber hinaus bestimmte Anzahl an Entschuldigungssgründen, sowie wird sie in der Regel nicht ausgedehnt.[222]

Entschuldigungsgründe werden wie auch die Rechtfertigungsgründe im tStGB unklar und unsystematisch geregelt, sodass auch keine Einstimmigkeit in der

---

Angriff steht; für die Übersetzung siehe *Tellenbach*, Das türkische Strafgesetzbuch: Türk Ceza Kanunu Art. 25 Abs. 1.

215 Art. 26 Abs. 1 tStGB lautet: *Wer sein Recht ausübt, wird nicht bestraft;* für die Übersetzung siehe *Tellenbach,* Das türkische Strafgesetzbuch: Türk Ceza Kanunu Art. 26 Abs. 1

216 Art. 26 Abs. 2 tStGB lautet: *Wer eine Tat begeht, die sich im Rahmen der erklärten Einwilligung einer Person auf ein Recht bezieht, über das diese voll verfügen kann, wird nicht bestraft*; für die Übersetzung siehe *Tellenbach*, Das türkische Strafgesetzbuch: Türk Ceza Kanunu Art. 26 Abs. 2.

217 Wie bereits oben erwähnt sind Rechtfertigungsgründe im türkischen Strafrecht nicht als *numerus clausus* zu betrachten; siehe dazu bereits oben Fn. 228.

218 Tatsächlich gibt es im deutschen Recht keine umfangreichen Diskussionen zu diesem Thema. Denn dort ist die Unterscheidung zwischen Rechtfertigungs- und Entschuldigungsgrund ausdrücklich geregelt, z. B. wird der Notstand in § 34 StGB als ein Rechtfertigungsgrund, dagegen in § 35 StGB als ein Entschuldigungsgrund vorgeschrieben.

219 *Meraklı*, CHD 2010, 261 (265 f.).

220 *Özbek u. a.*, Türk Ceza Hukuku Genel Hükümler, S. 392 f.

221 *Özbek/Doğan*, DEÜHFD 2007, 195 (198 f.).

222 *Dülger*, CHD 2014, 121 (166).

Strafrechtslehre vorliegt.[223] Folgende Normen werden als Entschuldigungsgründe gesehen:[224] Gesetzliche Vorschrift und Anordnung eines Vorgesetzten (Art. 24 Abs. 2, 3, 4 tStGB)[225] Notstand (Art. 25 Abs. 2 tStGB),[226] Überschreitung von Grenzen (Art. 27 Abs. 2 tStGB)[227], Gewalt, Einschüchterung und Drohung (Art. 28 tStGB).[228] In der türkischen Strafrechtslehre ist jedoch die rechtliche Natur von Gewalt, Einschüchterung und Drohung (Art. 28 tStGB) und Notstand (Art. 25 Abs. 2 tStGB) umstritten; damit ist unklar, ob diese Normen tatsächlich als ein Entschuldigungsgrund eingestuft werden können.[229]

---

223 *Talas/Wania*, Die Unterscheidung von Rechtfertigungs- und Entschuldigungsgründen im deutschen und türkischen Strafrecht, S. 415 (424).

224 Siehe *Özbek u. a.*, Türk Ceza Hukuku Genel Hükümler, S. 393.

225 Art. 24 Abs. 2, 3, 4 tStGB lautet: *(2) Wer eine pflichtgemäß auszuführende Anordnung ausführt, die von einer zuständigen Stelle ergangen ist, ist nicht verantwortlich. (3) Eine Anordnung, deren Inhalt eine Straftat darstellt, darf unter keinen Umständen ausgeführt werden. Anderenfalls sind die ausführende wie die anordnende Person verantwortlich. (4) In den Fällen, in denen das Gesetz die Prüfung der Rechtmäßigkeit der Anordnung nicht zulässt, ist die anordnende Person für die Ausführung verantwortlich;* für die Übersetzung siehe *Tellenbach*, Das türkische Strafgesetzbuch: Türk Ceza Kanunu Art. 24 Abs. 2, 3, 4.

226 Art. 25 Abs. 2 tStGB lautet: *Ein Täter wird nicht bestraft, wenn er Taten in der Notwendigkeit begeht, sich oder einen anderen aus einer schweren und tatsächlich bestehenden Gefahr zu retten, die einem eigenen Recht oder dem Recht des anderen droht, die er nicht wissentlich verursacht hat und der auf andere Weise nicht zu begegnen ist. Dies gilt unter der Voraussetzung, dass zwischen der Schwere der Gefahr und dem Gut sowie dem verwendeten Mittel ein angemessenes Verhältnis besteht*; für die Übersetzung siehe *Tellenbach*, Das türkische Strafgesetzbuch: Türk Ceza Kanunu Art. 25 Abs. 2.

227 Art. 27 Abs. 2 tStGB lautet: *Geschah das Überschreiten der Notwehr aus entschuldbarer Erregung, Furcht oder Verwirrung, so wird der Täter nicht bestraft*; für die Übersetzung siehe *Tellenbach*, Das türkische Strafgesetzbuch: Türk Ceza Kanunu Art. 27 Abs. 2.

228 Art. 28 tStGB lautet: *Wer infolge unwiderstehlicher oder unentrinnbarer Gewalt, konkreter und massiver Einschüchterung oder Drohung eine Straftat begeht, wird nicht bestraft. In derartigen Fällen wird der Gewalt, Einschüchterung oder Drohung Ausübende als Täter der Straftat angesehen*; für die Übersetzung siehe *Tellenbach*, Das türkische Strafgesetzbuch: Türk Ceza Kanunu Art. 28.

229 Ausführliche Darstellungen zur rechtlichen Natur des Notstands im türkischen Strafrecht siehe unter D. II.

4. Zusammenfassung

Im Verbrechensaufbau des türkischen Strafrechts werden Rechtswidrigkeit und Schuld getrennt und nacheinander geprüft. Im Rahmen der Feststellung des Unrechts sollte jedoch zuerst die Tatbestandsmäßigkeit bzw. Rechtswidrigkeit der Handlung und danach im Rahmen der Schuld die Schuldhaftigkeit des Täters geprüft werden.[230]

In der rechtlichen Bewertung und Anordnung zwischen der Rechtswidrigkeit und Schuld liegt kein großer Unterschied zwischen dem türkischen und deutschen Strafrecht vor, sodass in beiden Strafrechtssystemen die Rechtswidrigkeit zur Ebene des Unrechts und die Schuldhaftigkeit zur Ebene der Schuld gehört.[231] Im Verhältnis zwischen den Rechtfertigungs- und Entschuldigungsgründen besteht allerdings ein rechtliches Problem für das türkische Recht dahingehend, wie diese voneinander abzugrenzen sind.[232]

Im türkischen Strafrecht unterscheiden sich die Rechtswidrigkeit und Schuld ebenso erheblich in Hinsicht auf deren Rechtsfolgen.[233] Liegt daher ein Rechtfertigungsgrund vor, wird für den Täter ein Freispruch gem. Art. 223 Abs. 2 Buchst. d tStPO[234] als Sachurteil verkündet, weil das Unrecht der Handlung nicht mehr besteht. Bei einer geringeren Schuldhaftigkeit des Täters wird hingegen auf eine Strafe gem. Art. 223 Abs. 3 tStPO[235] verzichtet oder gem. Art. 61 Abs. 5 tStGB[236] wegen mangelnder Schuldhaftigkeit abgemildert. Die Anordnung der

---

230 Siehe dazu bereits oben A. IV. 3. a.

231 Siehe dazu bereits oben A. IV. 3. a.; Fn. 222.

232 Dieses Problem stellt sich insbesondere im Fall des Notstands. Da es im tStGB (Art. 25 Abs. 2) lediglich einen Artikel für den Notstand gibt, ist seine rechtliche Einordnung umstritten.

233 Diese Unterscheidung ergibt sich aus der Vorschrift des Art. 223 Abs. 2 und 3 tStPO.

234 Art. 223 Abs. 2 Buchst. d tStPO lautet: *Auf Freispruch wird erkannt, wenn im konkreten Fall ein Rechtfertigungsgrund vorliegt, auch wenn die zur Last gelegte Straftat vom Angeklagten begangen wurde*; für die Übersetzung siehe *Arslan,* Die türkische Strafprozessordnung: Ceza Muhakemesi Kanunu, Art. 223.

235 Art. 223 Abs. 3 tStPO lautet: *Wegen mangelnder Schuld wird von einer Strafe gegen den Angeklagten abgesehen*; für die Übersetzung siehe *Arslan,* Die türkische Strafprozessordnung: Ceza Muhakemesi Kanunu, Art. 223 Abs. 3.

236 Art. 61 Abs. 5 tStGB In Bezug auf eine Strafe lautet: *[...] wie sie gemäß den obigen Absätzen bestimmt worden ist, werden die Vorschriften über Versuch, Teilnahme, Fortsetzungstat, Provokation, Minderjährigkeit, Geisteskrankheit und persönliche strafmildernde Gründe sowie unbenannte Strafmilderungsgründe in dieser Reihenfolge angewendet und so die endgültige Strafe bestimmt*; für die Übersetzung siehe *Tellenbach,* Das türkische Strafgesetzbuch: Türk Ceza Kanunu, Art. 61 Abs. 5.

Maßregeln zur Besserung und Sicherung bleiben jedoch davon gem. Art. 223 Abs. 6 tStPO[237] unberührt. Daraus ergibt sich, dass die Rechtsfolgen der Rechtswidrigkeit und Schuld in Hinsicht auf das Sachurteil voneinander abweichen, nämlich in Form eines Freispruchs (bei der Rechtfertigung) bzw. des Absehens von einer Strafe (bei der Schuldunfähigkeit).

IV. Vergleich des deutschen und türkischen Strafrechts

Im Verhältnis der Rechtswidrigkeit und Schuld gibt es keinen großen Unterschied zwischen dem deutschen und türkischen Strafrecht. Beide Strafrechtssysteme stufen die Rechtswidrigkeit und Schuld auf verschiedenen Ebenen des Verbrechensaufbaus ein.[238] Die Unterscheidung zwischen dem deutschen und türkischen Strafrecht besteht somit darin, welche Gründe zur Rechtfertigung oder Entschuldigung angenommen werden. In diesem Zusammenhang drückt das StGB die Abgrenzung von den Rechtfertigungs- und Entschuldigungsgründen deutlicher aus, wohingegen das tStGB unklar und unsystematisch regelt.[239]

Im deutschen Strafrecht gelten nach h. M. als Rechtfertigungsgründe:[240] Notwehr (§ 32 StGB), rechtfertigender Notstand (§ 34 StGB), die Einwilligung inklusive mutmaßliche Einwilligung (§ 228 StGB), das Festnahmerecht (§ 127 Abs. 1 StPO) und die rechtfertigende Pflichtenkollision, die jedoch gesetzlich nicht geregelt ist. Die Rechtfertigungsgründe können allerdings darüber hinaus von verschiedenen rechtlichen Quellen abstammen.[241] Auf der Seite des türkischen Strafrechts werden nach h. M. folgende Rechtfertigungsgründe angenommen:[242] Ausführung der gesetzlichen Vorschrift (Art. 24 Abs. 1 tStGB), Notwehr (Art. 25

---

237 Art. 223 Abs. 6 tStPO lautet: *Ist gegen den Täter wegen a. tätiger Reue, b. Vorliegens eines persönlichen Strafausschließungsgrunds, c. gegenseitiger Beleidigung, d. geringen Unrechtsgehalts der begangenen Straftat keine Strafe zu verhängen, obwohl die begangene Tat die Eigenschaften einer Straftat weiterhin erfüllt, so wird von einer Strafe abgesehen*; für die Übersetzung siehe *Arslan*, Die türkische Strafprozessordnung: Ceza Muhakemesi Kanunu, Art. 223 Abs. 6.

238 Beide Rechtssysteme sind nach h. L. auf einem dreistufigen Verbrechensaufbau aufgebaut, nämlich Tatbestandmäßigkeit, Rechtswidrigkeit und Schuld; siehe *Gropp/Sinn*, Strafrecht Allgemeiner Teil, § 2 Rn. 66. Obwohl in A. III. 3 a. betont wird, dass im türkischen Strafrecht der zweistufige Verbrechensaufbau vorherrscht, kann dieser Sachverhalt auch im türkischen Recht dreistufig bewertet werden, da die Tatbestandsmäßigkeit und Rechtswidrigkeit zusammen eine Unrechtsebene bilden.

239 Notstand wird im deutschen Strafrecht in zwei verschiedenen Vorschriften geregelt, während er im türkischen Strafrecht nur in einer Vorschrift seine Anwendung findet.

240 Siehe dazu *Murmann*, Grundkurs Strafrecht Allgemeiner Teil, § 15 Rn. 5.

241 *Rengier*, Strafrecht Allgemeiner Teil, § 17 Rn. 3.

242 *Hakeri*, Ceza Hukuku Genel Hükümler, S. 285.

Abs. 1 tStGB), Ausübung eines Rechts (Art. 26 Abs. 1 tStGB) und Einwilligung des Berechtigten (Art. 26 Abs. 2 tStGB). Weitere Rechtfertigungsgründe können wie im deutschen Strafrecht im Einzelfall entstehen.[243]

Zusammenfassend lässt sich für das deutsche und türkische Strafrecht feststellen, dass in beiden Rechtssystemen Einigkeit darüber besteht, dass Notwehr und die Einwilligung der Berechtigten Rechtsfertigungsgründe bilden. Die Ausführung der gesetzlichen Vorschrift bzw. Ausübung eines Rechts, wie das im tStGB vorgesehen wurde, wird in der deutschen Strafrechtslehre nicht stark hervorgehoben bzw. findet sich diese überhaupt nicht im StGB.

Der Notstand wird im Gegensatz zum türkischen Strafrecht im deutschen Strafrecht sowohl als rechtfertigender als auch als entschuldigender Notstand in unterschiedlichen Paragrafen geregelt.[244] In dieser Hinsicht ist die rechtliche Natur des Notstands im türkischen Strafrecht umstritten, obwohl er von der h. L. als ein Entschuldigungsgrund angesehen wird.[245]

Im deutschen Strafrecht gelten nach h. M. als Entschuldigungsgründe:[246] Notwehrexzess (§ 33 StGB), entschuldigender Notstand (§ 35 StGB) und übergesetzlicher Notstand, der aber nicht im Gesetz steht. Im türkischen Strafrecht werden nach h. M. folgende Entschuldigungsgründe angenommen:[247] Anordnung eines Vorgesetzten (Art. 24 Abs. 2, 3, 4 tStGB), Notstand (Art. 25 Abs. 2 tStGB), Notwehrexzess (Art. 27 Abs. 2 tStGB) und Gewalteinschüchterung und Drohung (Art. 28 tStGB). Da im tStGB keine zweiteilige Einteilung zum Notstand vorliegt, ist dieser deshalb nach h. M. als ein Entschuldigungsgrund sehen.[248]

In Bezug auf beide Strafrechtssysteme ist davon auszugehen, dass die Anzahl der Entschuldigungsgründe nach h. M. bestimmt ist,[249] d. h. sie können nicht erweitert werden. Der Unterschied liegt bei den Entschuldigungsgründen darin, dass im türkischen Strafrecht abweichend vom deutschen die gesetzliche Vorschrift, die Anordnung eines Vorgesetzten sowie Gewalt, Einschüchterung und Drohung als Entschuldigungsgründe angenommen werden. Im Gegensatz dazu wird nach h. M. im deutschen Strafrecht der übergesetzliche Notstand als ein Entschuldigungsgrund gesehen, während dies im türkischen Strafrecht nicht der Fall ist.[250]

---

243 *Artuk u. a.*, Ceza Hukuku Genel Hükümler, S. 489.
244 Siehe dazu die § 34 und § 35 StGB.
245 Umfassende Betrachtungen dazu siehe unter Kapitel D.
246 *Murmann*, Grundkurs Strafrecht Allgemeiner Teil, § 17 Rn. 11.
247 *Özbek u. a.*, Türk Ceza Hukuku Genel Hükümler, S. 393.
248 Umfassende Betrachtungen dazu siehe unter Kapitel D.
249 Siehe dazu bereits oben Fn. 200 und 247.
250 Ein ausführlicher Vergleich des übergesetzlichen Notstands im deutschen und türkischen Strafrecht siehe unter E. III.

Ein weiterer Punkt in Bezug auf die Unterscheidung zwischen dem türkischen und deutschen Strafrecht ist die Notwendigkeit der subjektiven Elemente bei Rechtsfertigungsgründen. Im Gegensatz zu der türkischen Strafrechtslehre wird im deutschen Strafrecht zumeist die Ansicht vertreten, dass der Täter bei der Begehung der Tat von den Rechtfertigungsgründen Kenntnis haben muss.[251] Es besteht allerdings keine Einigkeit darüber, ob das subjektive Element bei allen oder zumindest bei bestimmten Rechtfertigungsgründen eine Motivation im Sinne eines zielgerichteten Abwehrwillens erfordert.[252] Im türkischen Schrifttum unterteilen sich die Ansichten darüber in zwei Bereiche.[253] Obwohl die Notwendigkeit der subjektiven Elemente bei den Rechtfertigungsgründen von einem kleinen Teil der türkischen Strafrechtslehre vertreten wird,[254] dominiert die Ansicht, dass lediglich der Eintritt des Erfolgs für die Annahme der Rechtfertigungsgründen ausreichend ist, als Mehrheitsmeinung.[255] Demnach ist die Notwendigkeit des Abwehrwillens, der als weiteres Merkmal neben der Kenntnis über die Rechtsfertigungslage vorausgesetzt wird, in der türkischen Strafrechtslehre kaum vertreten.

Ein weiterer Punkt, auf den eingegangen werden sollte, ist der Unterschied zwischen dem türkischen und deutschen Strafrecht hinsichtlich der Rechtsfolgen. Im türkischen Strafrecht wird der Täter gem. Art. 223 Abs. 2 Buchst. d tStPO freigesprochen, wenn ein Rechtfertigungsgrund existiert. Wenn hingegen eine Situation vorliegt, die die Schuld des Täters ausschließt oder mindert, ist gem. Art. 223 Abs. 3 tStPO ein Absehen von Strafe ausgeschlossen. Auf der Seite des deutschen Rechts wird in beiden Situationen gem. § 267 Abs. 5 Satz 1 StPO ein Freispruch für den Täter als Sachurteil ausgesprochen.

---

251 BGH 4 StR 294/95, NStZ 1996, 29-30; *Frisch*, Grund- und Grenzprobleme des sog. subjektiven Rechtfertigungselements, in: FS Karl Lackner zum 70. Geburtstag, S. 113 (148); *Gropp/Sinn*, Strafrecht Allgemeiner Teil, § 5 Rn. 47; *Rengier*, Strafrecht Allgemeiner Teil, § 17 Rn. 11.

252 Siehe *Rengier*, Strafrecht Allgemeiner Teil, § 17 Rn. 12.

253 Siehe zu ausführlichen Darstellungen dieser Ansichten *Dursun/Bozbayındır*, İÜHFM 2015, 63 (66 ff.).

254 *Erdin*, Hukuka Uygunluk Sebeplerinde Subjektif Unsur Sorunu, S. 182 ff.

255 *Kangal*, Ceza Hukukunda Zorunluluk Durumu, S. 203 f.; *Koca/Üzülmez*, Türk Ceza Hukuku Genel Hükümler, S. 271.

B. Die rechtliche Natur des Notstands im Strafrecht

I. Historische Entwicklung der Notstandslehre in verschiedenen Rechtssystemen

Seit geraumer Zeit werden die Notstandsregelungen auf verschiedene Art und Weise in fast allen Rechtssystemen zur Anwendung gebracht, indem sie entweder in schriftlichen Regelungen festgehalten sind oder in der Praxis verwendet werden.[1] Manchmal ist daher die Handlung eines Täters nicht strafwürdig, wenn er ein Interesse von anderen in einem Gefahrenzustand oder Notfall verletzt hat, obwohl die geschädigte Person, deren Interesse beeinträchtigt wurde, die Gefahr selbst nicht verursacht hat.[2] Als Begründung wird dafür hauptsächlich vorgebracht, dass der Täter deshalb rechtmäßig gehandelt hat, weil in einer solchen Situation nichts anderes erwartet werden kann. Demnach ist es für den Täter unzumutbar, sich mit einer Gefahr abzufinden, die er nicht selbst verursacht hat.[3]

Im jüdischen (hebräischen) Recht[4] erscheint die Notstandsregelung sowohl im Alten Testament[5] als auch in der Mischna[6]. So ist unter anderem eine Tat nicht als Diebstahl zu beurteilen, wenn jemand die Nahrungsmittel von einem anderen isst, damit er nicht verhungert. Deshalb kann über den Täter keine Strafe verhängt werden, wenn er sich in einer solchen Situation befindet. Abgesehen vom Eigentumsrecht können jedoch auch andere Rechte dritter Personen verletzt werden. Auf diese Weise wird die Tat im Rahmen des Notstands toleriert, wenn eine Gefahr besteht, deren Abwendung anders nicht möglich ist.

---

1 In den folgenden Abschnitten werden oberflächliche Informationen darüber gegeben, wie die dogmatische Anwendung der Notstandsregelungen in verschiedenen Rechtssystemen stattfindet.

2 *Leite*, Notstand und Strafe, S. 68.

3 *Renzikowski*, JRE 2003, 269 (283 f.).

4 Zu detaillierten Informationen und Bespielen siehe *Foriers*, De l'état de nécessité en droit pénal, S. 49–58.

5 Das Alte Testament ist ein religiöses Buch, eine übliche Bezeichnung für die ins Griechische übertragene jüdische Sammlung biblischer Bücher, die aus den drei Hauptteilen Tora, Nevi'im und Ketubim sowie aus den Psalmen, den Sprüchen und dem Buch Iob besteht. (https:*//www.wortbedeutung.info/Altes_Testament)* – Zugriffsdatum: 15.10.2023.

6 Die Mischna ist einer der zentralen Texte des Judentums und bildet die zusammengefasste Niederschrift der mündlichen Tora. (https:*//www.juedische-allgemeine.de/glossar/mischna)* – Zugriffsdatum: 15.10.2023.

Im griechischen Recht der Antike[7] wurden die Notstandsregelungen zwar nicht schriftlich geregelt, der Täter wurde aber in der Praxis zumeist als schuldlos beurteilt, wenn er in einer Notstandslage handeln musste. Dies galt jedoch insbesondere im Bereich des Eigentumsrechts. Ferner wurden Handlungen zur Plünderung, die durch die Armee begangen wurden, während sie den Rückzug angetreten hatte, als rechtmäßig angenommen.

Aus dem römischen Recht liegen zwar keine allgemeinen Regelungen über den Notstand vor, allerdings finden sich diverse Entscheidungen in den Digesta-Texten[8], die sich auf den Notstand beziehen.[9] Notstandsregelungen wurden dort jedoch nicht aufgrund theoretischer Ebenen in Betracht gezogen, sondern im Lichte der empirischen Ebene. In der Praxis wurde in Digesta-Texten das Recht auf Leben, Eigentum, Freiheit und Ehre in gleicher Weise geschützt. Falls die Interessen des Täters und der unbeteiligten dritten Person abwichen, sollten sie gegeneinander abgewogen werden. Nach der Abwägung dieser widerstreitenden Interessen sollte das geringere Interesse für andere aufgeopfert werden. Demnach musste das geschützte Interesse des Beeinträchtigten wesentlich überwiegen.[10] Dies zeigte sich insbesondere darin, dass der Ansatz zum Notstand im römischen Recht ähnlich wie in den heute geltenden Vorschriften des Notstands (§§ 34, 35 StGB) gestaltet war.

Im kanonischen Recht[11] wurden die Notstandsregelungen unter dem Gesichtspunkt des Prinzips „*Not hat kein Gebot*“[12] geprägt. In früherer Periode bezogen sich diese Regelungen jedoch nur auf die Andachten und dehnten sich erst danach

---

7 Zu den detaillierten Informationen und Bespielen siehe *Foriers*, De l'état de nécessité en droit pénal, S. 58 ff.

8 Die Digesten ‚geordnete Sammlung‘ bilden das Herzstück des „Corpus Iuris Civilis“, der römischen Rechtssammlung, die weltgeschichtliche Bedeutung erlangt hat. Zu den detaillierten Informationen zur Digesta siehe *Behrends*, Corpus iuris civilis.

9 *Küper*, Art. Notstand I (strafrechtlich), S. 1064 (1064).

10 Zu den detaillierten Informationen und Bespielen siehe: *Foriers*, De l'état de nécessité en droit pénal, S. 68–72.

11 Zu den detaillierten Informationen und Bespielen siehe *Foriers*, De l'état de nécessité en droit pénal, S. 91–99.

12 Der Satz ‚Not hat kein Gebot‘ ist eine lateinische Phrase aus dem kanonischen Recht. Im Original lautet der Satz *necessitas non habet legem.* Dieser Grundsatz besagt, dass in bestimmten außergewöhnlichen oder dringenden Situationen, in denen eine Person in Gefahr ist oder dringend Hilfe benötigt, das geltende Recht flexibel sein kann oder vorübergehend außer Kraft gesetzt werden kann, um das Leben oder das Wohl dieser Person zu schützen; siehe umfassende Darstellungen unter *Josef*, ARPh 1916, 393 (393 ff.).

auf das Eigentumsrecht und andere Rechtsgüter aus.[13] In der Lehre des kanonischen Rechts stützt sich somit der Notstand auf die Solidarität und Hilfsbereitschaft. Deshalb kann eine Person, deren Interesse geschädigt wurde, keinen Anspruch geltend machen, wenn ihr Eigentum vom Täter, der sich in einer Notstandslage befindet und nicht über die für das Überschreiten des Notstands erforderliche Grenze hinaus gehandelt hat, verletzt wird. Es kommt jedoch in der Lehre hierfür eine rechtliche Klassifizierung zum Notstand in Betracht, namentlich schwerer, mittlerer und leichter Notstand,[14] die nach dem Grad des Inhalts der Notstandslage erstellt wird. Wenn jedoch eine Handlung des Täters große Schäden mit sich bringt, die im Falle der Notstandslage aufgetreten sind, muss er die Schäden der dritten Person innerhalb seiner Möglichkeiten ausgleichen. In anderen Fällen besteht für den Täter, der den Schaden verursacht hat, keine straf- oder zivilrechtliche Haftung.

Im islamischen Recht[15] wird der Notstand ebenso von der Lehre untersucht und der Täter dann entschuldigt, wenn er seine Tat in einer Notstandslage ausgeführt hat. Diese Behandlung ist damit ähnlich wie in anderen Rechtssystemen. In der früheren Lehre des islamischen Rechts wurde der Notstand in Hinsicht auf die Nötigung und insbesondere den psychologischen Zwang geprüft und in den folgenden Zeiträumen auf weitere Rechtsgüter ausgedehnt. Demnach wurde die Tatsache entschuldigt, wenn jemand fremde Interessen verletzte, um eine drohende Gefahr abzuwenden, die sich direkt auf sein Rechtsgut bezog. In einigen Fällen wurde die Strafe des Täters bei der Strafzumessung unter Berücksichtigung der Notstandslage, in die er geraten war, gemildert, obwohl deren Abwendung auch anders möglich gewesen wäre. Die Schadensersatzpflicht des Täters blieb davon allerdings unberührt.

Das ‚Common Law'[16] gilt im Gegensatz zu den Rechtssystemen kontinentaleuropäischer Länder als Prozessrecht. Hierbei wird eine prozessrechtliche Einrede

---

13 *Sebott*, Das kirchliche Strafrecht, S. 52, 62 und 115.

14 Nach dieser Klassifizierung kommt der schwere Notstand in Betracht, wenn eine drohende Gefahr für das Leben vorliegt. Weiterhin kommt der mittlere Notstand in Betracht, wenn eine drohende Gefahr für den Leib, die Freiheit, die Ehre oder die Gesundheit vorliegt. Zuletzt kommt der leichte Notstand in Betracht, wenn eine drohende Gefahr für die Arbeit, die gesellschaftliche Klasse und das Eigentum besteht.

15 Zu den detaiilierten Informationen und Bespielen siehe *Bilmen*, Hukuk-i İslamiyye ve Istılahat-i Fıkhiye Kamusu, S. 156 f.

16 Das Common Law ist ein in vielen englischsprachigen Ländern vorherrschender Rechtskreis, der sich nicht nur auf Gesetze, sondern auch auf maßgebliche richterliche Urteile der Vergangenheit stützt (Fallrecht) und durch richterliche Auslegung weitergebildet und entwickelt wird (Richterrecht).

vom Täter in der Tat vorgebracht, wenn die Rechtfertigungs- und Schuldausschließungsgründe im Einzelfall existieren. Im englischen Strafrecht bestehen drei Arten des Notstands, die alle durch das Common Law geregelt werden.[17] Der Zwang durch Drohungen (duress by threats) und der Notstand (necessity) bilden daher in diesem Sinne einen Rechtfertigungsgrund. Der Zwang der Umstände (duress of circumstances), welcher die dritte Form des Notstands des Common Law bildet, dient hingegen der Einschränkung des Zwangs durch Drohungen. Diese Regelungen oder Darstellungen zum Notstand bewirken jedoch nicht nicht, dass die rechtliche Natur und Umstände des Notstands eindeutig aufgeklärt werden können. Die Interessenabwägung ist außerdem für die Anwendung der Notstandsregelungen nicht von großer Bedeutung. Die Anwendung der Notstandsregelungen wird daher im Common Law vielmehr anstatt der theoretischen Auffassungen durch empirische Entscheidungen der Gerichte geprägt.[18]

Im US-amerikanischen Recht werden die Notstandregelungen auf zwei Arten gebildet, nämlich den Zwang durch Drohungen (duress or coercion by threats) und den Notstand (necessity).[19] Der Zwang durch Drohungen wird als eine Notstandsregelung in einem im Jahr 1962 erarbeiteten Entwurf des amerikanischen Strafrechts (Model Penal Code)[20] dargestellt. Auf der anderen Seite wird der Notstand, der als ein Rechtfertigungsgrund vorgesehen wird, als ein Teil des Gewohnheitsrechts angenommen und liegt darüber hinaus auch im Entwurf des amerikanischen Strafrechts (Model Penal Code) vor.[21] Trotzdem besteht im amerikanischen Recht keine detaillierte und einheitliche Bestimmung dieser Notstandregelungen.[22] In diesem Zusammenhang können alle materiellen oder moralischen Werte, oder anders ausgedrückt, alle rechtlich geschützten Rechtsgüter, die von der Gesellschaft anerkannt und daneben im Gesetz nicht ausdrücklich abgelehnt werden, zum Bereich des rechtfertigenden Notstands gehören.[23] Demnach bestehen keine erheblichen Einschränkungen für die Rechtsgüter des Täters, welcher in eine Gefahr geraten ist.

---

17 *Watzek*, Rechtfertigung und Entschuldigung im englischen Strafrecht, S. 206.

18 Siehe hierzu beispielweise die Entscheidung *Watzek*, Rechtfertigung und Entschuldigung im englischen Strafrecht, S. 207.

19 *Etzel*, Notstand und Pflichtenkollision im amerikanischen Strafrecht, S. 96.

20 Der Model Penal Code (MPC) ist ein zwischen 1952 und 1962 vom American-Law-Institute ausgearbeitetes Musterstrafgesetzbuch für die Einzelstaaten der USA.

21 *Etzel*, Notstand und Pflichtenkollision im amerikanischen Strafrecht, S. 119.

22 *Bekar*, Türk ve Amerikan Hukukunda Zorunluluk Hali, S. 28.

23 *Etzel*, Notstand und Pflichtenkollision im amerikanischen Strafrecht, S. 120.

Im französischen Recht[24] gibt es keine formale Regel über den Notstand in den früheren französischen Strafgesetzbüchern, welche 1791 und 1810 in Kraft getreten sind. Aussagen zur Notstandssituation lagen allerdings in zwei Paragrafen des Strafgesetzbuches von 1810 im Teil der Vergehen vor; darin wurde etwa der unwiderstehliche Zwang als ein Entschuldigungsgrund geregelt. Der Notstand wurde trotzdem bis zur Mitte des 20. Jh. nicht als ein Rechtfertigungsgrund in Betracht gezogen. Im neuen Strafgesetzbuch, das im Jahr 1994 in Kraft trat, wird der Notstand formell als ein Rechtfertigungsgrund geregelt. Es gibt jedoch keine weitere Regel über den Notstand, die diesen als einen Entschuldigungsgrund sieht. Im Gegensatz dazu wird in besonderen Fällen von der Straflehre die These vertreten, dass der Notstand auch ein Entschuldigungsgrund ist.

Im europäischen Recht[25] bestehen zwar keine formellen unmittelbaren Regelungen über den Notstand, allerdings werden notstandsrelevante Entscheidungen vom Gerichtshof der Europäischen Union (EuGH) gefällt. Auf Basis dieser Entscheidungen wird der Notstand als allgemeiner Grundsatz des Gemeinschaftsrechts angenommen. Vor dem Hintergrund dieser Entscheidungen kann von einem sich in einer Gefahr befindlichen Täter nicht erwartet werden, dass er rechtmäßig handelt. Nach dem EuGH setzt der Notstand eine drohende Gefahr voraus, deren Abwendung nur dann möglich ist, wenn sie durch eine rechtswidrige Tat durchgeführt wird. Der Täter sollte jedoch selbst diese Gefahr nicht verursachen. Der EuGH klärt allerdings die Tatsache nicht ausdrücklich, wie in einer Notstandslage zu handeln ist, wenn beide widerstreitenden Rechtsgüter gleichwertig sind. Ebenfalls hat der EuGH die Frage noch offengelassen, ob der Notstand ein Rechtfertigungs- oder Entschuldigungsgrund ist.

Da die historische Entwicklung der Notstandsregelungen im deutschen und türkischen Recht ausführlich erfolgen wird, ist an dieser Stelle nicht darauf einzugehen.

---

24 Zu den detaillierten Informationen und Bespielen siehe *Pradel*, Manuel de droit pénal général, Rn. 341 ff.

25 *Dannecker*, Der Allgemeine Teil eines europäischen Strafrechts als Herausforderung für die Strafrechtswissenschaft in: FS Hans Joachim Hirsch zum 70. Geburtstag, S. 141 (160 f.).

II. Versuche zur strafrechtlichen Begründung des Notstands

1. Theorien zur Klassifizierung des Notstands

a. Vorbemerkungen

Wie bereits oben erwähnt finden Notstandsregelungen in fast allen Rechtssystemen auf verschiedene Art und Weise Anwendung. Die Erläuterungen in den folgenden Abschnitten setzen sich deshalb mit der Frage auseinander, wie sich der Notstand systematisch klassifizieren lässt. In der älteren Lehre bestand, wie auch in heutiger Lehre, keine Übereinstimmung in Bezug auf die rechtliche Einordnung des Notstands. Infolgedessen wurden daher durch die Lehre verschiedene Theorien und Auffassungen entwickelt, damit der Notstand rechtlich eingeordnet werden kann.[26]

Auf dieser Grundlage werden zunächst die Einheitlichkeitstheorien angeführt, wonach der Notstand entweder als ein Rechtfertigungs- oder ein Entschuldigungsgrund gesehen werden soll.[27] Dagegen basiert die Differenzierungstheorie auf der Behauptung, dass der Notstand sowohl einen Rechtfertigungsgrund als auch einen Entschuldigungsgrund darstellen soll.[28] In der Lehre finden sich jedoch auch zahlreiche Anhänger für beide Theorien.[29] Während im 19. Jahrhundert *Kants* Auffassung galt, dass der Notstand ein Element der Schuld sei, gewann später *Hegels* Auffassung zunehmend an Bedeutung, dass dieser ein Rechtfertigungsgrund sei.[30] Diese Theorien und Auffassungen werden deshalb in der Folge ausführlich untersucht.

b. Einheitstheorien

Zahlreiche Bemühungen wurden in der älteren Lehre unternommen, um den Notstand durch das Einheitlichkeitsprinzip zu erklären und in eine Stufe des Verbrechensaufbaus einzuordnen.[31] Nach dieser Ansicht stelle der Notstand einen Grund dar, der entweder die Rechtswidrigkeit der Tat oder die Schuldhaftigkeit des Täters aufhebt.[32] Mithin sei es daher nicht möglich, den Notstand zugleich als

---

26 *Küper*, JZ 1983, 88 (88 f.).

27 Siehe dazu unten: B. II. 1. b.

28 Siehe dazu unten: B. II. 1. c.

29 Einige Anhänger der Einheitlichkeitstheorie: *Hippel, Gimbernat*; Einige Anhänger der Differenzierungstheorie: *Hegel, Goldschmidt, Graf zu Dohna, Gallas, Henkel*.

30 *Kühl*, Freiheitliche Rechtsphilosophie, S. 347.

31 *Küper*, JZ 1983, 88 (88 f.).

32 *Zieschang*, in LK-StGB, § 34 Rn. 2.

einen Rechtfertigungs- und einen Entschuldigungsgrund zu klassifizieren. Darum werden die unterschiedlichen Annahmen zum Notstand in den folgenden Absätzen getrennt untersucht.

Zunächst tritt *Hippel,* einer der wichtigsten Philosophen, hervor, der den Notstand bloß als einen rechtfertigenden Grund bezeichnet.[33] Danach ist eine in einer Notstandslage aufgetretene Handlung eine objektive Tatsache, die für jeden gleich ist. Damit unterscheidet sie sich von den persönlichen Strafausschließungsgründen, die gesetzlich normierte Umstände darstellen und zur Straflosigkeit des Täters führen, weil sie von dessen persönlichen Eigenschaften abhängig sind.[34] Bei einem Schuldspruch sei also eine psychische Verbindung zwischen dem Täter und der von ihm ausgeführten Tat gegeben. Dagegen käme im Notstand eine objektive Handlung in Betracht, die die Anerkennung der Gemeinschaft findet. Deshalb hält sich ein in seiner Tat objektiv rechtmäßig handelnder Täter im Falle einer Notstandslage nicht das überwiegende Interesse, sondern sein rechtlich geschütztes Interessen vor Augen.[35] An dieser Stelle betont *Hippel* außerdem, dass eine in einer Notstandslage durch eine schuldfähige, durchschnittliche Person ausgeführte objektive Handlung, die normalerweise in rechtlicher Hinsicht als rechtswidrig erachtet wird, nicht rechtswidrig ist, weil die Ausführung dieser Handlung vom Rechtssystem gestattet ist.[36]

Gegen die von *Hippel* vorgebrachten Begründungen lassen sich folgende Einwände vorbringen: Erstens ist es wichtig zu beachten, dass Strafausschließungsgründe, die von den persönlichen Eigenschaften des Täters abhängen, ebenfalls objektive Tatsachen sind.[37] Zweitens wird behauptet, dass im Falle einer Notstandslage eine objektive Handlung vorliegt, die die Anerkennung der Gemeinschaft findet; es ist jedoch fraglich, ob dies immer der Fall ist. Notstandshandlungen sind darüber hinaus oftmals mit ethischen Dilemmata verbunden und können kontroverse Reaktionen in der Gesellschaft hervorrufen. Die Anerkennung einer Handlung durch die Gemeinschaft hängt demnach von verschiedenen sozialen, kulturellen und rechtlichen Faktoren ab und kann nicht als allgemeingültig angenommen werden. Drittens wird argumentiert, dass eine in einer Notstandslage ausgeführte Handlung nicht rechtswidrig ist, weil das Rechtssystem die Ausführung

---

33 *Hippel*, Lehrbuch des Strafrechts, S. 119.

34 *Hippel*, Deutsches Strafrecht, S. 231 f.

35 *Hippel*, Deutsches Strafrecht, S. 234.

36 *Hippel*, Lehrbuch des Strafrechts, S. 118.

37 Zum Beispiel kann ein Täter aufgrund seines Alters, seiner geistigen Fähigkeiten oder seines Zustands zum Zeitpunkt der Tat strafrechtlich nicht verantwortlich sein. Diese Umstände sind objektiv feststellbar und können dazu führen, dass eine Handlung als straflos angesehen wird.

dieser Handlung bereits gestattet. Es ist jedoch fraglich, ob das Rechtssystem nicht in allen Fällen eindeutige Vorschriften für Notstandshandlungen bereitstellt.

Gimbernat bewertet den Notstand ebenso nur als einen rechtfertigenden Grund, indem er von den herkömmlichen Einheitlichkeitstheorien wesentlich abweicht.[38] Danach sei der Ausgangspunkt der Begründung des Notstands nicht das materielle Recht, sondern das Sanktionsrecht. Denn der Staat wolle für die Handlung, die unter normalen Bedingungen rechtswidrig ist, nicht den Weg der Bestrafung gehen, wenn ein rechtfertigender Grund im Einzelfall diese Handlung bereits abdeckt. Es handele sich daher hier um einen ‚Willen' des Staats, der derartige Handlung nicht bestrafen möchte. Andererseits stellte der Staat aufgrund seiner Kriminalpolitik die Handlung eines Täters, der nicht schuldfähig ist, nicht unter Strafe. Es handelt sich daher hier um ein ‚Können' des Staats, der derartige Handlung zu bestrafen vermag. Beim Notstand agiert der Täter dagegen zwar schuldfähig, allerdings vermindert sich seine Schuld, wenn er die Tat in einem Gefahrzustand ausführt. Obwohl diese Handlung normalerweise rechtswidrig ist, bestraft der Staat den Täter wegen dieser rechtswidrigen Tat nicht, da er unter dem Einfluss psychischer sowie äußerer Faktoren steht. Eine andere Begründung dafür wird mit dem Argument vorgebracht, dass unterschiedliche rechtliche Konsequenzen bestehen, wenn eine irrige Annahme über die Umstände des Notstands eintritt. Demzufolge finden in einem solchen Fall die Vorschriften des Tatbestands- oder Verbotsirrtums Anwendung. Wenn ein solcher Irrtum als Schuldausschließungsgrund angesehen würde, wäre die Regelung über den Putativnotstand in § 35 StGB bedeutungslos.[39]

Küper kritisiert diese ungewöhnliche Begründung von *Gimbernat* zum Notstand scharf, indem er diesen in Bezug auf die § 34 und § 35 StGB getrennt untersucht.[40] In diesem Sinne betont er, dass der Ausdruck ‚eine rechtswidrige Tat' im Gesetzestext des § 35 StGB erwähnt werde und der Täter, der diese rechtswidrige Tat begangen habe, deshalb gemäß dieser Vorschrift als schuldlos bezeichnet werden könne. Der Gesetzgeber habe daher wohl diesen Ausdruck im Gesetzestext absichtlich verwendet. So wird unter bestimmten Voraussetzungen durch § 35 StGB die rechtswidrige Notstandshandlung entschuldigt. Es wäre demnach sinnlos, eine im Normalfall rechtmäßige Tat gleichzeitig als rechtswidrig zu bezeichnen. Der Gesetzgeber verlangt daher stets eine rechtswidrige Tat zur Entschuldigung. Hätte es sich hingegen um eine rechtmäßige Tat gehandelt, wäre

---

38 *Gimbernat*, Der Notstand: Ein Rechtswidrigkeitsproblem, in: FS Hans Welzel zum 70. Geburtstag, S. 485 (485 ff.).

39 *Gimbernat*, Der Notstand: Ein Rechtswidrigkeitsproblem, in: FS Hans Welzel zum 70. Geburtstag, S. 485 (489 ff.).

40 *Küper*, JZ 1983, 88 (91 ff.).

dieser Ausdruck im Gesetzestext nicht erforderlich. Überdies kann eine rechtmäßige Tat nicht in eine rechtswidrige verwandeln.[41]

Auch nach *Küper* widersprechen die Auffassungen von *Gimbernat* dem § 34 StGB, da die rechtfertigende Notstandshandlung durch die Interessenabwägung und den Einsatz des angemessenen Mittels legitimiert werden kann.[42] Es sei somit mit dem aktuellen Gesetzeswortlaut nicht vereinbar, eine rechtswidrige Tat in eine rechtmäßige umzuwandeln, um ein gleiches oder niedrigeres Interesse zu schützen. Daraus ergäbe sich, dass es unzutreffend wäre, den entschuldigenden Notstand, wie *Gimbernat*, nur als einen Rechtfertigungsgrund anzunehmen, auf dessen Sanktionierung der Gesetzgeber im Voraus verzichtet hätte.

c. Differenzierungstheorien

Im Gegensatz zur Einheitlichkeitstheorie erklärt die Differenzierungstheorie den Notstand auf der Grundlage, dass der Notstand dualistische Eigenschaft besitzt, das heißt, er wird unter bestimmten Voraussetzungen sowohl als ein Rechtsfertigungs- als auch als ein Entschuldigungsgrund behandelt.[43] Nach Vertretern dieser Theorie stellt der Notstand einen Grund dar, der die Rechtswidrigkeit der Tat und Schuldhaftigkeit des Täters aufhebt. Mithin ist es daher stets möglich, dass der Notstand in einigen Fällen als ein Rechtfertigungsgrund und in anderen Fällen als ein Entschuldigungsgrund behandelt wird. Infolgedessen indiziert der Erfolg der Handlung einen rechtfertigenden Notstand, wohingegen die Wirkung dieses Erfolgs beim Täter einen entschuldigenden Notstand ermöglicht.[44]

In diesem Sinne bezeichnet *Goldschmidt* den Notstand sowohl als einen rechtfertigenden als auch einen entschuldigenden Grund.[45] Nach dieser Auffassung wird der Notstand als Rechtfertigungsgrund betrachtet, wenn die Handlung des Täters, die von der Gemeinschaft als angemessen, akzeptabel und mit den sozialen Interessen der Gemeinschaft als vereinbar angesehen wird, in einer Notstandssituation durchgeführt wird. Hingegen wird der Notstand als Entschuldigungsgrund angesehen, wenn die Handlung des Täters von der Gemeinschaft nicht als angemessen, akzeptabel und mit den sozialen Interessen der Gemeinschaft vereinbar betrachtet wird und gegen diese Interessen verstößt. Der Täter wird jedoch unter Berücksichtigung eines schwierigenden Falls, wenn dieser vorliegt, trotzdem

---

41 *Küper*, JZ 1983, 88 (94 f.).

42 *Küper*, JZ 1983, 88 (91).

43 *Maurach*, Kritik der Notstandslehre, S. 4.

44 Umfassende Darstellungen der Differenzierungstheorie siehe *Küper*, Jura 1987, 81 (82 ff.).

45 *Goldschmidt*, Der Notstand, ein Schuldproblem, S. 196 f.

entschuldigt. Somit werden die Abwägung der Rechtsgüter (oder Interessen) und die Angemessenheit des Verhältnisses von Mitteln sowie der Zweck als Ausgangspunkt angenommen, um den Notstand zu klassifizieren.[46]

Die Begründungen von *Goldschmidt* zur Klassifizierung des Notstands als rechtfertigend oder entschuldigend sind etwas problematisch. Er stützt sich nämlich auf vage und subjektive Kriterien wie die Meinung und Zustimmung der Gemeinschaft, um den Notstand als Rechtfertigungsgrund zu begründen. Zudem ignoriert er den Widerspruch, eine Handlung, die gegen die sozialen Interessen der Gemeinschaft verstößt, als entschuldbar anzusehen. Ferner vernachlässigt er wichtige rechtliche Prinzipien wie die Verhältnismäßigkeit und die Notwendigkeit der Handlung.

Neben den Einheits- und Differenzierungstheorien wurde noch eine dritte Auffassung vertreten, wonach der Notstand nur in Bezug auf Notrechte außerhalb des Strafgesetzbuches übereinstimmt, die als rechtfertigende Gründe anerkannt werden.[47] Diese Gruppe der Uneinigkeit besteht jedoch in der Beurteilung von § 54 StGB a. F., insbesondere in Bezug darauf, wie die Rechtsordnung die Handlung im Notstand bewertet. Ein Ansatz von *Siegert* schlägt daher vor, bestimmte Teil der Notstandshandlungen in rechtsleeren oder rechtlich indifferenten Situationen zuzulassen.[48] Diese Annahme ist eine notwendige Konsequenz und Ergänzung der Güterabwägung- und Zwecktheorie, wie sie im Zusammenhang mit dem übergesetzlichen Notstand kombiniert wurde.[49] Dieser Ansatz wird jedoch von der Lehre nach *Weber* abgelehnt, der argumentiert, dass eine Nichtbewertung der Notstandshandlung durch die Rechtsordnung unmöglich sei. Obwohl diese Handlung möglicherweise nicht verboten ist, bleibt sie jedoch nicht rechtsleer, sondern neutral.[50]

d. Kants Lehre in Bezug auf das Notrecht

Kant hat in seinen Schriften keine eigenständigen Kapitel zu den Notrechten verfasst. Daher bedarf es zunächst der Orientierung, was Kant mit Notrechten meinte.[51] In seinen Schriften zur Metaphysik der Sitten behandelt *Kant* die Frage

---

46 *Küper*, JZ 2005, 105 (106).

47 *Maurach*, Kritik der Notstandslehre, S. 8 ff.

48 *Siegert*, Notstand und Putativnotstand, S. 32 f.; für die andere Befürworter dieser Ansicht sowie ähnliche Darstellungen siehe *Henkel*, Der Notstand nach gegenwärtigem und künftigem Recht, S. 21.

49 *Siegert*, Notstand und Putativnotstand, S. 34

50 *Maurach*, Kritik der Notstandslehre, S. 9.

51 *Küper*, JZ. 2005, 105 (108); nach Küper hat Pawlik diese Schlussfolgerungen in seinen Arbeiten hervorragend gemacht.

der Notrechte im Anhang seiner Rechtslehre, dem ersten Hauptteil seiner Arbeit.[52] Die Entscheidung, diese Thematik im Anhang zu behandeln, ist bereits aufschlussreich: Während *Kant* im Haupttext in der Einleitung seinen Rechtsbegriff detailliert erläutert, widmet er sich im Anhang einigen Phänomenen, die er selbst als ‚zweideutig' bezeichnet. Hierzu zählen etwa die Billigkeit und das Notrecht.[53] *Kant* stellt dabei fest, dass die Billigkeit ein Recht ohne Zwang repräsentiert, während das Notrecht einen Zwang ohne Recht impliziert. *Kant* argumentiert dabei, dass sowohl die Billigkeit als auch das Notrecht aus verschiedenen Gründen den Anforderungen des Rechtsbegriffs nicht genügen.[54]

Nach *Kant*s Formulierung ist das Recht der Inbegriff der Bedingungen, unter denen die Willkür des einen mit der Willkür des anderen nach einem allgemeinen Gesetz der Freiheit vereinigt werden kann.[55] Nach dieser Betrachtung erscheint die Notwehr als ein klassischer Fall des erlaubten Zwangs, da sie demjenigen, der gewaltsam versucht, seinen rechtlich geschützten Freiheitsraum auf Kosten des Freiheitsraums eines anderen auszudehnen, die rechtlichen Grenzen seiner Freiheit aufzeigt.[56] Nach der Auffassung von *Kant* darf einem ungerechten Angreifer auf das Leben zuvorgekommen werden, indem diesem das Leben genommen wird. *Kant* bezeichnet das Notwehrrecht sogar in einer seiner Überlegungen als das heiligste Recht des Menschen.[57]

Basierend auf diesen Ausführungen liegt die Feststellung nahe, dass auch *Kant* eine Pflicht zur Förderung der Glückseligkeit anderer anerkennt – jedoch nicht als Rechtspflicht, sondern als Tugendpflicht.[58] Dies wirft wiederum die Frage auf, ob sich nach *Kant* zumindest eine Tugendpflicht begründen lässt, einen fremden Eingriff in die eigene Rechtssphäre zu dulden, wenn nur auf diese Weise der dringenden Not eines anderen abgeholfen werden kann. *Kant* argumentiert in diesem Zusammenhang, dass sich der Charakter einer Handlung als Rechtspflicht allein aus der Rechtswidrigkeit ihres praktischen Gegenteils ableitet; folglich kann eine Rechtspflicht immer nur die Unterlassung von Unrecht zum Gegenstand haben.

---

52 Erstdruck: Königsberg (Nicolovius) 1797 (2 Teile); der Text folgt der Erstausgabe mit Ausnahme des ‚Anhangs erläuternder Bemerkungen zu den metaphysischen Anfangsgründen der Rechtslehre' (S. 480–499), der einen Zusatz zur 2. vermehrten Auflage, Königsberg (Nicolovius) 1798, bildet.

53 *Pawlik*, Der rechtfertigende Notstand, S. 18.

54 *Kant*, Die Metaphysik der Sitten, S. 337.

55 *Pawlik*, Der rechtfertigende Notstand, S. 18.

56 *Kant*, Die Metaphysik der Sitten, S. 343.

57 *Pawlik*, Der rechtfertigende Notstand, S. 19.

58 *Pawlik*, Der rechtfertigende Notstand, S. 20 f.

Die Wahrnehmung dieser konstruktiven Möglichkeit wird angesichts der weiteren These *Kant*s zur systematischen Notwendigkeit: Rechts- und Tugendpflichten haben trotz ihrer Unterschiede die gemeinsame Eigenschaft, Pflichten zu sein.[59] Nach *Kant* sind daher nur Handlungen tugendhaft, die sich innerhalb der Grenzen des Rechts bewegen; die Rechtmäßigkeit ist somit die *conditio sine qua non* jeder tugendhaften Handlung.[60] Denn es ist die Tugendlehre, die gebietet, das Recht der Menschen heiligzuhalten.[61]

Nach *Kant* schafft der Staat primär keine neuen Rechtsverhältnisse, sondern setzt bereits bestehende durch.[62] Der Staat ist demnach eine verstandesmäßige Notwendigkeit zur Instanz im Gesamtsystem des Rechts und dient ausschließlich der Durchsetzung desselben. Diese Perspektive impliziert eine klare Trennung von Ethik und Recht. Nach *Kants* Ansatz ist jedoch das sinnliche Begehren nicht das entscheidende Kriterium für die Konstituierung und Beurteilung von Recht und Unrecht. Die Anerkennung des Menschen als Person schließt daher die Zuweisung von Gütern an eine Person unter der Bedingung der Abhängigkeit von anderen aus. *Kant* lehnt ein Notstandsrecht zur Tötung anderer ab, selbst in lebensbedrohlichen Situationen, und anerkennt auch kein Recht zur Veruntreuung fremder Güter in rein wirtschaftlichen Notlagen. Denn eine solche Befugnis zur Tötung beinhalte einen möglichen Konflikt mit der Rechtslehre selbst.[63]

e. Hegels Lehre über das Notrecht

In den rechtsphilosophischen Vorlesungen sowie seinen Schriften widmete sich *Hegel* neben zahlreichen anderen juristischen Einzelfragen auch dem Problem des Notrechts.[64] *Hegel* hebt dabei das entscheidende Moment der Idee hervor.[65] Die Idee des Rechts offenbart sich demnach nicht nur in ihrer reinen Begrifflichkeit, sondern auch in ihrer konkreten Ausformung und Umsetzung. Diese Perspektive unterstreicht, dass der Konflikt zwischen formellem Recht und materiellem Wohl als einer der systematisch und inhaltlich anspruchsvollsten Konflikte zu betrachten ist, den *Hegel* in seinen Schriften behandelt.[66]

---

[59] *Kant*, Die Metaphysik der Sitten, S. 325.
[60] *Kersting*, StL 1982, 184 (211).
[61] *Pawlik*, Der rechtfertigende Notstand, S. 22.
[62] *Helmers*, Möglichkeit und Inhalt eines Notstandsrechts, S. 154.
[63] *Kühl*, Freiheitliche Rechtsphilosophie, S. 347.
[64] *Pawlik*, Der rechtfertigende Notstand, S. 80.
[65] *Hegel*, Grundlinien der Philosophie des Rechts, § 127.
[66] *Pawlik*, Der rechtfertigende Notstand, S. 83.

Im freiheitstheoretischen Kontext von *Hegel* gewinnt der Konflikt zwischen Recht und Wohl primäre Bedeutung durch ihre Enthüllung als bloßer Bestandteil der Idee der rechtlichen Freiheit.[67] Diese Abstraktion, die nicht nur das abstrakte Recht, sondern auch das Recht des Guten betrifft, wird von *Hegel* wie folgt formuliert:[68] Es gibt ein Nebeneinander von Recht und Unrecht. Demnach existieren beide Aspekte der Freiheit gleichzeitig. Aus der Perspektive des Rechts der Wohlfahrt wird die Unempfindlichkeit des abstrakten Rechts gegenüber konkreten Bedürfnissen als Unrecht betrachtet, genauso wie aus der Perspektive des abstrakten Rechts das Unrecht besteht, über die Pflicht zur formalen Achtung anderer hinaus auf eigene Güter verzichten zu müssen.[69]

Hegel erkannte erst im Jahr 1821 den Notstand, auch Notrecht genannt, als Recht an, insbesondere im Hinblick auf den Konflikt zwischen Leben und Eigentum.[70] Der Ausgangspunkt liegt hierbei in der Auffassung von Leben als Existenz in Freiheit und Recht, wobei die Betonung auf der Möglichkeit dieser Elemente im Leben liegt. Die Bedrohung des Lebens durch Verletzungen führt somit zu einer endlosen Einschränkung der Freiheit und zur völligen Rechtlosigkeit, die von *Hegel* als Unrecht bezeichnet wird.[71] Die Verletzung des Lebens negiert nicht nur die Freiheit, sondern auch die Person selbst. *Hegel* überträgt diese Kollision auf die Ebene des Eigentums und dessen Verletzung, wobei eine Abwägung zwischen der Verletzung individueller Freiheitsexistenzen und der unendlichen Verletzung der Gesamtheit stattfindet. Dies führt zur Entwicklung des Notrechts des Bedrohten sowie zu einem Vergleich zwischen völliger Rechtlosigkeit und dem Recht des anderen als spezielle Form der Freiheitsexistenz.[72] Die Anerkennung des rechtfertigenden Notstands war somit für die weitere wissenschaftliche Entwicklung von großer Bedeutung.[73]

---

67 *Pawlik*, Der rechtfertigende Notstand, S. 89 f.

68 *Schild*, Hegels Lehre vom Notrecht, S. 146 (159).

69 *Pawlik*, Der rechtfertigende Notstand, S. 90.

70 *Tsilimpari*, Die Regelung des Notstands im deutschen und im englischen Recht, S. 42.

71 *Hegel*, Grundlinien der Philosophie des Rechts, § 127.

72 *Küper*, JZ 2005, 105 (110 f.).

73 Die ersten Regelungen zum Notstand wurden formell im Jahr 1871 in den § 52 und § 54 StGB a. F. festgelegt. Diese Vorschriften wurden im Laufe der Zeit zu den gegenwärtigen Bestimmungen über den entschuldigenden Notstand. Bereits im RStGB von 1871 fand sich im Bereich der Beleidigungsdelikte die Grundlage für den § 193 des StGB a. F., der als rechtfertigender Notstand eingestuft wurde. In der Folge wurden zwei weitere Formen des rechtfertigenden Notstands, nämlich der aggressive und der defensive Notstand, in den § 228 und § 904 BGB normiert, die im Jahr 1900 in Kraft traten; siehe unten C. I.

2. Theorien zur Begründung des rechtfertigenden Notstands

a. Vorbemerkungen

Im Vergleich zu den Klassifizierungstheorien des Notstands dienen die Grundlagentheorien dem Bestimmen des rechtlichen Wesens und den Prinzipien des Notstands. Im Falle des rechtfertigenden Notstands wird eine Handlung, die normalerweise gegen das Gesetz verstößt und bestraft werden muss, trotz des Eingriffs in das Rechtsgut einer dritten Person als rechtmäßig angesehen. In diesem Sinne ist der rechtfertigende Notstand eine begrenzte Ausnahme vom Recht, die sich selbst vorbehalten ist.[74]

Die Annahmen der vorliegenden Abschnitte widmen sich deshalb der Frage, wie sich das rechtliche Wesen des rechtfertigenden Notstands und dessen Prinzipien begründen lassen. Somit werden diese Theorien in Bezug auf den rechtfertigenden und entschuldigenden Notstand getrennt untersucht, ohne dass hierbei eine förmliche Klassifizierung des Notstandes erwähnt wird.

b. Theorien zum rechtfertigenden Notstand

i. Theorien in Bezug auf das rechtliche Wesen

Hier kommen die Interessenabwägungs-, Güterabwägungs- und Zwecktheorieen in Betracht, damit das rechtliche Wesen des rechtfertigenden Notstands erklärt werden kann.

Der erste Begründungsversuch zum rechtfertigenden Notstand ist die Zwecktheorie, wonach eine tatbestandsmäßige Handlung nicht rechtswidrig ist, wenn sie als ein angemessenes Mittel zur Erreichung eines staatlich anerkannten Zwecks angesehen werden kann.[75] Demnach handelt der Täter dann rechtmäßig, wenn er einem berechtigten Zweck folgt, der dem Schutz seines bedrohten Rechtsgutes dient und zum Erreichen dieses Zwecks die Verletzung des Rechtsgutes eines Dritten ein angemessenes Mittel bildet.[76] In diesem Zusammenhang ist nach *Liszt,* der als einer der Hauptvertreter dieser Theorie gilt,[77] eine Handlung stets gerechtfertigt, wenn ein bloß angemessenes Mittel eingesetzt wird, um einen vom Gesetzgeber als berechtigt anerkannten Zweck erreichen zu können.[78]

---

[74] *Küper*, JZ 2005, 105 (105).

[75] *Zieschang,* in LK-StGB, § 34 Rn. 4.

[76] *Lenckner*, Der rechtfertigende Notstand, S. 60.

[77] Siehe *Roxin/Greco*, Strafrecht Allgemeiner Teil, § 16 Rn. 3.

[78] *Liszt*, Lehrbuch des deutschen Strafrechts, § 33 III.

Um den Notstand als einen Rechtfertigungsgrund anzunehmen, genügt es deshalb nicht, bei der Ausführung der Handlung einen staatlich anerkannten Zweck zu verfolgen.[79] Ergänzend wird jedoch ein weiteres rechtliches Merkmal benötigt, nämlich die Verwendung des angemessenen Mittels. Ansonsten ist eine Handlung, die zwar einem staatlich anerkannten Zweck dient, aber nicht durch ein angemessenes Mittel verwirklicht wird, als nicht gerechtfertigt anzusehen.[80]

Ein weiterer Philosoph, *Graf zu Dohna,* entwickelte diese Theorie weiter, indem er parallel auf die Idee der Neukantianismus hinwies.[81] Demzufolge ist infrage zu stellen, „*wie es denn zugehen sollte, dass die Not etwas zum Rechte mache, was sonst ein Unrecht ist.*“[82] Infolgedessen hat dies zur Folge, dass dem höherwertigen Rechtsgut der Vorzug gegenüber einem geringwertigen gegeben werden soll. Er verweist allerdings auch auf den Grundsatz, dass jede Person einen drohenden Schaden auf sich nehmen müsse und nicht berechtigt sei, diesen auf einen unbeteiligten Dritten abzuwälzen. *Graf zu Dohna* begründet damit außerdem den rechtfertigenden Notstand mit dem Grundsatz der ‚gebieterischen Notwendigkeit‘. Demnach komme das angemessene Mittel aufgrund der ‚gebieterischen Notwendigkeit‘ nur dann infrage, wenn dies durch das Eingreifen des Rechtsgutes eines unbeteiligten Dritten möglich sei.[83]

Die Frage, wie aus der Not etwas zum Recht wird, wenn es ansonsten Unrecht wäre, ist berechtigt und erfordert weitere Erläuterungen. Zudem ist fraglich, wie die Wertigkeit von Rechtsgütern bestimmt wird und wer diese Bestimmung vornimmt, um einen Vorrang zu gewähren. Der Grundsatz, dass ein drohender Schaden nicht auf einen unbeteiligten Dritten abgewälzt werden darf, scheint jedenfalls vernünftig, allerdings müssen darüber hinaus auch Ausnahmen und Grenzen diskutiert werden. Die Begründung des rechtfertigenden Notstands mit dem Grundsatz der ‚gebieterischen Notwendigkeit‘ erfordert somit eine genaue Definition und klare Richtlinien, um Missbrauch zu vermeiden.

---

[79] Dennoch weist diese Theorie einen entscheidenden Nachteil auf, da sie auf den rechtlich anerkannten Zweck als Kriterium abstellt, was üblicherweise mit erheblichen Unwägbarkeiten und Unsicherheiten verbunden ist. Die Definition des rechtlich anerkannten Zwecks ist darüber hinaus subjektiv und kann zu kontroversen Diskussionen führen. In der Praxis ist es daher schwierig, einen eindeutigen Nutzen aus dieser allgemeinen Formel zu ziehen; *Zieschang*, in LK-StGB, § 34 Rn. 4.

[80] *Lenckner*, Der rechtfertigende Notstand, S. 70.

[81] *Küper*, JZ 2005, 105 (106 f.).

[82] *Graf zu Dohna*, Die Rechtswidrigkeit als allgemeingültiges Merkmal im Tatbestande strafbarer Handlungen, S. 125 ff.

[83] *Graf zu Dohna*, Die Rechtswidrigkeit als allgemeingültiges Merkmal im Tatbestande strafbarer Handlungen, S. 127 f.

Nach der Zwecktheorie vermittelt das Recht immer die Entwicklung der Kultur und der Gemeinschaft.[84] Das heißt, dass das rechtlich anerkannte Interesse nur durch das angemessene Mittel erreicht werden kann, wenn dieses von der Gemeinschaft angenommen wird. In diesem Zusammenhang wird nach der Zwecktheorie berücksichtigt, dass der Richter im Einzelfall neben der Güterabwägung ebenso noch die herkömmlichen sozialen Wertungen und Lebensgewohnheiten in Erwägung ziehen sollte.

Die genannten Begründungen der Zwecktheorie werfen einige kritische Fragen auf. Erstens neigt der Kulturrelativismus dazu, objektive Standards und universelle Prinzipien zu vernachlässigen, was zu moralischer Beliebigkeit führen kann. Zweitens sollte das rechtlich anerkannte Interesse nicht allein auf der Zustimmung der Gemeinschaft basieren, sondern auch den Schutz individueller Rechte und Freiheiten berücksichtigen. Schließlich kann die Hervorhebung herkömmlicher sozialer Wertungen und Lebensgewohnheiten zu Vorurteilen und Diskriminierungen führen, anstatt den Schutz von Minderheitengruppen und den Fortschritt der Gesellschaft zu fördern.

Darüber hinaus kann festgestellt werden, dass die Zwecktheorie zur Begründung des Notstands zwar nicht vollkommen ausreichend ist, aber zumindest einen Ausgangspunkt dafür bietet. Sie kann somit tatsächlich eine Rolle bei der Begründung des rechtfertigenden Notstands spielen, indem sie ein fundamentales Prinzip bereitstellt. Anders ausgedrückt ermöglicht sie eine Basis für die Rechtfertigung des Notstands, welche der Täter durch ein angemessenes Mittel zu einem staatlich anerkannten Zweck erreichen muss. Es ist jedoch wichtig zu betonen, dass zusätzliche Elemente notwendig sind, um den rechtfertigenden Notstand vollständig zu begründen. Insofern wird diese Theorie derzeit nicht als eigenständige Notstandstheorie, sondern überwiegend zum nachträglichen Justieren neben der Kollisionstheorie angewendet.[85]

Der rechtfertigende Notstand wird weiterhin hauptsächlich im Lichte der Kollisionstheorien begründet, bei denen stets von miteinander widerstreitenden Rechtsgütern die Rede ist.[86] Grundsätzlich stellt der übergesetzliche Notstand den Ausgangspunkt dieser Theorie dar, als noch keine Vorschrift zum rechtfertigenden Notstand im Gesetz zu finden war.[87] Die Kollisionstheorie gründet sich also auf die Ideen von *Hegel*, der den Notstand zum ersten Mal als einen Rechtfertigungsgrund bezeichnet hat, indem er bei Kollisionsfällen das Leben mit

---

84 *Schmidt*, ZStW 1929, 350 (375 f.).

85 Ähnlich *Roxin/Greco*, Strafrecht Allgemeiner Teil, § 16 Rn. 7.

86 *Tsilimpari*, Die Regelung des Notstands im deutschen und im englischen Recht, S. 49.

87 *Roxin/Greco*, Strafrecht Allgemeiner Teil, § 16 Rn. 3.

geringwertigen Rechtsgütern verglich.[88] Er begründete seine These damit, dass einerseits eine unendliche Verletzung des Daseins und damit eine totale Rechtlosigkeit bestehe und andererseits nur die Verletzung eines einzelnen, beschränkten Daseins der Freiheit entgegenstehe.[89]

In diesem Zusammenhang geht es um die wichtige Frage, welche Güter oder Interessen bei einem Kollisionsfall bevorrechtet werden. Damit die Kollisionstheorie in Betracht kommt, sollte daher in der Tat eine ernsthafte Kollision zwischen den Rechten (Rechtsgüter oder Interessen) vorhanden sein.[90] Denn es ist in Hinsicht auf die Rechtsordnung nicht mehr erforderlich, die Frage zu stellen, welches Rechtsgut oder welche Interessen bevorzugt werden, falls von Anfang an keine faktisch widerstreitenden Rechte vorliegen.[91] Zudem besteht zwischen den Interessen keine Kollision mehr, wenn die für ein Rechtsgut drohende Gefahr abgewendet werden kann, ohne dass ein Rechtsgut einer dritten Person verletzt wird[92] oder ein anderes, relativ milderes Mittel zur Erhaltung des bedrohten Rechts zur

---

88 Siehe dazu bereits oben B. II. 1. e.

89 *Bockelmann*, Hegels Notstandslehre, S. 21 ff.

90 Rechtsgüter sind gesellschaftlich bedeutende Werte wie Leben, Eigentum und Freiheit, die durch das Recht stark geschützt werden. Rechtliche Interessen sind hingegen individuelle Ansprüche oder Wünsche, die durch das Recht anerkannt werden, aber weniger Schutz erhalten als Rechtsgüter; *Freund/Rostalski*, Strafrecht Allgemeiner Teil, § 1 Rn. 11; *Wessels u. a.*, Strafrecht Allgemeiner Teil, Rn. 11.

91 Ein Beispiel: A und B sind Nachbarn; es entsteht ein Streit darüber, wer das Recht hat, den Garten zwischen ihren beiden Grundstücken zu nutzen. A behauptet, dass der Garten auf seinem Land liegt und er das alleinige Nutzungsrecht hat. B ist anderer Meinung und ist fest davon überzeugt, dass der Garten auf seinem Grundstück liegt. Während dieses Streits kommt es zu einem Unfall, bei dem das Haus von A durch einen Brand schwer beschädigt wird. A handelt in Panik und greift auf den Garten zu, der Gegenstand des Streits ist, um einen provisorischen Schutz für sich und seine Familie zu errichten. Falls B in der Realität kein Recht hätte, den Garten zu nutzen, sondern A, ginge es hier um keinen rechtfertigenden Notstand, da kein widerstreitendes Interesse zwischen A und B vorliegt.

92 Ein Beispiel: Nahe einem Wohngebiet befindet sich ein Fluss mit starker Strömung. Das Kind A spielt in der Nähe des Flusses und wird plötzlich von der Strömung erfasst, was eine unmittelbare Gefahr für sein Rechtsgut darstellt. B, ein Nachbar, erkennt die Gefahr und ruft sofort die örtliche Rettungsbehörde, anstatt selbst ein fremdes Boot einzusetzen. Die Rettungskräfte C kommen schnell zum Einsatz und setzen ein Rettungsboot ein, um das Kind sicher aus der Strömung zu bergen. In diesem Fall wird die Gefahr für das Rechtsgut ‚Leben und körperliche Unversehrtheit' des Kindes abgewendet, ohne dass dabei das Rechtsgut einer dritten Person verletzt wird.

Verfügung steht.[93] Dies gilt auch, wenn die Gefahr bisher nicht existiert und die Verletzung eines fremden Rechts weiterhin vermeidbar ist.[94]

An dieser Stelle kommt die Güterabwägungstheorie zur Begründung des Notstands im Rahmen der Kollisionstheorien in Betracht, wonach die widerstreitenden Rechtsgüter in einem Kollisionsfall miteinander verglichen werden müssen.[95] Nach dieser Theorie wird daher im Grunde eine Abwägung durchgeführt, bei der ein rechtlich geschütztes, höherwertiges Rechtsgut im Falle eines Konfliktes der Rechtsgüter dem geringerwertigen vorzuziehen ist, weil die Auswahl unter verschiedenen Verhaltensweisen einer vergleichenden Beurteilung bedarf.[96] Diese wird deshalb als eine rechtliche Abwägung bezeichnet, nach der in einem Kollisionsfall das bevorzugte Rechtsgut bestimmt wird.[97] Insofern kommt die Güterabwägungstheorie stets dann zur Anwendung, wenn zwei oder mehrere gleichwertige Werte nicht gleichzeitig geschützt werden können, während eine Kollision besteht.[98]

Um diese Theorie besser verstehen zu können, ist jedoch eine genaue Definition des Rechtsguts erforderlich. Diese umfassen alle Gegebenheiten und Zwecksetzungen, die für eine freie Entfaltung des Einzelnen, die Verwirklichung seiner Grundrechte und das Funktionieren eines auf dieser Zielvorstellung aufbauenden, staatlichen Systems notwendig sind.[99] Unter Rechtsgütern werden daher rechtlich

---

93 Ein Beispiel: A befindet sich plötzlich in einer Notlage, als sein Auto in Gefahr gerät, in Flammen aufzugehen. Obwohl A einen Feuerlöscher im Auto hat, um das Feuer zu bekämpfen, entscheidet er sich spontan dafür, einen wertvollen Mantel von seinem Freund zu nehmen. Er bedeckt die Flammen mit dem Mantel und kann so erfolgreich verhindern, dass das Feuer auf andere Fahrzeuge oder Gebäude übergreift. In dieser Situation hat A zwar die Option, ein anderes, relativ milderes Mittel zu verwenden, entscheidet sich jedoch für eine drastischere Maßnahme, indem er den wertvollen Mantel eines Dritten nutzt.

94 *Pawlik*, Der rechtfertigende Notstand, S. 160 f.; ein Beispiel: A erfährt aus den Nachrichten, dass ein starker Sturm in nächsten Tagen aufziehen könnte. Er bricht die Tür des Hauses eines Nachbarn auf, der auf Urlaub ist, weil er denkt, dass sein eigenes Haus nicht sicher ist. In diesem Fall ist die Gefahr bisher nicht eingetreten. Da A außerdem Zeit hatte, mit dem Auto an einen anderen Ort zu fahren, um dem möglichen Sturm auszuweichen, ist es nicht unvermeidlich, das Rechtsgut eines anderen zu verletzen.

95 Siehe zu ausführlichen Darstellungen über das die Güterabwägungsprinzip siehe *Mezger*, Strafrecht, S. 239 ff.

96 *Zieschang,* in LK-StGB, § 34 Rn. 5.

97 Siehe RGSt 61, 242 (254).

98 *Tsilimpari*, Die Regelung des Notstands im deutschen und im englischen Recht, S. 44.

99 Zu den Definitionen des Rechtsgutbegriffs siehe *Otto*, JA 2016, 361 (361 ff.).

geschützte Interessen verstanden, die durch die Strafbestimmungen geschützt werden sollen.[100] Dazu sind insbesondere zu zählen: Das Leben, der Körper, die Gesundheit, die Freiheit und das Eigentum.[101] Im Schrifttum steht jedoch keine einzige abschließende Darstellung der Rechtsgüter zur Verfügung.[102]

Nach der Güterabwägungstheorie handelt es sich somit ausschließlich um eine Abwägung der Rechtsgüter, ohne dass die entscheidende Wirkung und die Umstände des Einzelfalls sowie der Umfang des Schadens berücksichtigt werden.[103] Demnach lässt sich dann eine theoretische, abstrakte Abwägung durchführen, um das höherwertige Rechtsgut zu bestimmen, wenn in einem Fall von den miteinander widerstreitenden Rechtsgütern die Rede ist.[104]

Das Reichsgericht hat in seiner grundlegenden Entscheidung den übergesetzlichen Notstand, der den Ausgangspunkt des gesetzlich geregelten rechtfertigenden Notstands bildet, nach der Güterabwägungstheorie behandelt.[105] Er hat seine Entscheidung damit begründet, dass beim Widerstreit von Rechtsgütern die Schädigung oder Vernichtung des geringerwertigen Rechtsguts zugunsten des höherwertigen nicht rechtswidrig sei, wenn dies im interessengerechten Ausgleich nicht anders möglich ist.[106]

Gegen die Güterabwägungstheorie kann eingewendet werden, dass diese in ihrer vorliegenden Form kritikwürdig ist, da sie eine abstrakte und theoretische Abwägung der Rechtsgüter ohne Berücksichtigung der entscheidenden Wirkung und der konkreten Umstände des Einzelfalls vorsieht.[107] Eine umfassendere Betrachtung, die auch die Auswirkungen, den Kontext und die relativen Wichtigkeiten der Rechtsgüter berücksichtigt, ist allerdings notwendig, um gerechte und angemessene Entscheidungen im Rahmen des Notstands zu treffen.[108]

---

100 *Rengier*, Strafrecht Allgemeiner Teil, § 3 Rn. 1.

101 *Roxin/Greco*, Strafrecht Allgemeiner Teil, § 2 Rn. 7.

102 Zu den detaillierten Informationen siehe *Roxin/Greco*, Strafrecht Allgemeiner Teil, § 2 Rn. 8 ff.

103 *Lenckner*, GA 1985, 295 (298 f.).

104 *Lenckner*, Der rechtfertigende Notstand, S. 54 f.

105 Sog. medizinisch indiziertes Schwangerschaftsabbruchsurteil siehe RGSt 61, 242–258; *Rosenau,* in SK-StGB, § 34 Rn. 17.

106 *Roxin/Greco*, Strafrecht Allgemeiner Teil, § 16 Rn. 4.

107 *Zieschang,* in LK-StGB, § 34 Rn. 5.

108 Zur Kritik der Güter- und Interessenabwägungslehre *Köhler*, Strafrecht Allgemeiner Teil, S. 240 f.

Darüber hinaus kommt zur Begründung des rechtfertigenden Notstands im Rahmen der Kollisionstheorien die Interessenabwägungstheorie[109] in Betracht, nach der die widerstreitenden Interessen anstatt der Güter in einem Kollisionsfall miteinander verglichen werden.[110] Anders ausgedrückt wird das wesentlich niedrigere Interesse aufgeopfert, um das höherwertige Interesse zu retten. Somit ist eine Notstandshandlung nicht rechtswidrig, wenn sie nach einer Interessenabwägung als das einzige Mittel zum Schutz eines gefährdeten, höherwertigen Interesses angesehen werden kann.[111] Im Grunde ist es daher unter einer Notstandslage gestattet, in das Interesse eines unbeteiligten Dritten einzugreifen, damit dessen Interesse geschützt werden kann, auch wenn der Angreifer ein geringerwertiges Interesse hat.[112]

Der Gesetzgeber verwendet im Gesetzeswortlaut des § 34 StGB den Ausdruck „*Abwägung der widerstreitenden Interessen*" absichtlich und mit Verweis auf die Interessenabwägungstheorie.[113] Somit spielt die Interessenabwägungsklausel eine entscheidende Rolle zur Begründung des rechtfertigenden Notstands. In dieser Hinsicht sollte jedoch klargestellt werden, wie das Interesse definiert wird, damit diese Theorie und der Wortlaut des Gesetzes besser verstanden werden können. Der Begriff ‚Interesse und Interessenabwägung' ist jedoch derart unklar, weshalb er vernünftigerweise interpretiert werden sollte.[114] So bezieht sich etwa das Interesse auf eine subjektive Verbindung zwischen einer Person und seinem gegenwärtigen oder zukünftigen Rechtsgut. Dies bedeutet, dass das Interesse eine Erscheinungsform eines Rechtsguts an der Person ist, weil das Rechtsgut den rechtlichen Gegenstand des persönlichen Interesses bezeichnet.[115] Hiernach ist davon auszugehen, dass lediglich rechtlich anerkannte Präferenzen als rechtfertigungsrelevante Interessen in Betracht kommen können.[116]

Nach der Bestimmung des Interessenbegriffes bleibt noch die Frage zur Interessenabwägung offen bzw. welche Kriterien zur Legitimität der einzelnen Interessen erforderlich sind und welches Interesse den Vorrang vor anderen hat.[117] An dieser Stelle sollte eine Bewertung dergestalt erfolgen, dass nicht nur jedem konkurrierenden Interesse ein Wert zugeordnet wird, sondern auch die jeweiligen Interessen

---

[109] Nach *Roxin* ist die Interessenabwägungstheorie eine modifizierte Form der Güterabwägungstheorie; siehe *Roxin/Greco*, Strafrecht Allgemeiner Teil, § 16 Rn. 7.

[110] *Perron*, in SSK-StGB § 34 Rn. 2.

[111] *Kindhäuser/Zimmermann*, Strafrecht Allgemeiner Teil, § 17 Rn. 10.

[112] *Pawlik*, Der rechtfertigende Notstand, S. 125 ff.

[113] *Zieschang,* in LK-StGB, § 34 Rn. 4.

[114] *Pawlik*, Der rechtfertigende Notstand, S. 129.

[115] *Roxin/Greco*, Strafrecht Allgemeiner Teil, § 16 Rn. 26.

[116] *Pawlik*, Der rechtfertigende Notstand, S. 130.

[117] *Rengier*, Strafrecht Allgemeiner Teil, § 19 Rn. 27.

miteinander verglichen werden.[118] Nach *Lenckner* ist in einem solchen Fall die Frage von großer Bedeutung, welcher qualitative oder quantitative Maßstab bei der Bestimmung des höherwertigen Interesses angelegt werden soll.[119] Nach *Pawlik* sollte eine getrennte Würdigung in Bezug auf die Zuständigkeit des Täters, der in das Interesse der geschädigten Person eingreift, nach rechtsgutsbezogenen Bewertungsgesichtspunkten erfolgen.[120] Nach h. M. soll hierbei die Gesamtschau aller relevanten Umstände bei der Abwägung berücksichtigt werden.[121]

Demzufolge kann davon ausgegangen werden, dass es stets nicht leicht ist, einen Bewertungsmaßstab für die Interessenabwägung dahingehend festzustellen, welches widerstreitende Interesse in einem Kollisionsfall den Vorrang vor anderen haben soll.[122] Es liegt deshalb nahe, allgemeine konkrete Anhaltspunkte zu formulieren, wobei das vorgezogene Interesse das verletzte überwiegen muss.

Nach *Lenckner* ist einer der wichtigen Punkte im Rahmen der Kollisionstheorie, das Verhältnis zwischen der Güter- und Interessenabwägung abzugrenzen.[123] Denn die Güterabwägungstheorie sei im Unterschied zur Interessenabwägungstheorie wesentlich enger. Nach der Güterabwägungsklausel sei daher bloß das Wertverhältnis der widerstreitenden Rechtsgüter ausschlaggebend. Die anderen Betrachtungsweisen, z. B. die Umstände des Einzelfalls sowie der Umfang des Schadens, spielen hingegen keine Rolle. Andererseits wirkt nach der Interessenabwägungstheorie nicht nur das abstrakte Wertverhältnis der widerstreitenden Interessen ein, sondern ist dabei auch der Umgang im Einzelfall maßgeblich. Das Wertverhältnis der konkurrierenden Interessen werde daher hierfür als ein Kriterium bei der Abwägung im Einzelfall betrachtet, indem die weiteren Gesichtspunkte, wie z. B. der Grad der Gefahr, der Eintritt des Schadens und schließlich der Wahrscheinlichkeitsgrad zur Abwendung der Gefahr berücksichtigt werden. Zudem spielt auch der Wert des betroffenen Interesses einer Person für die Interessenabwägungsklausel eine bedeutsame Rolle.[124]

---

118 *Pawlik*, Der rechtfertigende Notstand, S. 130.

119 *Lenckner*, Der rechtfertigende Notstand, S. 52 f.

120 *Pawlik*, Der rechtfertigende Notstand, S. 140 ff.

121 Siehe *Pawlik*, Der rechtfertigende Notstand, S. 131 ff.

122 Für die Reihenfolge, nach der diese Abwägung durchgeführt werden kann, siehe *Zieschang*, in LK-StGB, § 34 Rn. 102.

123 *Lenckner*, Der rechtfertigende Notstand, S. 51 f.

124 Siehe dazu unten Fn. 674.

ii. Prinzipien zur Legitimation

Im Falle eines Notstands verletzt jemand ein Rechtsgut einer unbeteiligten dritten Person, um sein eigenes, bedrohtes Rechtsgut zu schützen; auf diese Weise wird eine Einschränkung der Freiheit anderer eingeführt. Solche Eingriffe, die nicht direkt als staatliche Sanktionen vollstreckt werden, sind normalerweise in einem Rechtsstaat inakzeptabel. In diesem Bereich werden daher rechtliche Prinzipien gefordert, die zumeist von der Lehre und der Rechtsprechung entwickelt worden sind und mit denen die Notstandshandlung legitimiert werden kann.[125] Die Erläuterungen der vorliegenden Abschnitte befassen sich deshalb mit der Frage, wie sich die Notstandshandlung im Rahmen des rechtfertigenden Notstands legitimieren lässt.

Zunächst ist hier der utilitaristische Ansatz zu erwähnen, wonach die höherwertigen Rechtsgüter gegenüber den geringerwertigen bevorzugt werden sollten, weil diese sozial nützlich sind.[126] Nach diesem Prinzip sollte daher dem höherwertigen Rechtsgut der Vorzug gegeben werden, wenn von zwei oder mehreren miteinander widerstreitenden Gütern die Rede ist, da das höherwertige Rechtsgut für die Gesamtgesellschaft nützlicher ist.[127] Auf diese Weise wird das geringerwertige Gut zum Schutz der Gesellschaft zugunsten des höherwertigen Rechtsguts geopfert, stets vorausgesetzt, dass eines von diesen beiden Gütern bevorzugt werden muss. Nach dem utilitaristischen Ansatz wird auf diese Weise die Erhaltung der sozialen Güter vorrangig gegenüber persönlichen Gütern gesehen.[128]

Dieser Ansatz ist aber von der Lehre dem Einwand ausgesetzt, dass er die Notstandshandlung nicht plausibel legitimieren kann, weil der angegebene Vorrang der sozialen Nützlichkeit, der die Freiheitssphäre der Geschädigten erheblich einschränkt, nicht gerechtfertigt werden kann.[129] Der Ansatz stößt darüber hinaus auch auf den Einwand, der die Frage aufwirft, ob eine konsequente Anwendung dazu führen kann, dass die Tötung Einzelner zur Rettung vieler Menschen akzeptabel ist.[130] Dies werde nämlich impliziert, da Personen aufgrund des Fehlens eines rechtswidrigen Angriffs gezwungen werden, ihren eigenen Tod hinzunehmen. Ebenso können deshalb die Auffassung vertreten werden, dass die Tötung eines älteren Menschen zur Rettung eines jungen Lebens gerechtfertigt erscheint.

---

125 *Küper*, JZ 2005, 105 (105 f.).
126 *Roxin/Greco*, Strafrecht Allgemeiner Teil, § 16 Rn. 10.
127 *Zieschang,* in LK-StGB, § 34 Rn. 7.
128 Siehe *Pawlik*, Der rechtfertigende Notstand, S. 32 f.
129 *Kühl*, Strafrecht Allgemeiner Teil, § 8 Rn. 8.
130 *Zieschang,* in LK-StGB, § 34 Rn. 7.

Ferner kann davon ausgegangen werden, dass es immer fragwürdig ist, welche Güter tatsächlich sozial nützlich sind. Daraus resultiert daher die Diskussion in Bezug auf den Notstand, etwa wie die Abwägungsklausel durchgeführt bzw. ob das Interesse oder Rechtsgut als Kriterium angenommen werden soll.

Ein anderer Ansatz kommt hier ebenfalls in Betracht, wonach sich der Notstand auf die Solidarität der Gemeinschaft stützt.[131] Demnach muss das Notstandsopfer die Einschränkung seines Rechtsguts durch die Handlung des Notstandstäters dulden, denn diese Pflicht ähnelt der in § 323c StGB geregelten Hilfeleistung.[132] Nach dem Solidaritätsprinzip wird daher die Notstandshandlung mit zwei Grundgedanken legitimiert.[133]

Erstens hat jeder in gewissen Fällen eine Duldungspflicht, weil das Leben in einer Gemeinschaft bestimmte Verpflichtungen mit sich bringt.[134] Damit wird von dem Geschädigten verlangt, dass er den fremden Eingriff in seine Interessen im Rahmen der Solidarität duldet.[135] Nach *Roxin* wird dies mit dem Gedanken begründet, dass sich der Geschädigte selbst in der Zukunft in einer gleichen Situation befinden könnte, in der er seine Güter auf Kosten anderer Personen vor Eingriffen beschützen muss.[136]

Der zweite Ansatz basiert auf der Idee der Gerechtigkeit, dass der Geschädigte schon in der Vergangenheit von einer Notstandslage hätte profitieren können, als er in das Rechtsgut des anderen eingriff, um sich selbst zu schützen.[137] Eine solche, in einer Gesellschaft von den Personen erwartete Solidarität, ist aber nicht grenzenlos, sondern auf besondere Fälle beschränkt.[138] Dafür muss etwa der Wert des bedrohten Rechtsguts gegenüber dem geopferten wesentlich überwiegen und eine Abwendung anders nicht möglich sein.[139]

Das Prinzip der Solidarität als Grundlage erklärt auch, warum von einer Person, die dem Notstandstäter nahesteht, mehr abverlangt wird als von einem gänzlich Unbeteiligten.[140] Dieser Ansatz stehe zudem im Einklang mit den Anforderungen von § 34 StGB, wonach ein wesentlich überwiegendes Interesse vorliegen muss.

---

131 *Küper*, JZ 2005, 105 (105 f.).
132 *Köhler*, Strafrecht Allgemeiner Teil, S. 285; ebenso *Renzikowski*, Notstand und Notwehr, S. 263.
133 *Roxin/Greco*, Strafrecht Allgemeiner Teil, § 16 Rn. 10.
134 *Lenckner,* Der rechtfertigende Notstand, S. 50.
135 *Neumann,* in NK-StGB, § 34 Rn. 9 f.
136 *Roxin/Greco*, Strafrecht Allgemeiner Teil, § 16 Rn. 10.
137 *Roxin/Greco*, Strafrecht Allgemeiner Teil, § 16 Rn. 10.
138 Näher *Zieschang*, in LK-StGB, § 34 Rn. 8.
139 *Kühl*, Strafrecht Allgemeiner Teil, § 8 Rn. 9.
140 *Zieschang,* in LK-StGB, § 34 Rn. 7.

Nur wenn daher die Interessen des Notstandstäters erheblich überwiegen, sei es daher möglich, die Freiheit des Opfers einzuschränken und Solidarität zu verlangen, was letztlich eine Duldungspflicht impliziere.

Pawlik hat das Solidaritätsprinzip besonders im Rahmen der Duldungspflicht nach einer Interpretation von *Hegel* entwickelt.[141] Nach *Pawlik* spielt daher die Duldungspflicht bei Notstandseingriffen eine bedeutende Rolle.[142] Sie ermöglicht etwa in einem gewissen Umfang den Schutz bestimmter fundamentaler Realbedingungen der rechtlichen Freiheit gegen ihren zufälligen Untergang, auch an Orten, wo die organisierte Notbekämpfung zu spät käme. Grundsätzlich kann daher eine Person in Not darauf vertrauen, dass die Gemeinschaft innerhalb ihrer realen Möglichkeiten existenzielle Gefahren von ihr abwehrt. Zur Umsetzung dieses Anspruchs kann im Falle fehlender staatlicher Maßnahmen direkt auf die Rechtsposition eines Mitbürgers zugegriffen werden. Die Notstandspflicht wirke sich damit als quasi-institutionelle Rechtspflicht aus, die Freiheit schafft.

Frisch behandelt den solidarischen Ansatz unter einem anderen Gesichtspunkt, indem er die Legitimationsprobleme zur Notstandshandlung im Lichte der öffentlichen Sicherheit und Ordnung erklärt.[143] Nach *Frisch* ist der Staat verpflichtet, die Sicherheit und Freiheit der Gesellschaft sicherzustellen, was durch die Mitwirkung der einzelnen Bürger möglich ist. Damit hätte jeder in besonderen Fällen eine Duldungspflicht, um die persönliche Freiheit einer sich in einer Notstandslage befindenden Person zu retten, wenn staatlicher Schutz gerade nicht zur Verfügung steht.

Gallas nimmt diese Legitimationsproblematik im Rahmen des Zwangs zur Solidarität vor.[144] Demnach sollte der Notstandspflichtige einen Eingriff, der sich gegen seine Rechtsgüter richtet, dulden, auch wenn er selbst nicht als Verursacher der Situation gilt. Diese Duldungspflicht dürfe allerdings vom Notstandspflichtigen nur dann erwartet werden, solange sein Anspruch auf Selbstbestimmung und Respektierung seiner Person berücksichtigt wird. Aus diesen Einschränkungen ließe sich entnehmen, dass der Notstandspflichtige nur sein Vermögen opfern sollte und gegebenenfalls mit einem geringen Verlust der körperlichen Unversehrtheit oder Freiheit rechnen muss. Dabei stellt sich jedoch die Frage, wie der Maßstab dieser Abgrenzung und die Balance zwischen dem Zwang zur Solidarität bzw. der Anspruch auf Selbstbestimmung erreicht werden sollen.

---

141 *Küper*, JZ 2005, 105 (105).
142 *Pawlik*, Der rechtfertigende Notstand, S. 104.
143 *Frisch*, GA 2016, 121 (128 f.).
144 *Gallas*, ZStW 1968, 1 (24).

Helmers und Greco haben das angesprochene Solidaritätsprinzip andersartig formuliert.[145] Demzufolge wird in einem Notfall von einem Bürger verlangt, dass er seine Güter und Rechte, die er mittels gemeinschaftlichen Lebens erworben hat, in die Gemeinschaft zurückgibt. Dies trifft jedoch lediglich für erworbene Güter zu, aber niemals für angeborene. Somit unterscheiden sich die Autoren beim Gegenstand der Güter, indem sie das Gewicht der Rechtsgüter für Menschen mitberücksichtigen.

Eine andere Ansicht dazu ist, dass die Solidaritätspflicht auf der sozialen Vertragstheorie[146] basiert, als deren Begründer *Thomas Hobbes* angesehen werden kann.[147] *Engländer* stellt in diesem Zusammenhang ähnlich wie Hobbes die Notstandspflicht als eine ‚versicherungsgleiche Regelung auf Gegenseitigkeit′ dar.[148] Wenngleich sich eine Person in ihrem Leben nicht in einer Gefahrensituation befindet, bekundet sie dennoch aus sozialer Verantwortung Solidarität gegenüber denen, die sich in einer solchen Lage befinden. Nach *Engländer* ist jedoch im Falle des Notstands eine Eingriffsbefugnis in fremde Interessen nicht unbegrenzt möglich, sondern nur unter bestimmten Umständen.

Ein Einwand gegen den Gedanken der Solidarität kann etwa sein, dass dieser weniger angemessen erscheint, wenn die Konfliktsituation denselben Rechtsgutsträger betrifft.[149] Das bedeutet, dass das bedrohte Rechtsgut identisch ist mit demjenigen, gegen das die Tat gerichtet ist. In solchen Fällen mag daher der Solidaritätsaspekt weniger relevant oder sogar unanwendbar sein, da es keine klare Trennung zwischen dem Notstandstäter und dem Notstandsopfer gibt, wenn es sich um denselben Rechtsgutsträger handelt. In solchen Situationen können daher andere Kriterien und Überlegungen relevant sein, um die Anwendung von § 34 StGB zu bewerten.

Zusammenfassend lässt sich somit für das Solidaritätsprinzip festhalten, dass in bestimmten Situationen einige Einschränkungen erforderlich sein können, um das Gemeinwohl zu schützen. Dennoch sollten derartige Maßnahmen immer kritisch hinterfragt und auf ihre Notwendigkeit und Verhältnismäßigkeit geprüft werden. Das notstandsrelevante Solidaritätsprinzip und die Duldungspflicht sollten daher sorgfältig abgewogen und auf ihre Auswirkungen auf die individuellen Freiheiten und das gesellschaftliche Zusammenleben untersucht werden.

---

145 *Roxin/Greco*, Strafrecht Allgemeiner Teil, § 16 Rn. 10 a.

146 Unter Vertragstheorie wird verstanden, dass die staatliche Autorität und die Gesetze durch freiwillige Zustimmung aller Menschen legitimiert werden. *Frey/Schmalzried*, Die Vertragstheorie S. 189.

147 *Schölderle*, ZfP 2011, 51 (51 f.).

148 *Engländer*, Grund und Grenzen der Nothilfe, S. 98.

149 *Zieschang,* in LK-StGB, § 34 Rn. 9.

3. Theorien zum entschuldigenden Notstand

a. Vorbemerkungen

Nachdem der strafrechtsbezogene Notstand mithilfe der Differenzierungstheorie[150] zugleich als ein Rechtfertigungsgrund und als ein Entschuldigungsgrund klassifiziert oder mithilfe der Einheitlichkeitstheorie[151] als bloß ein Entschuldigungsgrund angenommen worden war, setzten sich auch im Schrifttum umfassende Bemühungen um die Erklärung des rechtlichen Wesens des entschuldigenden Notstands fort.[152] Obwohl die Einordnung des Notstands in den früheren Lehren umstritten war, geht die heutige Tendenz dahin, den Notstand sowohl als einen Rechtfertigungsgrund als auch einen Entschuldigungsgrund anzusehen.[153] Dennoch ist bis heute keine eindeutige und überzeugende Begründung zum Wesen des entschuldigenden Notstands vorgebracht worden.[154]

Einen der beliebtesten Ausgangspunkte zum entschuldigenden Notstand bildet der Fall des sog. ‚Brett des Karneades', der von zwei Schiffbrüchigen handelt, deren einzige Rettung ein umhertreibendes Brett ist, welches jedoch nur eine Person tragen kann.[155] In diesem Fall tötete einer der beiden Schiffbrüchigen den anderen, um die Planke für sich zu sichern und anschließend gerettet zu werden. Danach kamen im Laufe der Zeit einige solcher Beispielfälle ans Tageslicht.[156]

Beim entschuldigenden Notstand bleibt die rechtswidrige Tat zwar intakt, allerdings verzichtet der Gesetzgeber auf die Bestrafung des Täters.[157] Damit unterscheidet sich der entschuldigende Notstand vom rechtfertigenden Notstand hinsichtlich der Form. Abgesehen vom rechtfertigenden Notstand wird daher auch eine andere rechtliche Begründung des Notstands als Entschuldigungsgrund verlangt, weil dieser offensichtlich eine andere Erscheinungsform des Notstands bildet.[158]

---

150 Siehe dazu bereits oben B. II. 1. c.

151 Siehe dazu bereits oben B. II. 1. b.

152 Siehe dazu *Bosch*, Jura 2015, 347 (347–355).

153 *Pawlik*, JRE 2003, 287 (287).

154 *Rönnau*, JuS 2016, 786 (787).

155 *Leite*, Notstand und Strafe, S. 87 f.

156 Zu weiteren Bespielen dazu siehe *Leite*, Notstand und Strafe, S. 87 ff.

157 *Frister*, Strafrecht Allgemeiner Teil, § 20 Rn. 1.

158 Im Falle des rechtfertigenden Notstands wird eine Handlung, die normalerweise gegen das Gesetz verstößt und bestraft werden muss, trotz des Eingriffs in das Rechtsgut einer dritten Person, als rechtmäßig angesehen. In diesem Sinne ist der rechtfertigende Notstand eine begrenzte Ausnahme vom Recht, die sich selbst vorbehalten ist. In den Fällen, in denen ein entschuldigender Notstand vorliegt, bleibt die Tat zwar

Ein weiterer Grund, warum der entschuldigende Notstand eigenständig begründet werden sollte, basiert auf früher vertretenen Ansichten, in denen er als ein Schuldausschließungsgrund anerkannt wurde.[159] Nach heutiger h. M. wird allerdings der Notstand, der im Rahmen des Schuldspruchs betrachtet wird, nicht als ein Schuldausschließungsgrund behandelt. Vielmehr wird er infolgedessen als ein Entschuldigungsgrund gesehen, durch den der Täter trotz seiner Schuldhaftigkeit von der Rechtsordnung entschuldigt wird.[160] Diese Annahme gilt auch für die heutigen Vorschriften des § 35 StGB und Art. 25 Abs. 2 tStGB, in denen der Notstand als ein Entschuldigungsgrund geregelt wird.

In der Folge wird hinsichtlich des entschuldigenden Notstands untersucht, warum das Strafrecht rechtswidrige Handlungen toleriert und wie dieses Tolerieren theoretisch begründet werden kann. Dazu werden zunächst die Ansichten des Gesetzgebers und der Rechtsprechung sowie danach die bisherigen, bemerkenswerten Begründungsversuche zum entschuldigenden Notstand in der Lehre angeführt.

b. Überblick über die Ansätze der gesetzlichen Vorschriften und der Rechtsprechung

Die Analyse des entschuldigenden Notstands im deutschen Strafrecht gestaltet sich vor allem wegen der Ausnahmeregelung des § 35 Abs. 1 Satz 2 StGB und wegen der Irrtumsregelung des § 35 Abs. 2 StGB als kompliziert.[161] Darüber hinaus ist es nicht möglich, die Vorschrift in ihrer Gesamtheit durch einen einzigen Gesichtspunkt zu erklären. Daher ist es erforderlich, die verschiedenen Ansätze zur Erläuterung des § 35 StGB näher zu betrachten.[162]

Im Sinne des entschuldigenden Notstands hatte das Reichsgericht zu einem früheren Zeitpunkt auf den ungewöhnlichen seelischen Druck, der auf dem Täter laste, eine psychische Ausnahmesituation des Täters angenommen.[163] Demnach sei die freie Willensbestimmung des Täters erheblich beeinträchtigt.

---

rechtswidrig, aber es wird aufgrund des fehlenden Schuldspruchs verzichtet, den Täter zu bestrafen.

159 Siehe zu den Ansichten, die den Notstand als einen Schuldausschließungsgrund ansehen *Janka*, Der strafrechtliche Notstand, S. 141–185.

160 *Otto*, Grundkurs Strafrecht, § 14 Rn. 1; *Bosch*, Jura 2015, 347 (348); *Rönnau*, Jus 2016, 786 (787).

161 *Leite*, Notstand und Strafe, S. 100 f.

162 *Kühl*, Strafrecht Allgemeiner Teil, § 12 Rn. 22.

163 RGSt 66, 222 (225).

In Bezug auf die aktuelle Vorschrift des Notstands im deutschen Strafrecht ergibt sich aus dem Wortlaut des § 35 StGB, dass sich dieser auf das ‚Prinzip der Unzumutbarkeit des normgemäßen Verhaltens‘[164] stützt.[165] Die Verhängung einer Strafe gegen den Täter gem. § 35 StGB setzt daher voraus, dass ihm das normgemäße Verhalten zugemutet werden hätte können.[166]

Im türkischen Strafrecht sieht der Gesetzgeber keine unterschiedlichen Vorschriften über den Notstand vor, sondern regelt diesen lediglich in einem Paragrafen (Art. 25 Abs. 2 tStGB) als Einzelnorm. Das rechtliche Wesen des Notstands ist deshalb sehr umstritten. Da dieser Abschnitt ausschließlich den entschuldigenden Notstand untersucht, stützen sich die hierzu vorgebrachten Annahmen darauf, dass der Notstand einen Entschuldigungsgrund darstellt.

Nach einem Teil der türkischen Lehre stützt sich der entschuldigende Notstand auf das ‚Prinzip der Unzumutbarkeit des normgemäßen Verhaltens‘;[167] ansonsten würde der Täter nämlich nicht schuldhaft handeln – anders ausgedrückt, dieses schuldhafte Verhalten soll dem Täter vorgeworfen werden.

Nach einer anderen Ansicht findet der entschuldigende Notstand seine rechtliche Grundlage in dem Selbstschutztrieb.[168] Demnach verletzt der Täter im Falle einer existenziellen Not ein fremdes Rechtsgut, um sein bedrohtes Rechtsgut zu retten, wenn keine staatliche Hilfe zur Verfügung steht. Darüber hinaus wird in der türkischen Strafrechtslehre argumentiert, dass der Wille des Täters in einer Situation des Notstands aufgrund des psychischen Drucks erheblich beeinträchtigt wird und daher keine Strafverfolgung erfolgen sollte.[169]

---

164 Das ‚Prinzip der Unzumutbarkeit des normgemäßen Verhaltens‘ ist ein Grundsatz, der in bestimmten Fällen eine strafrechtliche Verantwortlichkeit ausschließt, wenn es für den Täter unzumutbar ist, sich entsprechend den gesetzlichen Vorgaben zu verhalten. Nach diesem Prinzip kann daher eine Person von einer strafrechtlichen Verantwortung freigestellt werden, wenn sie unter bestimmten Umständen nicht in der Lage ist, den Anforderungen des Gesetzes zu genügen; siehe *Wortmann*, Inhalt und Bedeutung der „Unzumutbarkeit normgemäßen Verhaltens“ im Strafrecht, S. 25 f.

165 *Baumann u. a.*, Strafrecht Allgemeiner Teil, § 18 Rn. 11; *Bosch*, Jura 2015, 347 (347 f.).

166 *Zieschang*, in LK-StGB, § 35 Rn. 134.

167 *Koca/Üzülmez*, Türk Ceza Hukuku Genel Hükümler, S. 349; *Özgenç*, Türk Ceza Kanunu Gazi Şerhi, S. 377.

168 *Artuk u. a.*, Ceza Hukuku Genel Hükümler, S. 582.

169 *Toroslu*, Ceza Hukukunda Zaruret Hali, S. 50 ff.

c. Theorien

In diesem Abschnitt werden auf Basis des entschuldigenden Notstands die psychologischen und normativen Theorien untersucht.

Nach der psychologischen Theorie wird entschuldigender Notstand mit dem psychischen Druck begründet.[170] Aufgrund der biologischen Eigenschaft des Menschseins empfindet jeder einen unwiderstehlichen Trieb, sich selbst zu schützen, und zwar stets, wenn eine konkrete Gefahr besteht. In einer Notstandssituation aufgrund akuter Gefahr kann es daher zu einer ungewöhnlichen Einschränkung der freien Willensbestimmung kommen, die zu einem außergewöhnlichen seelischen Druck führt.[171] Infolge des besonderen psychischen Zustands sei es vom Täter in einer solchen Situation nicht mehr zu erwarten, rechtmäßig zu handeln.[172] Der Täter wird demnach exkulpiert, da er unter großem seelischem Druck steht.[173]

Die genannte psychologische Theorie wurde jedoch von der Lehre zu Recht kritisiert.[174] Insbesondere wurde bemängelt, dass sie den psychischen Druck auf den Täter oder dessen fehlende Willensbestimmung in einer Notstandslage nicht überzeugend erkläre, was die Ausnahmeregelung des § 35 Abs. 1 Satz 2 StGB angehe. Denn § 35 Abs. 1 Satz 2 StGB umfasse auch jene Umstände, welche die Bestrafung des Täters ermöglichen können, wenn er selbst die betroffene Gefahr verursacht bzw. eine besondere Pflicht zur Gefahrhinnahme hat. Ähnlich stützt sich gem. § 35 Abs. 2 StGB auf die irrige Annahme einer vermeidbaren Notstandslage. Unter diesem Gesichtspunkt könne davon ausgegangen werden, dass der Täter in solchen Fällen bei der Begehung der Notstandshandlung einen gleichen psychischen Druck fühlt oder sich unter dem Einfluss einer fehlenden Willensbestimmung befindet. Damit wird er jedoch dennoch nach der Ausnahmeregelung des § 35 StGB bestraft.[175]

Ein anderer Einwand gegen diese Theorie wirft die Frage auf, warum wegen der beeinträchtigten Entscheidungsfreiheit des Täters die gesamte Strafe aufgehoben

---

[170] *Frister*, Strafrecht Allgemeiner Teil, § 20 Rn. 2.

[171] Das Reichsgericht hat in einer seiner Entscheidungen den entschuldigenden Notstand solcherweise begründet, dass hier „eine durch besondere äußere Umstände verursachte abnorme Beeinträchtigung der freien Willensbestimmung“ vorläge, die „bei Berücksichtigung des Selbsterhaltungstriebes ein normgemäßes Verhalten“ als nicht zumutbar erscheinen lasse; RGSt 66, 222 (225); ein „außergewöhnlicher seelischer Druck“ mache daher die Normverletzung entschuldbar; RGSt 66, 397 (398).

[172] *Rönnau*, JuS 2016, 786 (777 f.).

[173] *Jakobs,* Strafrecht Allgemeiner Teil, § 20 Rn. 1.

[174] *Rönnau*, JuS 2016, 786 (788).

[175] *Zieschang,* in LK-StGB, § 35 Rn. 4.

wird, anstatt sie lediglich herabzusetzen.[176] Außerdem sei diese Theorie nicht ausreichend begründet worden, wonach die in § 35 StGB als Leben, Leib und Freiheit beschriebenen Rechtsgüter beschränkt werden, weil unklar ist, was bei einem Täter zu psychischem Druck führt. Weiterhin hat *Frister* dazu eine Kritik vorgebracht, die die entschuldigende Notstandsregel nach dieser Theorie für unnötig hält, weil schon die §§ 20, 21 StGB die Strafbefreiung des Täters ermöglichen und die verminderte Schuld- oder Selbstbestimmungsfähigkeit des Täters regeln.[177] Denn die Schuldfähigkeit des Täters sei nach Sinn und Zweck des § 35 StGB auf keinen Fall auszuschließen oder zu verringern.

Nach einer weiteren Theorie, die heute herrschend ist, stützt sich der entschuldigende Notstand auf die Idee der doppelten Schuldminderung.[178] In einer Notstandslage kommt demnach einerseits ein erheblich beeinträchtigter Wille des Täters aufgrund des seelischen Zwangs und andererseits ein gemindertes Unrecht bezüglich seiner Handlung zum Vorschein.[179] Diese Handlung hätte einen geringeren Unrechtsgehalt im Vergleich zu jener Handlung, die nicht im Rahmen einer Notstandslage ausgeführt wird. Es liege also in diesem Ansatz sowohl ein seelischer Zwang als auch eine Unrechtsminderung vor. Daraus wird erkennbar, dass psychischer Druck am Täter, ähnlich wie nach der psychologischen Theorie, einen Teil dieser Theorie ausmacht, wohingegen die Unrechtsminderung den anderen Teil dieser Theorie verkörpert.[180] Die natürliche Folge dieses Ansatzes sei daher, dass sich die Schuld des Täters in einer Notstandslage doppelt vermindert.

Bei der Unrechtsbewertung verletzt der Täter somit nicht nur ein Rechtsgut, sondern rettet damit ein anderes Rechtsgut für sich selbst oder eine nahestehende Person.[181] Nach dieser Theorie besteht das Unrecht aus zwei Teilen, nämlich dem Handlungs- und Erfolgsunwert.[182] Demnach verringert sich der Handlungsunwert dann, wenn der Täter mit seiner Rettungshandlung unmittelbar die Erhaltung eines Rechtsguts anstrebt. Solange der Täter diesen Zweck erreicht, reduziert sich auch der Erfolgsunwert; die Folge hiervon ist, dass sich der Grad des gesamten Unrechts verringert.[183]

---

[176] *Roxin/Greco*, Strafrecht Allgemeiner Teil, § 22 Rn. 8.

[177] *Frister*, Strafrecht Allgemeiner Teil, § 20 Rn. 2.

[178] *Kühl*, Strafrecht Allgemeiner Teil, § 12 Rn. 18 f.; *Zieschang,* in LK-StGB, § 35 Rn. 2; *Rönnau*, JuS 2016, 786 (788).

[179] Siehe *Rönnau*, JuS 2016, 786 (788).

[180] *Rosenau*, in SK-StGB, § 35 Rn. 1.

[181] *Roxin/Greco*, Strafrecht Allgemeiner Teil, § 22 Rn. 9.

[182] *Leite*, Notstand und Strafe, S. 163.

[183] *Zieschang,* in LK-StGB, § 35 Rn. 2.

Die Verringerung des Unrechts ruft damit eine Schuldminderung hervor.[184] Nach *Kaufmann* bedeutet die Unrechtsminderung in diesem Sinne zugleich auch die Schuldminderung.[185] In einer Notstandslage verringert sich somit die Schuld des Täters, da die Unrechtsminderung bereits in Frage kommt.[186]

Obwohl der Handlungs- und Erfolgsunwert die Schuld des Täters verringern können, reicht dies in der Realität nicht aus, um den entschuldigenden Notstand umfangreich zu begründen.[187] Gegen die Theorie der doppelten Schuldminderung lässt sich jedoch eine Kritik für beide Teile vorbringen, nämlich der psychische Druck beim Täter und die Unrechtsminderung der Handlung. Auf die Einwände gegen den psychischen Zwang wird jedoch an dieser Stelle verzichtet, weil die entsprechende Kritik bereits oben detailliert geschildert wurde.[188]

Zunächst enthält die Regelung des entschuldigenden Notstands, welche bestimmte Personen oder Rechte schützt, gemäß § 35 StGB keine Erklärung zu dieser Theorie.[189] Demnach läge der seelische Druck und die Absenkung des Unrechts immer dann vor, wenn vom Täter ein Rechtsgut, das nicht in § 35 StGB aufgeführt wird, gewürdigt wird, ohne die nahestehende Person zu retten. Ferner besteht kein Schutz für ein Rechtsgut im Falle des Irrtums; dementsprechend verringert sich zwar der Unrechtswert nicht, allerdings kann nach § 35 StGB auf die Bestrafung des Täters verzichtet werden.[190]

Dieser Theorie kann ebenso entgegengehalten werden, dass die bloße Schuldminderung infolge der Unrechtsminderung nicht einmal aufgrund der Ausnahmeregelung des § 35 StGB zu einer Absenkung der Strafe führt.[191] Das Gesetz setzt außerdem keinen Erfolgsunwert voraus, wie in dieser Theorie begründet wird. Aus diesem Grund ist die vorgegebene Unrechtsminderung mit den allgemeinen Unrechtsprinzipien nicht in Einklang zu bringen. Nicht zuletzt ist jedoch eine solche Beurteilung unzutreffend, welche die Quantität und Qualität des Rechtsguts außer Acht lässt. Nach *Roxin* verlangt daher das Gesetz im Rahmen des § 35 StGB keine bloße Unrechtsminderung; wäre diese der einzige Maßstab, wäre es daher unlogisch, dass außer nahestehenden Person noch jemand davon nicht profitieren könnte.[192]

---

184 *Rudolphi*, ZStW 1966, 67 (84 f).
185 *Kaufmann*, Die Dogmatik der Unterlassungsdelikte, S. 157.
186 *Jakobs*, Strafrecht Allgemeiner Teil, § 20 Rn. 3.
187 *Pawlik*, JRE 2003, 287 (295).
188 Siehe dazu bereits oben B. II. 3. c.
189 *Rönnau*, JuS 2016, 786 (788).
190 *Roxin/Greco*, Strafrecht Allgemeiner Teil, § 22 Rn. 9.
191 *Jakobs*, Strafrecht Allgemeiner Teil, § 20 Rn. 3.
192 *Roxin/Greco*, Strafrecht Allgemeiner Teil, § 22 Rn. 10.

Eine andere Theorie beruht auf der vorübergehenden Aufhebung der Gehorsamspflicht eines Bürgers, welche sich im Grunde auf die soziale Vertragslehre von *Hobbes*[193] stützt.[194] Nach dieser Ansicht verlangt der Staat vom Bürger, dass sämtliche staatliche Regeln befolgt werden, um deren Rechtsgüter effektiv zu schützen. Das heißt, der Staat hätte insbesondere die Aufgabe, die soziale Sicherheit in der Gesellschaft zu gewährleisten und die entsprechenden Sanktionen zu verhängen.[195] Falls es in einer existenziellen Notstandslage dem Staat nicht möglich sei, seine Bürger zu schützen, kann der Täter ein Rechtsgut anderer verletzen, um sein bedrohtes Rechtsgut zu retten. In einem solchen Fall ist daher der Täter auf sich selbst gestellt und wird gegen die staatlichen Regeln verstoßen, an die er sich eigentlich halten müsste.[196] In einer Notstandslage gibt der Staat den Bürgern damit eine Befugnis, sich selbst zu schützen, sobald deren Rechtsgut durch den Staat nicht geschützt werden kann.[197] Damit lässt sich der entschuldigende Notstand aus der Idee der vorübergehenden Aufhebung der Gehorsamspflicht legitimieren.

Als eine andere Begründung für die zuletzt erwähnte Theorie lässt sich aufführen, dass die liberalen Staaten von Bürgern nicht verlangen können, in einer Notstandslage sich selbst zu opfern, wenn eine drohende Gefahr für ihr Rechtsgut auftaucht.[198] In diesem Fall erhielte der Täter daher eine Befugnis, zum eigenen Schutz als natürliche Person zu handeln, weil die erforderliche staatliche Hilfe während des Gefahrenzustandes nicht zur Verfügung steht. Damit wird die Handlung des Täters entschuldigt, was ihn normalerweise schuldig macht.

---

193 Die soziale Vertragslehre von *Thomas Hobbes* ist eine politische Theorie, die die Grundlage für eine geregelte Gesellschaft bildet. Hobbes argumentiert, dass die Menschen von Natur aus in einem Zustand der Anarchie und des Krieges leben, in dem jeder gegen jeden kämpft, um seine eigenen Interessen zu sichern. Um diesem Zustand zu entkommen und Frieden und Stabilität zu erreichen, schlägt Hobbes vor, dass die Menschen einen sozialen Vertrag eingehen sollten. Dieser Vertrag beinhaltet, dass alle Individuen ihre uneingeschränkte Freiheit aufgeben und einer zentralen Autorität, meist einem absoluten Souverän, die Macht übertragen. Dadurch entsteht eine starke Regierung, die in der Lage ist, Ordnung aufrechtzuerhalten und Konflikte zu lösen. Hobbes argumentiert weiters, dass dieser Vertrag notwendig ist, um die natürliche Gewalt und das Chaos zu überwinden und eine Gesellschaft zu schaffen, in der Sicherheit und Wohlstand möglich sind; siehe *Schölderle*, ZfP 2011, 51 (51 ff.).

194 *Helmers*, Möglichkeit und Inhalt eines Notstandsrechts, S. 38 f.; *Renzikowski*, JRE 2003, 269 (277 f.).

195 *Zieschang,* in LK-StGB, § 35 Rn. 2.

196 *Pawlik*, JRE 2003, 287 (290).

197 *Engländer*, in VK-StGB, § 34 Rn. 3.

198 *Hörnle*, JuS 2009, 873 (876 f.).

Gegen diesen Ansatz wurden jedoch folgende Einwände im Schrifttum vorgebracht: Zunächst darf der Täter nach diesem Ansatz die Notstandsgrenzen überschreiten, um durch seine Handlung sein Rechtsgut zu schützen.[199] Dies erklärt jedoch nicht, warum durch die Ausnahmeregelungen, die in § 35 StGB vorgesehen werden, der Täter nicht entschuldigt wird, wenn er etwa die entstandene Gefahr selbst verursacht hat oder diese hinnehmen muss.[200] Nach dieser Theorie verwandelt sich daher der entschuldigende Notstand in einen rechtfertigenden Notstand, weil der Täter rechtmäßig handelt.[201] Somit begründet dieser Ansatz nicht den entschuldigenden Notstand, sondern formt lediglich die rechtliche Natur des rechtfertigenden Notstands um.

Eine andere Theorie erklärt den entschuldigenden Notstand vor allem im Lichte der Unzumutbarkeit des normgemäßen Verhaltens aufgrund des zuwiderlaufenden Selbsterhaltungsinteresses und stützt sich dabei im Grunde auf die von *Feuerbach* entwickelte kantische Lehre.[202] Dieser Ansatz findet seine Grundlage darin, dass die Angst des Täters, die er in einer Notstandslage bekommt, immer schrecklicher ist als die Sorge über eine mögliche Bestrafung wegen seiner Notstandshandlung.[203] Deshalb könne einem Täter kein normgemäßes Verhalten zugemutet werden, wenn eine drohende Gefahr für sein Leben oder Rechtsgut besteht, das nachträglich nicht wiedergutzumachen ist. Das bedeutet jedoch gleichzeitig nicht, dass der Täter für jegliche Handlungen einen rechtsfreien Raum hat, um sich selbst zu retten, sondern gilt dies nur für unverzichtbare Rechtsgüter.[204] Nur in solchen Fällen macht es daher keinen Sinn, den Täter zu bestrafen.

Im Laufe der Zeiten wird dieser Ansatz der Lehre als Prinzip der Unzumutbarkeit mit dem Begriff ‚Selbsterhaltungstrieb' umschrieben.[205] Obwohl dieser Ansatz den entschuldigenden Notstand in vielen Punkten vernünftigerweise begründet, ist dagegen das Argument vorzubringen, dass dieser nur eine terminologische Erklärung ist und an den sachlichen Inhalten nichts ändert.[206]

Eine weitere Theorie begründet den entschuldigenden Notstand auf der Basis des Gesinnungswerts.[207] Nach diesem Ansatz schließt eine Notstandslage die Schuld

---

[199] *Pawlik*, JRE 2003, 287 (290).
[200] *Pawlik*, JRE 2003, 287 (291).
[201] *Roxin/Greco*, Strafrecht Allgemeiner Teil, § 22 Rn. 14 a.
[202] *Pawlik*, JRE 2003, 287 (291).
[203] *Pawlik*, JRE 2003, 287 (292).
[204] *Pawlik*, JRE 2003, 287 (293).
[205] *Goldschmidt*, Der Notstand, S. 34.
[206] Näher *Pawlik*, JRE 2003, 287 (293).
[207] *Wessels u. a.*, Strafrecht Allgemeiner Teil, Rn. 687.

des Täters zwar nicht völlig aus, allerdings ist ein entsprechendes Handeln nicht als tadelnswert zu beurteilen, weil hier dem Selbsterhaltungstrieb gefolgt wird.[208] Daher wird die Schuld dem Täter in diesem Sinne nicht vorgeworfen, weil seine Handlung aufgrund seines positiven Gesinnungswerts als weniger vorwerfbar betrachtet wird.[209]

Auch *Gallas* liefert eine ähnliche Begründung, wonach der Täter keine rechtsfeindliche Gesinnung innehat, wenn er sein Rechtsgut schützt.[210] Damit behauptet *Gallas*, dass eine durchschnittliche Person ebenso gehandelt hätte, wenn sie sich in einem solchen Notfall befunden hätte. Demnach ist der Gesinnungsunwert des Täters im Notstandsfall als geringer als der übliche Verstoß gegen das Recht anzusehen. Aus diesen Gründen wird sich die Schuld des Täters wegen seiner im Falle der Notstandslage ausgeführten Handlung mindern, sodass dieser nicht unter Strafe gestellt wird.[211]

Dieser Ansatz kann jedoch die Frage nicht eindeutig beantworten, warum sich ein Trieb oder eine positive Gesinnung des Täters auf ein Recht des Eingriffsadressaten auswirkt.[212] Außerdem reichen die Begriffe ‚rechtsfreundliche Gesinnung' oder ‚rechtsfeindliche Gesinnung' rechtlich nicht aus, um die Schuld vernünftigerweise zu beschreiben und entsprechend dem entschuldigenden Notstand zu begründen. Die Grenzen dessen, wie sich eine durchschnittliche Person in einer Notstandslage verhalten und darauf reagieren wird, sind somit nicht klar, weil eine volle Übereinstimmung zwischen dem ‚Was ist' und dem ‚Was sein soll' nicht immer möglich ist.[213]

Ein weiterer Ansatz versucht den entschuldigenden Notstand vordergründig auf der Grundlage des Fehlens präventiver Bedürfnisse zu erklären.[214] Dieser Ansatz ist allerdings inhaltlich in zwei getrennte Wege unterteilt.[215] Ersterer geht davon aus, dass der entschuldigende Notstand allein im Rahmen der generalpräventiven Bedürfnisse zu begründen ist, indem er die spezialpräventiven Bedürfnisse außer Acht lässt. Demgegenüber besagt der andere, dass der entschuldigende Notstand sowohl im Rahmen der general- als auch spezialpräventiven Bedürfnisse begründet wird.

---

208 *Jescheck/Weigend*, Lehrbuch des Strafrechts, S. 478.

209 *Hefermehl*, Der verursachte entschuldigende Notstand, S. 59; oder ähnlich *Bernsmann*, Entschuldigung durch Notstand, S. 187 f.

210 *Gallas*, ZStW 1968, 1 (26).

211 *Leite*, Notstand und Strafe, S. 180.

212 *Pawlik*, JRE 2003, 287 (294).

213 *Zieschang,* in LK-StGB, § 35 Rn. 4.

214 *Zieschang*, in LK-StGB, § 35 Rn. 3.

215 *Roxin/Greco*, Strafrecht Allgemeiner Teil, § 22 Rn. 11 f.

Nach dem ersten Ansatz findet der entschuldigende Notstand seine Legitimation hauptsächlich in Kombination mit dem funktionellen Schuldbegriff, indem danach gefragt wird, was eigentlich der Zweck der Verhängung einer Strafe sein soll.[216] Mithin sei es auch nicht nötig, die spezialpräventiven Bedürfnisse zur Strafbefreiung des Täters als Voraussetzungen anzunehmen. Das heißt, der in einer Notstandslage handelnde Täter kann nicht bestraft werden, weil die spezialpräventiven Wirkungen dafür nicht verlangt werden, solange die generalpräventiven Wirkungen im rechtlichen Sinne akzeptabel sind.[217] Demzufolge behandelt *Timpe* den entschuldigenden Notstand im Rahmen der Bedürfnisse der Resozialisierung.[218] In diesem Zusammenhang solle der Täter aufgrund der fehlenden Bedürfnisse der Resozialisierung nicht unter Strafe gestellt werden, wenn er seine Handlung in einer Notstandslage und in Kenntnis dieser Lage ausführt.

Nach *Jakobs* wird der Täter im Rahmen der Generalprävention nur dann entschuldigt, wenn der Widerstreit der Rechtsgüter der Parteien zufällig auftaucht oder die Entstehung dieses Streits einer dritten Person zugerechnet werden kann.[219] Aufgrund der Handlung des Täters zur Selbsterhaltung verliert die Gesellschaft nicht den Glauben an die Rechtsordnung, weil für den Täter die Anwesenheit in einer Notstandslage keine zuvor geplante und häufig anzutreffende Situation ist.[220] Mit diesem Ansatz kann die Ausnahmeregelung des § 35 StGB plausibel erklärt werden, da die gegenwärtige Gefahr für den Täter nicht mehr ungewiss ist, wenn er diese selbst verursacht oder die Pflicht hat, deren Schaden zu dulden. Falls der Täter Kenntnis über diese gegenwärtige Gefahr hat, wird er jedoch trotz seiner Notstandsituation bestraft, da die Gefahr für den Täter nicht mehr als spontan anzusehen ist. *Jakobs* vertritt darüber hinaus die Ansicht, dass dieser Ansatz auch die Beschränkungen der Güter auf Leben, Leib und Freiheit des § 35 StGB plausibel erklären könne.[221] Denn der Zweck der Verhängung einer Strafe bestünde stets auch für andere Rechtsgüter, insbesondere Vermögens-

---

216 *Jakobs,* Strafrecht Allgemeiner Teil, § 20 Rn. 4.

217 Ähnlich *Günther*, Strafrecht Allgemeiner Teil: Die Grundlagen und die Zurechnungslehre, § 20 Rn. 4 f.; nach Ansicht des Autors sollte darüber verhandelt werden, inwieweit soziale Zwänge dem Täter auferlegt werden können, der von der Schuldzuschreibung betroffen ist, und welche störenden Eigenschaften des Täters vom Staat, von der Gesellschaft und möglicherweise auch vom Opfer selbst akzeptiert werden müssen.

218 *Timpe*, Strafmilderungen des Allgemeinen Teils des StGB und das Doppelwertungsverbot, S. 296.

219 *Jakobs,* Strafrecht Allgemeiner Teil, § 20 Rn. 4.

220 *Pawlik*, JRE 2003, 287 (297).

221 *Jakobs,* Strafrecht Allgemeiner Teil, § 20 Rn. 4.

schäden, die nicht in § 35 StGB als Ausnahmen aufgezählt werden, weil sie wiedergutgemacht werden können.

Nach *Rönnau* ist diese Begründung hinsichtlich des Rechtsguts auf das Leben zwar zutreffend, stellt aber kein überzeugendes Argument in Bezug auf die Rechtsgüter Leib und Freiheit dar.[222] Derselbe Mangel gelte im Übrigen auch für die Gefahrtragungspflicht des in erheblichen Schwierigkeiten befindendlichen Täters. Ein weiterer Einwand, dass dieser Ansatz die Tatsache nicht überzeugend begründen kann, wäre, warum die spezialpräventiven Bedürfnisse völlig außer Acht gelassen werden sollen, da gerade die spezialpräventiven Bedürfnisse eine bedeutsame Rolle bei der Feststellung des Zwecks der Strafe spielen.

Der zweite Ansatz, nach dem der entschuldigende Notstand im Rahmen der general- bzw. spezialpräventiven Bedürfnisse begründet wird, findet seine Grundlage darin, dass die Vorschrift des § 35 StGB keinen echten Entschuldigungsgrund beinhaltet.[223] Nach diesem Ansatz verstärkt der Staat den Glauben der Gesellschaft an die Rechtsordnung dadurch, dass er den eine Straftat begehenden Täter bestraft.[224] Der Staat begrenzte demnach die Strafe und brachte dafür eine rechtliche Begründung vor. Im Falle der Notstandslage verzichtete er aber auf die Strafe, weil sowohl die general- als auch die spezialpräventiven Bedürfnisse nicht mehr gegeben waren.

Nach *Roxin* ist der Mangel einem general- und spezialpräventiven Strafbedürfnis im Notstand nachgeordnet.[225] Dies gelte insbesondere in Situationen, in denen der Täter selbst die Gefahr verursachte, die Notstandslage fälschlicherweise annahm oder eine Duldungspflicht zur Gefahrtragung hat. Außerdem fehlte es bei diesem Ansatz an einer Erklärung in Bezug auf andere Rechtsgüter, welche in § 35 StGB nicht vorgeschrieben sind. Ansonsten werde darüber hinaus die Selbsthilfe den ordentlichen Rechtsgang abwehren, wodurch ein Chaos in der Gesellschaft verursacht werden könne.

Bersnmann hat eine Kritik gegen diesen Ansatz vorgebracht, die zwar im Grunde plausibel, aber inhaltlich schwach und nicht überzeugend sei, da die beiden präventiven Strafbedürfnisse (generell und spezial) gem. § 35 StGB nicht quasi vorhanden sind.[226] Daraus ergibt sich insbesondere, dass Notstandsfälle voneinander getrennt auftauchen können und das bestimmte, präventive Strafbedürfnis für alle Notstandsfälle nicht verlangt werden kann.

---

222 *Rönnau*, JuS 2016, 786 (788).

223 *Frister*, Strafrecht Allgemeiner Teil, § 20 Rn. 4.

224 *Pawlik*, JRE 2003, 287 (297).

225 *Roxin/Greco*, Strafrecht Allgemeiner Teil, § 22 Rn. 11.

226 *Bernsmann*, Entschuldigung durch Notstand, S. 220.

Neumann erklärt den entschuldigenden Notstand auf der Basis der anerkannten gesellschaftlichen Wertungen, indem er sich auf die relative Sozialadäquanz stützt.[227] Demnach ließe die Rechtsordnung die Existenz besonderer Solidaritätsverhältnisse nur in engen sozialen Gemeinschaften zu. Der Täter werde daher nicht entschuldigt, wenn er in einer Notstandslage eine ihm nahestehende Person durch seine Tat nicht rette, da zwischen dem Täter und der dritten gefährdeten Person keine enge soziale Beziehung bestehe.

Obwohl dieser Ansatz offensichtlich die Ausnahmeregelung des § 35 StGB überzeugend begründen kann, ist jedoch zu kritisieren, dass aufgrund der engen Perspektive der entschuldigende Notstand nicht umfassend und vollständig erklärt werden kann. In diesem Ansatz wird darüber hinaus unter anderem die Frage nicht beantwortet, warum der Täter bestraft wird, wenn er selbst die Gefahr verursacht oder wenn er das Vorliegen einer Notstandslage irrig angenommen hat.

Bersnmann sieht demnach den entschuldigenden Notstand unter einem anderen Gesichtspunkt, nach dem die Straflosigkeit des Täters nicht wegen strafrechtlichen, sondern aus staatlichen und philosophischen Gründen geboten sein sollte.[228] Demnach mache die gegenwärtige Lebensgefahr des Täters den entscheidenden Punkt dieses Ansatzes aus. Der Staat müsse daher das Leben auf jeden Fall schützen und könne von einem Bürger nicht erwarten, dass er sich in einer Notstandslage aufopfere. Mit anderen Worten begründet er den entschuldigenden Notstand primär durch den Lebensschutz, wobei er dieses Argument allerdings nicht im strafrechtlichen, sondern im kriminalpolitischen Sinne vorbringt. Aus diesen Gründen findet die Vorschrift des § 20 StGB anstelle von § 35 StGB Anwendung, wenn die Entscheidungsfreiheit oder der Wille des Täters im Einzelfall erheblich beeinträchtigt wird.[229]

Roxin kritisiert die Erklärungen von *Bernsmann*, da sie nicht mit der Realität übereinstimmt.[230] Er begründet seinen Einwand damit, dass das Vorhandensein der Ausnahmeregelung (§ 35 StGB), insbesondere die Gefahrverursachung durch den Täter bzw. die Pflicht des Täters zur Gefahrhinnahme, rechtlich nicht hinreichend geklärt sei und dieses Defizit einen Schwachpunkt dieser Theorie ausmache. Das Recht auf Leben des Eingriffsadressaten werde ferner unter keiner rechtlichen Sicherheit erbracht. Ein anderer Einwand gegen *Bernsmann* lautet, dass dieser Ansatz nicht in der Lage sei, um den entschuldigenden Notstand zu begründen, wenn in einem Notstandsfall keine Todesgefahr vorliegt, sondern von anderen, weniger wertvollen Rechtsgütern die Rede ist.

---

227 *Neumann*, in NK-StGB, § 35 Rn. 6.

228 *Bernsmann*, Entschuldigung durch Notstand, S. 309 ff.

229 *Roxin/Greco*, Strafrecht Allgemeiner Teil, § 22 Rn. 14.

230 *Roxin/Greco*, Strafrecht Allgemeiner Teil, § 22 Rn. 14.

Leite zieht den entschuldigenden Notstand unter einem anderen, bemerkenswerten Gesichtspunkt in Erwägung.[231] Er geht in diesem Sinne von einem ‚strafbezogenen Schuldbegriff‘[232] aus, wonach die Schuld als planmäßige Vermeidbarkeit von Strafe festgelegt wird.[233] Danach gäbe es in einer Notstandslage eine Kollision zwischen den Rechten, nämlich Leben, Leib und Freiheit sowie der Strafdrohung des Staates. In diesem Fall könne der Täter nicht auf seine angeborenen Rechte verzichten, denn ein entscheidender Punkt bei dieser Sache sei, dass er diese entweder im Falle einer Notstandslage oder nachfolgend durch die Strafe des Staates verlieren würde. Allerdings könne der Täter in diesem Moment nicht mit drohenden staatlichen Sanktionen rechnen. Deshalb kann er hier der Strafe nicht entgehen sowie auf seine angeborenen Rechte nicht verzichten und handelt infolgedessen ohne Schuld.[234] *Roxin* hält diese Ansicht für eine zutreffende Erklärung.[235]

Allerdings ist dieser strafbezogene Schuldbegriff, auf den sich *Leite* stützt, nicht völlig zutreffend. Denn die Schuld ist bei einer rechtlichen Bewertung entweder als eine planmäßige Vermeidbarkeit von Strafe oder eine Selbstbestrafung des Täters nicht zu erklären, insbesondere wenn es um die Schuldunfähigkeit geht. Da die Schuld somit einen Oberbegriff bildet, ist die herrschende Annahme, welche die Schuldunfähigkeit und den Entschuldigungsgrund voneinander getrennt betrachtet und unabhängig von der Schuld begründet, in rechtlicher Hinsicht nicht vertretbar.

Pawlik, der eine sehr umfassende Arbeit[236] zur Begründung des entschuldigenden Notstands verfasst hat, behauptet, dass die bisher vorgelegten Theorien über die Handlung des Täters im Rahmen des entschuldigenden Notstands einleuchtend seien.[237] Unter entschuldigendem Notstand ist jedoch eine erhebliche Erschwerung der Motivierung zu normgemäßen Verhalten zu sehen sowie beruht dieses Verhalten nicht auf psychischem Zwang, sondern auf der Obliegenheit zur Selbstmotivierung. *Pawlik* hat zwar dieses Thema aus einem anderen

---

231 *Roxin/Greco*, Strafrecht Allgemeiner Teil, § 22 Rn. 14c.

232 Siehe über diese Schuldsbegriff *Roxin/Greco*, Strafrecht Allgemeiner Teil, § 19 Rn. 35j f.

233 *Leite*, Notstand und Strafe, S. 183 f.

234 *Leite*, Notstand und Strafe, S. 130 f. und 219 ff.

235 Siehe dazu *Roxin/Greco*, Strafrecht Allgemeiner Teil, § 22 Rn. 14 c; „Dieser bedenkenswerte Ansatz versteht sich nicht als Alternative, sondern als Verfeinerung der hier vertretenen Überlegungen. Auch er kommt ohne präventive Überlegungen nicht aus, sondern ist lediglich bemüht, den echten schuldbezogenen Kern des § 35 StGB etwas nachdrücklicher zu betonen.“

236 Siehe dazu *Pawlik*, JRE 2003, 287-315.

237 *Pawlik*, JRE 2003, 287 (299).

Blickwinkel betrachtet,[238] konnte aber dennoch keine überzeugenden Beweise für den Verlust der Eingriffsadressaten erbringen.

Nach *Pawlik* ist die Auffassung von *Hegel* unzutreffend, wonach sich die Person durch seine eigene Eigenschaft und den Wille als Subjekt von anderen unterscheidet;[239] denn jeder sei in den Augen des Gesetzes gleich. Demnach müsse ein Mitbürger nicht als ein Objekt, sondern als ein Subjekt angesehen werden. Die Annahme einer Person als Subjekt werde alle Interessen, die von Bedeutung sind, im Sinne der Freiheitstheorie rechtmäßig wahren. In einer Notstandslage soll die Bedeutung des bedrohten Rechtsguts für die betroffene Person nicht anhand eines durchschnittlichen Mitbürgers bewertet werden.

In Anbetracht der oben genannten Erklärungen kann zu dem Schluss gelangt werden, dass zwar das Interesse vom Eingriffsadressaten wichtig ist, jedoch bestimmte Gegeninteressen des Täters entscheidende Bedeutung erlangen. In diesem Zusammenhang lässt sich daher die Frage stellen, welchen Interessen der Parteien Vorrang eingeräumt werden sollte – stets unter Berücksichtigung der Persönlichkeit, wenn im Notstand widerstreitende Interessen vorliegen.[240] Eine Berufung auf den entschuldigenden Notstand kommt somit nicht in Betracht, wenn die Beeinträchtigung der entsprechenden Interessen des Opfers die Entlastung, die sich der Täter durch den Eingriff verschafft, erheblich überwiegt.[241]

In Hinblick auf diesen Ansatz wird die Ansicht vertreten, dass eine Bewertung zugunsten der gefährdeten Partei vorgenommen werden soll, wobei insbesondere vom Verlust der gleichwertigen Rechtsgüter die Rede ist.[242] Dies ist aber für die Entschuldigung des Täters nicht überzeugend, da die Grundfrage in Bezug auf den entschuldigenden Notstand ist, wie der Verlust vom Eingriffsadressaten legitimiert werden soll. Wenngleich diese Ansicht eine schlüssige Begründung für den Verlust des Eingriffsadressaten vorbringt, bietet sie in rechtlicher Hinsicht dennoch keine zufriedenstellende Begründung für die Entschuldigung des Täters.

4. Zusammenfassung und Bewertung

In diesem Abschnitt erfolgt eine Erörterung der vorherigen Begründungsversuche, wobei zunächst die Ansichten und Begründungen in Bezug auf den rechtfertigenden Notstand und dann jene für den entschuldigenden Notstand bewertet

---

238 *Roxin/Greco*, Strafrecht Allgemeiner Teil, § 22 Rn. 14b.
239 *Pawlik*, JRE 2003, 287 (300 f.).
240 *Pawlik*, JRE 2003, 287 (302).
241 *Pawlik*, JRE 2003, 287 (304).
242 *Sánchez*, JRE 2005, 681 (687 f.).

werden; anschließend wird hier auch die vertretene Auffassung zur Begründung des Notstands dargelegt.

Bei der Begründung des Notstands ist die Ansicht unzutreffend, welche den Notstand als bloßen Rechtfertigungsgrund darstellt, weil eine in einer Notstandslage vom Täter ausgeführte Handlung niemals für alle objektiv akzeptabel sein kann. Weiterhin ist es nicht gerechtfertigt zu argumentieren, dass der Täter im Handeln das Rechtsgut anderer verletzt, um sein eigenes geringeres oder gleichwertiges Rechtsgut zu schützen. Auch *Hippel* stimmt dieser Meinung in seiner Begründung zu.[243] Die Begründung von *Gimbernat*, dass der Notstand nicht im Sinne des materiellen Rechts, sondern des Sanktionsrechts behandelt werden sollte,[244] wird zu Recht von *Küper* kritisiert, da dies nicht mit der Rechtssystematik vereinbar ist.[245]

Die Ansicht, nach der der Notstand bloß als ein Entschuldigungsgrund zu sehen ist, bringt wiederum keine ausreichenden Argumente dafür vor, weshalb sie heute im Schrifttum nicht herrschend ist. Denn das Gesetz sollte einige Handlungen unter bestimmten Voraussetzungen jedenfalls als rechtmäßig ansehen. Die Flexibilität der Rechtsordnung wird etwa dann geschützt, indem in Ausnahmefällen eine Durchbrechung von Strafrechtsnormen ermöglicht wird. Dies stärkt das Vertrauen der Bevölkerung in die Rechtsordnung, die nicht starr, sondern situationsabhängig reagieren kann. Die gesetzliche Regelung wird demnach als notwendig erachtet, um Unsicherheit zu vermeiden und die Balance zwischen individueller Freiheit und dem Schutz von Rechtsgütern zu wahren.

Zusammenfassend kann somit festgestellt werden, dass die Differenzierungstheorie, nach der eine Unterscheidung zwischen rechtfertigendem und entschuldigendem Notstand nach den Umständen des Einzelfalls vorgenommen wird, zur Erklärung des Notstands zutreffender ist. Wird daher der Einheitstheorie gefolgt, die nur eine einzige Form des Notstands akzeptiert, ergibt sich diesbezüglich eine unvollständige Begründung.

Im Rahmen des rechtfertigenden Notstands wird eine Kombination aus Zweck- und Kollisionstheorie, insbesondere der Interessenabwägungstheorie,[246] vertreten.

---

[243] Siehe dazu bereits oben: B. II. 1. b.

[244] Siehe dazu bereits oben: B. II. 1. b.

[245] Siehe dazu bereits oben: B. II. 1. b.

[246] Das rechtliche Interesse als Abwägungselement zu verwenden, ist für den rechtfertigenden Notstand zutreffender. Denn das rechtliche Interesse könnte als eine Erscheinungsform eines Rechtsguts an der Person beschrieben werden. Damit spielen die Bedeutung und Relevanz dieses rechtlichen Werts (hier gemeint das ‚rechtliche Interesse') bei der Abwägung für die Person eine wichtige Rolle; näher *Pawlik*, Der rechtfertigende Notstand, S. 130; *Roxin/Greco*, Strafrecht Allgemeiner Teil, § 16 Rn. 1.

Gemäß dieser Ansicht sollte das erste entscheidende Merkmal sein, dass die Notstandshandlung des Täters im Einzelfall ein angemessenes Mittel zur Rettung eines rechtlich anerkannten Rechtsguts darstellt. Nach Erfüllung dieser Voraussetzung muss jedoch bei der Abwägung der betroffenen Interessen beachtet werden, dass das durch die Handlung geschützte Rechtsgut wesentlich das verletzte Rechtsgut überwiegt.

Die Kollisionstheorie ermöglicht damit im Einzelfall im Unterschied zur Zwecktheorie eine klarere und objektivere Sicht, da die Bewertung grundsätzlich schwierig ist, ob der Zweck der Notstandshandlung legitimiert wird und das beschädigte Rechtsgut tatsächlich ein notwendiges Mittel zur Rettung eines geschützten Rechtsguts darstellt.

Der solidarische Ansatz zur Legitimation des rechtfertigenden Notstands wird in Bezug auf die eigene Strukturierung von verschiedenen Meinungen geprägt. Obwohl alle diese solidarischen Ansätze im Grunde ähnliche Argumente anführen, ist jene von *Engländer*[247] entwickelte Ansicht, die sich auf die Sozialvertragslehre von *Hobbes* stützt, im rechtlichen Sinne zutreffender. Demnach werden als Ergebnis des Lebens in der Gesellschaft einige Rechte erworben sowie muss die Verletzung bestimmter Rechte zugunsten der Gesellschaft geduldet werden. Es muss jedoch nachdrücklich unterstrichen werden, dass es sich hierbei nur um bestimmte Rechte handelt. Denn wie *Greco*[248] behauptet, gilt dies nicht für alle Rechte, sondern nur für jene, die nicht angeboren sind.

Der utilitaristische Ansatz bringt zwar plausible Begründungen zum rechtfertigenden Notstand vor, konnte jedoch trotzdem nicht überzeugend erklären, weshalb die Freiheitssphäre eines unbeteiligten Dritten beschränkt wird und welche Güter tatsächlich sozial nützlich sind. Deswegen bietet der Begriff der sozialen Nützlichkeit möglicherweise keine überzeugende Begründung. Ebenso ermöglicht dieser Ansatz die potenzielle, problematische Schlussfolgerung, dass die Tötung eines älteren Menschen zur Rettung eines jungen Lebens gerechtfertigt erscheint.

Auf der Seite des entschuldigenden Notstands werden die psychologischen und normativen Theorien in Betracht gezogen. Nach ersteren kann der Täter in einer Notstandslage nicht rechtmäßig handeln, weil er aufgrund von Angst unter seelischem Druck steht. Deshalb könnte eine Person in einem Fall, in dem sie Angst hat, nicht objektiv und logisch denken und darauf reagieren.

Diese Theorie reicht jedoch allein nicht aus, um den entschuldigenden Notstand völlig zu begründen. Denn jemand, der unter seelischem Druck handelt, kann

[247] Siehe dazu bereits oben: B. II. 2. ii.

[248] Siehe dazu bereits oben: B. II. 2. ii.

nicht unter dem entschuldigenden Notstand allein exkulpiert werden, da es stets erforderlich ist, dass dem Täter kein normgemäßes Handeln zugemutet werden kann.

Wenngleich diese Theorie allein nicht ausreichend erscheint, um den entschuldigenden Notstand lückenlos zu begründen, spielt sie jedoch eine entscheidende Rolle. Andere Faktoren und Theorien, insbesondere normative Theorien, müssen daher ebenfalls berücksichtigt werden, um eine umfassende Begründung für den entschuldigenden Notstand zu ermöglichen.

Ein anderer Ansatz ‚doppelte Schuldminderung' erklärt den entschuldigenden Notstand aus einer Kombination von zwei Faktoren. Der erste Faktor ist, dass der Täter in einer Notstandslage unter einem enormen seelischen Zwang steht, wie dies bereits in den psychologischen Theorien erwähnt wurde. Der zweite ist die Unrechtsminderung, zu der die objektiv gegebene Notstandslage führt. Wie bereits betont wird, reicht die psychologische Theorie allein jedoch nicht aus, um den entschuldigenden Notstand vollständig zu erklären. Der zweite Faktor dieser Idee, nach dem sich der Gehalt des Unrechts mindern sollte, könnte allerdings den entschuldigenden Notstand auch nicht überzeugend erklären. Denn die Unrechtsminderung wird als Maßstab für den Notstand vom Gesetz nicht verlangt; sie ist vielmehr kein fester Bestandteil des entschuldigenden Notstands, da in den Entschuldigungsgründen insbesondere untersucht wird, warum der Täter rechtswidrig gehandelt hat.

Ein anderer Begründungsversuch, wonach die Gehorsamspflicht eines Bürgers in einer Notstandslage vorübergehend aufgehoben werden soll, ist ebenfalls nicht zielführend, weil der Staat niemals dem Bürger eine Befugnis zur Verhängung einer Sanktion einräumt. Im Rahmen des entschuldigenden Notstands handelt daher der Täter immer noch rechtswidrig; abgesehen davon wird er jedoch dafür nicht unter Strafe gestellt. Wenn es daher um eine solche Befugnis geht, hätte diese Handlung nicht im Rahmen der Schuld geprüft werden sollen, sondern im Rahmen der Rechtswidrigkeit. Ebenso sind die Grenzen dieser betroffenen Befugnis nicht eindeutig festzustellen, d. h. inwiefern diese von Bürgern tatsächlich ausgeübt wird.

Die Ansicht, nach der der entschuldigende Notstand auf der Grundlage von Unzumutbarkeitsklauseln erklärt wird, ist zwar teilweise vernünftig, allerdings für die Begründung des entschuldigenden Notstands nicht ausreichend. Denn wenn diese Klausel mit der psychologischen Theorie kombiniert würde, könnte eine überzeugende Begründung erbracht werden, weil es keinen Sinn ergibt, ein solches Verhalten zu bestrafen, das dem Täter persönlich nicht zugemutet werden kann.

Eine andere Ansicht, nach der der entschuldigende Notstand auf der Basis von Gesinnungswerten erklärt wird, lässt sich zwar mit der Kriminal- und

Strafrechtspolitik in Einklang bringen; allerdings ist das Kriterium ‚Gesinnungswert', welches sich konkret auf die Absicht des Täters stützt, nicht im positiven Recht erfasst worden. Darüber hinaus ist die rechtliche Bewertung über den Gesinnungswert des Täters in einigen Fällen auszudehnen, was unrechtmäßig zur Strafbefreiung des Täters führen kann. In diesem Zusammenhang wird daher, wie *Gallas* behauptet,[249] kein konkreter Maßstab angelegt, wenn eine durchschnittliche Person auch in einer Notstandslage ähnlich wie der Notstandstäter gehandelt hätte.

Eine andere Ansicht, nach der der entschuldigende Notstand auf der Basis eines Mangels des Präventionsbedürfnisses erklärt wird, bringt eine grundsätzlich plausible Begründung vor. In Bezug auf den Zweck der vorgesehenen Strafe kann festgehalten werden, dass ein potenzieller Täter meist schon vor der Tat abgeschreckt wird und dieser Zweck primär der Sicherung und der Resozialisierung des einzelnen Straftäters dient. Deswegen macht es auch keinen Sinn, einen Täter zu bestrafen, der in einer Notstandslage gehandelt hat. Allerdings muss hier beachtet werden, dass es sich nicht um alle Rechte, sondern nur um angeborene Rechte handelt. Zudem ermöglicht diese Ansicht, wie auch *Jakobs* vertritt,[250] dann eine bessere Begründung, wenn der Täter die Notstandslage nicht selbst verursacht hat oder die entstandene Gefahr einem Dritten vorgeworfen werden kann. Auf diese Weise können die Ausnahmeregelungen des § 35 StGB überzeugend erklärt werden. Darüber hinaus hat es jedoch keine Bedeutung, eine Unterscheidung von den Präventionszielen als speziell bzw. generell zu treffen, da die Verhängung einer Strafe, wenn ein Merkmal von beiden in der Tat fehlt, nicht dem Zweck der Bestrafung dient.

Die Idee von *Neumann,*[251] nach der sich der entschuldigende Notstand auf das Solidaritätsprinzip stützt, sollte nicht im Rahmen des entschuldigenden Notstands, sondern im Rahmen des rechtfertigenden Notstands bewertet werden. In einer Notstandssituation, insbesondere wenn es um das Leben geht, ist daher nicht zu erwarten, dass der Angegriffene einen solchen Angriff auf seine angeborenen Rechte duldet, indem er sein eigenes Leben opfert.

Die Idee von *Bernsmann,*[252] nach der der entschuldigende Notstand anstatt strafrechtlicher Gründe mit politischen und philosophischen Gründen erklärt wird, ist in seiner internen Struktur zwar plausibel, erfüllt jedoch nicht die Voraussetzungen des materiellen Strafrechts. Unter diesem Gesichtspunkt ist die Vorschrift des § 35 StGB funktionslos, sodass die Vorschrift des § 20 StGB weiterhin gilt.

---

[249] Siehe dazu bereits oben Fn. 490.
[250] Siehe dazu bereits oben Fn. 496.
[251] Siehe dazu bereits oben Fn. 507.
[252] Siehe dazu bereits oben Fn. 508.

Die Idee von *Leite,*[253] nach der sich der entschuldigende Notstand auf den strafbezogenen Schuldbegriff stützt, ist zum Teil zutreffend. Denn in einer Notstandslage müsse jeder für sich eine Entscheidung treffen: Die betroffene Person verliert nämlich ihr Recht entweder während des Notstands oder danach durch die Bestrafung des Staats. Infolgedessen ergibt es schon Sinn, dass der Täter sein gegenwärtiges, gefährdetes und vermutlich höherwertiges Recht schützt. Gegen den sogenannten strafbezogenen Schuldbegriff, auf den sich diese Theorie stützt, lässt sich jedoch auch einiges einwenden. Der strafbezogene Schuldbegriff im Strafrechtssystem konzentriert sich zu stark auf die Vergeltung, während er die Wiederherstellung von Gerechtigkeit und Rehabilitation des Täters vernachlässigt. Diese Sichtweise geht davon aus, dass Menschen vollständig für ihr Handeln verantwortlich sind, ohne die Einflüsse sozialer, psychologischer und ökonomischer Faktoren angemessen zu berücksichtigen.[254]

Pawlik[255] versucht den entschuldigenden Notstand aus Sicht der Geschädigten zu erklären und behauptet, dass eine Abwägung zwischen Interessen unter Berücksichtigung ihrer Bedeutung für die Parteien vorgenommen werden soll, wie bei der Interessenabwägung im rechtfertigenden Notstand. Er geht zudem davon aus, dass es notwendig sei, Menschen nicht als ein Objekt, sondern als ein individuelles Subjekt zu betrachten. Die Idee von *Pawlik,* die den entschuldigenden Notstand aus der Perspektive der Geschädigten erklärt, gewinnt damit an Bedeutung. Jedoch liefert sein Ansatz keine Begründung, sondern vielmehr eine Methode, wie eine Bewertung des Notstandsfalls durchgeführt werden kann.

Zusammenfassend lässt sich konstatieren, dass die vorliegende Analyse der Begründung des Notstands zu dem Schluss führt, dass die Differenzierungstheorie, welche eine Unterscheidung zwischen rechtfertigendem und entschuldigendem Notstand je nach den Umständen des Einzelfalls vornimmt, eine zutreffendere Erklärung für das Phänomen des Notstands liefert. Die Einheitstheorie, die lediglich eine einzige Form des Notstands akzeptiert, wird demnach als unvollständig und nicht ausreichend begründet angesehen.

Im Kontext des rechtfertigenden Notstands wird die Kombination der Zweck- und Kollisionstheorie, insbesondere die Interessenabwägungstheorie, als entscheidend erachtet. Hierbei spielt vor allem die Solidarität nach dem Modell von *Engländer*, gestützt auf die Sozialvertragslehre von *Hobbes*, eine entscheidende Rolle. Im Gegensatz dazu erweist sich der utilitaristische Ansatz als weniger überzeugend, da er Schwierigkeiten bei der Erklärung der Beschränkung der

---

253 Siehe dazu bereits oben Fn. 511.

254 Siehe dazu ein Überblick zum strafbezogenen Schuldbegriff, *Roxin/Greco*, Strafrecht Allgemeiner Teil, § 19 Rn. 35j ff.

255 Siehe dazu bereits oben Fn. 519.

Freiheitssphäre unbeteiligter Dritter und bei der Bestimmung, welche Güter tatsächlich sozial nützlich sind, aufweist.

Für den entschuldigenden Notstand sind vor allem psychologische und präventive Theorien von Bedeutung, wobei hier die Unzumutbarkeitsklausel eine relevante Rolle spielt. Die Idee der ‚doppelten Schuldminderung' aufgrund von psychischem Druck und Unrechtsminderung wird hingegen als nicht hinreichend überzeugend betrachtet. Andere Ansätze wie die Berücksichtigung der Geschädigtenperspektive, die auf *Pawliks* Ansatz basiert, bieten zwar eine wichtige methodische Herangehensweise, liefern jedoch keine umfassende Begründung. In diesem Sinne bietet die Ansicht, nach der der entschuldigende Notstand auf der Basis des Mangels des Präventionsbedürfnisses erklärt wird und sich auf die Idee von *Leite* stützt, welche besagt, dass dieser auf dem strafbezogenen Schuldbegriff basiert, offenbar eine vernünftige Begründung für den entschuldigenden Notstand.

C. Notstand im deutschen Recht

I. Historische Entwicklung der Notstandsregelungen

In Hinblick auf die historische Entwicklung der Notstandsregelungen im deutschen Strafrecht traten die förmlichen, notstandsähnlichen Vorschriften erst gegen Ende des 18. Jahrhunderts in Erscheinung.[1] Demnach wurden die Vorschriften über den Notstand erst im Jahr 1871 in den §§ 52, 54 StGB a. F. geregelt,[2] die bereits der Vorschrift des entschuldigenden Notstands (§ 35 StGB) der Gegenwart ähnelten.[3] Im RStGB von 1871 fand sich im Bereich der Beleidigungsdelikte die Begründung aus § 193 StGB, den die h. M. als einen Fall der Güter- und Interessenabwägung ansieht. Dieser Maßstab liegt daher im Hinblick auf die vorzunehmende Bewertung bereits in der Nähe des rechtfertigenden Notstands.[4]

Daraufhin wurden zwei weitere Arten des Notstands, nämlich der aggressive und der defensive Notstand in den §§ 228, 904 BGB normiert, die im Jahr 1900 in Kraft getreten sind.[5] Die im BGB vorliegenden Vorschriften des Notstands wurden damit als ein Rechtfertigungsgrund vorgeschrieben und wichen von der Einheitlichkeitslehre ab. Hingegen war die im alten StGB bestehende Vorschrift des Notstands als ein Entschuldigungsgrund anzunehmen.[6]

Die gesetzlichen Vorschriften des Notstands in den §§ 228, 904 BGB sind jedoch nicht als ein präziser Rechtfertigungsgrund anzunehmen, weil sie nur einen beschränkten Sachbereich des Notstands zum Inhalt haben.[7] Die Idee des übergesetzlichen Notstands, die sich auf die Interessenabwägung für soziale

---

1 *Küper*, Art. Notstand I (strafrechtlich), S. 1064 (1068 f.).

2 § 52 StGB a. F. lautet: *Eine strafbare Handlung ist nicht vorhanden, wenn der Thäter durch unwiderstehliche Gewalt oder durch eine Drohung, welche mit einer gegenwärtigen, auf andere Weise nicht abwendbaren Gefahr für Leib oder Leben seiner selbst oder eines Angehörigen verbunden war, zu der Handlung genöthigt worden ist. Als Angehörige im Sinne dieses Strafgesetzes sind anzusehen Verwandte und Verschwägerte auf- und absteigender Linie, Adoptiv- und Pflege-Eltern und -Kinder, Ehegatten, Geschwister und deren Ehegatten, und Verlobte.* § 54 StGB a. F. lautet: *Eine strafbare Handlung ist nicht vorhanden, wenn die Handlung außer dem Falle der Nothwehr in einem unverschuldeten, auf andere Weise nicht zu beseitigenden Nothstande zur Rettung aus einer gegenwärtigen Gefahr für Leib oder Leben des Thäters oder eines Angehörigen begangen worden ist.*

3 Vgl. *Allfeld*, Lehrbuch des deutschen Strafrechts, S. 187 ff..

4 *Eisele/Schittenhelm*, in SSK-StGB, § 193 Rn. 1 und 8.

5 *Zieschang,* in LK-StGB, S. 685.

6 *Roxin/Greco*, Strafrecht Allgemeiner Teil, § 16 Rn. 1.

7 *Roxin/Greco*, Strafrecht Allgemeiner Teil, § 16 Rn. 2.

Nützlichkeit stützt, hat in der Lehre erst dadurch Eingang gefunden, dass bei einer unausweichlichen Kollision widerstreitender Interessen die Handlung des Täters für rechtmäßig gehalten wird, wenn der Täter das höherwertige Interesse dem geringwertigen vorzieht.[8] Danach werden die wissenschaftlichen Entwicklungen und die Rechtsprechung über den Notstand manchmal im Rahmen des übergesetzlichen Notstands behandelt, weil die Notstandsvorschriften in den Gesetzen noch lückenhaft waren.[9]

Zum ersten Mal wurde im Jahr 1927 die durch die Lehre entwickelte Differenzierungstheorie, nach der die Klassifizierung des Notstands erfolgte, vom BGH angenommen.[10] Auf diese Weise wurde die rechtliche Einstufung des Notstands realisiert, die bis zu diesem Zeitpunkt nicht im Gesetz vorhanden war. Im Lichte dieser grundlegenden Entscheidung wurde der rechtfertigende Notstand bis zum Inkrafttreten des neuen § 34 StGB im Jahr 1975 behandelt.[11] Danach wird 1928 der Ausdruck ‚übergesetzlicher Notstand' erstmals in einem anderen Urteil vom BGH als rechtlicher Terminus verwendet.[12] Im Jahr 1975 wurde der rechtfertigende Notstand auf der Grundlage der Güterabwägungstheorie in § 34 StGB förmlich definiert.[13] Danach wurde ein kombinierter Aufbau vom Gesetzgeber erstellt, indem die Angemessenheitsklausel, die auf die Zwecktheorie zurückgeht, an die Merkmale des rechtfertigenden Notstands angefügt wurde.[14]

Schließlich finden sich die materiell-rechtlichen Regelungen zum Notstand im Zivilrecht als aggressiver und defensiver Notstand in den §§ 228, 904 BGB. Im Strafrecht wird der Notstand als ein Rechtfertigungsgrund in § 34 StGB und als ein Entschuldigungsgrund in § 35 StGB vorgeschrieben, wobei die Differenzierungstheorien übernommen wurden.

---

8 *Roxin/Greco*, Strafrecht Allgemeiner Teil, § 16 Rn. 3.

9 *Zieschang*, JA 2007, 679 (685).

10 RGSt 61, 242–258; auch *Roxin/Greco*, Strafrecht Allgemeiner Teil, § 16 Rn. 4; dieses Urteil handelt von der sogenannten medizinischen Indikation, wonach ein Schwangerschaftsabbruch von der Rechtsordnung gebilligt wird, weil diese von der Schwangeren nicht verlangt, ihr Leben zugunsten ihres werdenden Kindes aufzuopfern.

11 *Tsilimpari*, Die Regelung des Notstands im deutschen und im englischen Recht, S. 40 f.

12 RGSt 62, 35 (46 f.).

13 *Zieschang*, Die deutsche Strafrechtsentwicklung zwischen 1945 und 1975 am Beispiel der Vorschriften über den Notstand, S. 173 (181 f.).

14 *Roxin/Greco*, Strafrecht Allgemeiner Teil, § 16 Rn. 7.

II. Überblick über die aktuellen Vorschriften des Notstands

1. Allgemeine Bemerkungen

Der Notstand wird im deutschen Recht in unterschiedlichen Gesetzestexten auf verschiedene Arten geregelt. Der allgemeine, rechtfertigende Notstand wird in § 34 StGB normiert.[15] Daneben existieren zwei zivilrechtliche Notstandsformen, der aggressive und der defensive Notstand der §§ 904, 228 BGB,[16] die bei der Prüfung gegenüber einer abweichenden Regelung des § 34 StGB Vorrang haben.[17] Darüber hinaus liegt eine ähnliche Regelung in § 16 OWiG vor.[18] § 16 OWiG entspricht dabei § 34 StGB, ist jedoch aufgrund der rechtlichen Einordnung nicht auf Straftaten, sondern auf begangene Ordnungswidrigkeiten gerichtet. Eine

---

[15] Die Vorschrift des allgemeinen rechtfertigenden Notstands in § 34 StGB lautet: *Wer in einer gegenwärtigen, nicht anders abwendbaren Gefahr für Leben, Leib, Freiheit, Ehre, Eigentum oder ein anderes Rechtsgut eine Tat begeht, um die Gefahr von sich oder einem anderen abzuwenden, handelt nicht rechtswidrig, wenn bei Abwägung der widerstreitenden Interessen, namentlich der betroffenen Rechtsgüter und des Grades der ihnen drohenden Gefahren, das geschützte Interesse das beeinträchtigte wesentlich überwiegt. Dies gilt jedoch nur, soweit die Tat ein angemessenes Mittel ist, die Gefahr abzuwenden.*

[16] Die Vorschrift des defensiven Notstands in § 228 BGB lautet: *Wer eine fremde Sache beschädigt oder zerstört, um eine durch sie drohende Gefahr von sich oder einem anderen abzuwenden, handelt nicht widerrechtlich, wenn die Beschädigung oder die Zerstörung zur Abwendung der Gefahr erforderlich ist und der Schaden nicht außer Verhältnis zu der Gefahr steht. Hat der Handelnde die Gefahr verschuldet, so ist er zum Schadensersatz verpflichtet;* der Wortlaut des aggressiven Notstands in § 904 BGB lautet: *Der Eigentümer einer Sache ist nicht berechtigt, die Einwirkung eines anderen auf die Sache zu verbieten, wenn die Einwirkung zur Abwendung einer gegenwärtigen Gefahr notwendig und der drohende Schaden gegenüber dem aus der Einwirkung dem Eigentümer entstehenden Schaden unverhältnismäßig groß ist. Der Eigentümer kann Ersatz des ihm entstehenden Schadens verlangen.*

[17] *Kaspar*, Strafrecht Allgemeiner Teil, § 5 Rn. 239; *Rengier*, Strafrecht Allgemeiner Teil, § 19 Rn. 3; ähnlich *Kindhäuser/Zimmermann*, Strafrecht Allgemeiner Teil, § 17 Rn. 12.

[18] Die Vorschrift des rechtfertigenden Notstands in § 16 OWiG lautet: *Wer in einer gegenwärtigen, nicht anders abwendbaren Gefahr für Leben, Leib, Freiheit, Ehre, Eigentum oder ein anderes Rechtsgut eine Handlung begeht, um die Gefahr von sich oder einem anderen abzuwenden, handelt nicht rechtswidrig, wenn bei Abwägung der widerstreitenden Interessen, namentlich der betroffenen Rechtsgüter und des Grades der ihnen drohenden Gefahren, das geschützte Interesse das beeinträchtigte wesentlich überwiegt. Dies gilt jedoch nur, soweit die Handlung ein angemessenes Mittel ist, die Gefahr abzuwenden.*

solche Handlung kann nicht als rechtswidrig angesehen werden, wenn sie durch einen bestehenden Notstand gerechtfertigt ist. Andererseits wird der Notstand in § 35 StGB als ein Entschuldigungsgrund geregelt.[19]

Da in der Folge die Voraussetzungen des rechtfertigenden und entschuldigenden Notstands im StGB noch ausführlich unter die Lupe zu nehmen sind, werden diese hier nicht mehr untersucht.

Der defensive Notstand in § 228 BGB regelt den Bereich, in dem eine Person eine Sache beschädigt oder zerstört, um eine drohende Gefahr von einem anderen oder sich selbst abzuwenden. Beim defensiven Notstand droht dem Täter eine Gefahr, welche von der Sache ausgeht.[20] Der aggressive Notstand in § 904 BGB regelt den Bereich, in dem der Täter einer gegenwärtigen Gefahr durch die Verletzung des Eigentumsrechts eines Dritten entgegenwirkt. Beim aggressiven Notstand droht daher dem Täter noch eine Gefahr, die allerdings nicht unbedingt von der Sache ausgehen muss.[21] Der rechtfertigende Notstand in § 16 OWiG regelt eigentlich den Bereich ähnlich wie § 34 StGB, allerdings mit dem Unterschied, dass der Begriff „*Handlung*“ anstelle der „*Tat*“ in den Gesetzestext aufgenommen wurde.[22]

---

[19] Die Vorschrift des entschuldigenden Notstands in § 35 StGB lautet: *(1) Wer in einer gegenwärtigen, nicht anders abwendbaren Gefahr für Leben, Leib oder Freiheit eine rechtswidrige Tat begeht, um die Gefahr von sich, einem Angehörigen oder einer anderen ihm nahestehenden Person abzuwenden, handelt ohne Schuld. Dies gilt nicht, soweit dem Täter nach den Umständen, namentlich weil er die Gefahr selbst verursacht hat oder weil er in einem besonderen Rechtsverhältnis stand, zugemutet werden konnte, die Gefahr hinzunehmen; jedoch kann die Strafe nach § 49 Abs. 1 gemildert werden, wenn der Täter nicht mit Rücksicht auf ein besonderes Rechtsverhältnis die Gefahr hinzunehmen hatte. (2) Nimmt der Täter bei Begehung der Tat irrig Umstände an, welche ihn nach Absatz 1 entschuldigen würden, so wird er nur dann bestraft, wenn er den Irrtum vermeiden konnte. Die Strafe ist nach § 49 Abs. 1 zu mildern.*

[20] *Bock*, Strafrecht Allgemeiner Teil, S. 324 f.; *Gropp/Sinn,* Strafrecht Allgemeiner Teil, § 5 Rn. 242.

[21] *Freund/Rostalski*, Strafrecht Allgemeiner Teil, § 3 Rn. 82; *Kaspar*, Strafrecht Allgemeiner Teil, § 5 Rn. 267.

[22] Der Unterschied zwischen § 16 OWiG und § 34 StGB liegt in den Rechtsfolgen und der Art der Verantwortlichkeit. § 16 OWiG regelt die Ahndung von Ordnungswidrigkeiten, die keine Straftaten sind. Ordnungswidrigkeiten sind rechtswidrige Handlungen, die mit einer Geldbuße geahndet werden können. § 16 OWiG enthält allgemeine Regelungen zur Verantwortlichkeit für Ordnungswidrigkeiten, einschließlich der Voraussetzungen für die Verhängung einer Geldbuße und der Zuständigkeit der Behörden. Die genaue Höhe der Geldbuße kann in speziellen Vorschriften geregelt sein, die auf den § 16 OWiG verweisen. § 34 StGB befasst sich hingegen mit der

Bei defensivem Notstand (§ 228 BGB) muss im Unterschied zu aggressivem Notstand (§ 904 BGB) die Gefahr von der Sache ausgehen. Der Täter handelt deshalb gegen die Sache, von der die Gefahr ausgegangen ist, um diese von sich oder einem anderen abzuwehren.[23] Demgegenüber spielt es beim aggressiven Notstand keine Rolle, woher die Gefahr rührt. Der Täter verletzt hier das Eigentumsrecht einer anderen Person, um die Gefahr abwenden zu können.[24] Zusätzlich ist zu beachten, dass § 228 BGB hinsichtlich der Notstandslage den Begriff der gegenwärtigen Gefahr nicht verlangt, sondern eine drohende Gefahr ausreichen lässt.[25] Die Tatsache, dass bei defensivem Notstand die Gefahr unbedingt von einer Sache ausgehen muss und bei aggressivem Notstand das Eigentum von anderen verletzt werden muss, bildet den entscheidenden Punkt zum Verhältnis zwischen den beiden Notstandsformen.[26]

Bei der Prüfung des Verbrechensaufbaus verdrängen die zivilrechtlichen Notstände aufgrund ihres Spezialcharakters § 34 StGB.[27] Demzufolge ist hinsichtlich § 34 StGB eine eigenständige Erörterung nicht notwendig, soweit die Voraussetzungen des § 904 oder § 228 BGB gegeben sind. § 34 StGB kommt daher als allgemeine Regelung für den rechtfertigenden Notstand nur in Betracht, wenn keine speziellen Regelungen, in denen es sich um einen Eingriff in fremde Sachen handelt, vorliegen.[28]

Im Lichte der genannten Betrachtungen kann festgestellt werden, dass der Notstand im deutschen Strafrecht in den §§ 228, 904 BGB, § 16 OWiG und § 34 StGB als ein Rechtfertigungsgrund vorgesehen ist; zudem wird dieser in § 35 StGB als ein Entschuldigungsgrund geregelt. Handelt es sich um ein Verbrechen, werden zuerst die §§ 228, 904 BGB und danach § 34 StGB untersucht. Liegt hingegen kein Rechtfertigungsgrund vor, kann § 35 StGB in Betracht gezogen werden. Der rechtfertigende Notstand ist somit im Rahmen des § 16 OWiG erst dann gegeben, wenn die Tat des Täters ein Vergehen darstellt. Zudem hat der

---

Rechtfertigung eines Handelns, das ansonsten eine Straftat darstellen würde. Das bedeutet, dass eine Person unter bestimmten Voraussetzungen straffrei bleibt, wenn diese in einer Notlage handelt und dabei die Grenzen der Erforderlichkeit nicht überschreitet. § 34 StGB ist ein Rechtfertigungsgrund und kann dazu führen, dass eine strafbare Handlung als gerechtfertigt angesehen wird und keine Strafe verhängt wird.

23 *Rengier*, Strafrecht Allgemeiner Teil, § 20 Rn. 2.

24 *Kühl*, Strafrecht Allgemeiner Teil, § 9 Rn. 14.

25 *Rengier*, Strafrecht Allgemeiner Teil, § 20 Rn. 8.

26 *Freund/Rostalski*, Strafrecht Allgemeiner Teil, § 3 Rn. 83 f.

27 *Freund/Rostalski*, Strafrecht Allgemeiner Teil, § 3 Rn. 81; *Rengier*, Strafrecht Allgemeiner Teil, § 20 Rn. 8.

28 *Bock*, Strafrecht Allgemeiner Teil, S. 324.

Gesetzgeber mit § 218a Abs. 2 StGB einen Spezialfall der Notstandslage, d. h. einen besonderen Rechtsfertigungsgrund geschaffen.

2. Grundgedanke der Vorschrift des § 34 StGB

Werden die Notstandstheorie und deren Prinzipien zusammen bewertet, zeigt sich, dass die Regelung des § 34 StGB den Grundsätzen der Interessenabwägungstheorie und dem Solidaritätsprinzip nähersteht.[29] § 34 StGB umfasst demnach eine umfassende Abwägung von Interessen, bei der Faktoren wie die Quelle der Gefahr berücksichtigt werden. In der kollektivistischen Auslegung werden diese Aspekte jedoch nicht angemessen erläutert.[30]

Die individualistische Perspektive erklärt den rechtfertigenden Notstand dahingehend, dass die Autonomie, die zunächst für alle Beteiligten gleich ist, für das Opfer des Notstands eingeschränkt und für den Täter aufgrund seiner Solidaritätspflicht erweitert wird.[31] Diese differenzierte Abwägung in Notfällen steht dabei im Einklang mit dieser Annahme. Eine utilitaristische Auslegung, die am Gesamtnutzen orientiert ist, erfordert in diesem Zusammenhang sogar ein minimales Übermaß, was jedoch gemäß dem Wortlaut des § 34 StGB nicht ausreicht.[32]

3. Grundgedanke der Vorschrift des § 35 StGB

Es lässt sich festhalten, dass § 35 StGB auf der Grundlage der doppelten Schuldminderung beruht.[33] Demnach erfährt die Tat eine Verminderung des Unrechts, da der Täter nicht nur Rechtsgüter verletzt, sondern gleichzeitig einen hochrangigen Wert schützt. Die objektiven Voraussetzungen des Notstands und die Absicht, Gefahren abzuwenden, führen zu einer weiteren Verringerung des Unrechts und somit der Schuld. Die andere Grundlage dafür liegt darin, dass der Schuldvorwurf wegen der Unzumutbarkeit normgemäßen Verhaltens in eine Situation außergewöhnlicher psychischer Belastung entfällt.[34] Dieser entscheidende

---

[29] *Kindhäuser/Zimmermann,* Strafrecht Allgemeiner Teil, § 17 Rn. 10; *Rengier*, Strafrecht Allgemeiner Teil, § 19 Rn. 1; trotzdem verweist § 34 StGB auch auf die Zwecktheorie, indem der Gesetzestext den Ausdruck „*[...] soweit die Tat ein angemessenes Mittel ist [...]*“ verwendet. Ähnlich *Zieschang,* in LK-StGB, § 34 Rn. 4.

[30] *Zieschang,* in LK-StGB, § 34 Rn. 7.

[31] *Kühl*, Strafrecht Allgemeiner Teil, § 8 Rn. 9.

[32] *Engländer,* in VK-StGB, § 34 Rn. 2.

[33] *Zieschang,* in LK-StGB, § 35 Rn. 5.

[34] *Rosenau*, in SK-StGB, § 35 Rn. 1.

Gesichtspunkt führt damit zur Entschuldigung, da der verbleibende Unrechts- und Schuldgehalt unter der Grenze der Strafwürdigkeit liegt.[35]

Der Gesetzgeber akzeptiert dabei die Beschränkung der Entschuldigung auf höchstpersönliche und gewichtige Rechtsgüter, insbesondere wenn es um Leib, Leben oder Freiheit geht. Dies unterstreicht, dass die Entschuldigung auf spezifische, besonders hochrangige Güter begrenzt bleibt.[36] Gleiches gilt im Übrigen für die Einschränkung, wonach die Handlung nur den Täter oder eine ihm nahestehende Person erfassen muss. Diese Beschränkungen können somit als hinnehmbare Entscheidung des Gesetzgebers angesehen werden.

III. Voraussetzungen des Notstands

1. Vorbemerkungen

In diesem Abschnitt werden die materiellen Voraussetzungen für den Notstand gem. den § 34 und § 35 StGB erläutert, ohne die zivilrechtlichen oder andere notstandsrelevante Regelungen zu berücksichtigten. Die Erklärungen hierzu gelten für beide Notstandarten, soweit es sich um kein eigenständiges Merkmal handelt; andere notstandsrelevante Eigenschaften bzw. Merkmale werden getrennt untersucht.

2. Objektive Voraussetzungen

a. Zur Gefahr

Um eine Handlung für notstandsfähig zu halten, müssen die entsprechenden Güter des Täters unbedingt von einer Gefahr bedroht sein. Der Gefahrenbegriff wird allerdings in den unterschiedlichen gesetzlichen Normen nicht einheitlich ausgelegt.[37] Zu beachten ist daher, dass der Gefahrenbegriff, der jeweils in den einzelnen Vorschriften dargestellt wird, unterschiedliche Ausprägungen aufweisen kann. Deshalb kommt es darauf an, in welchem Umfang der Gefahrenbegriff in den einzelnen Vorschriften eingesetzt wird.[38]

Unter Gefahr ist grundsätzlich ein Zustand zu verstehen, in dem wegen tatsächlicher Umstände ein Schaden wahrscheinlich eintritt.[39] Der BGH hat den

---

[35] *Kühl*, Strafrecht Allgemeiner Teil, § 12 Rn. 3.

[36] *Zieschang,* in LK-StGB, § 35 Rn. 5.

[37] So beispielweise in den §§ 64, 69a, 315, 315b StGB, und auch im Staats- und Verwaltungsrecht (etwa Art. 13 GG, 91 GG, § 14 BPolG, § 11 BayPAG), sowie im Zivilrecht (z. B. §§ 228, 229, 270, 446, 618, 680 BGB).

[38] *Zieschang,* in LK-StGB, § 34 Rn. 57.

[39] *Freund/Rostalski*, Strafrecht Allgemeiner Teil, § 3 Rn. 55.

Gefahrenbegriff mehrmals in verschiedenen Urteilen wie folgt definiert:[40] „[…] besteht dann eine „Gefahr", wenn der Eintritt eines Schadens nahe liegt" oder „[…] der Eintritt eines Schadens müsse wahrscheinlicher sein als dessen Ausbleiben."[41] Angesicht dieser Darstellungen lässt sich festhalten, dass im Sinne des Notstands eine Gefahr vorliegt, wenn ein gezieltes, berechenbares Eingreifen in der Tat noch wahrscheinlich ist und ohne dieses Eingreifen ein Schaden eintreten würde.[42]

Auch wenn die notstandsfähige Gefahr mit dem Gefahrenbegriff bei konkreten Gefährdungsdelikten ähnlich erscheinen mag, sind die beiden Formen tatsächlich nicht gleichzusetzen.[43] Beim konkreten Gefährdungsdelikt geht es um eine unbeherrschbare Gefahr, in der es nur noch vom Zufall abhängt, ob der Schaden eintritt oder nicht. Beim Notstand handelt es sich hingegen um eine Gefahr, in der der Täter die Sachlage im Rahmen einer Gefahrenabwehr noch beherrscht. Anders ausgedrückt hängt es im Notstand nicht vom Zufall ab, dass es zu einem Schadenseintritt bei dem betroffenen Rechtsgutsobjekt kommt.

Bei rechtfertigendem Notstand spielt es keine Rolle, woher die Gefahr stammt.[44] In einer Notstandslage kann daher die Gefahr von Menschen, Sachen, Tieren oder auch anderen Naturereignissen ausgehen.[45] Der ausschlaggebende Punkt dafür ist, dass die Gefahr tatsächlich existiert und deren Ursprung unerheblich ist. Bei entschuldigendem Notstand spielt es wiederum eine Rolle, dass der Täter die entsprechende Gefahr selbst verursacht oder in einem besonderen Rechtsverhältnis steht, die Gefahr hinzunehmen.[46]

Bisher herrscht noch keine Einigkeit darüber, welcher Grad der Gefahr sich tatsächlich fordern lässt. Deswegen werden in Rechtsprechung und Schrifttum

---

40 BGHSt 18, 271 (272); 61, 202 (205).

41 Zu anderen und einem deutlichen Gefahrenbegriff siehe RGSt 10, 173, (176): „Danach genügt zur Annahme einer Gefahr nicht die bloße, vielleicht noch so entfernte Möglichkeit, daß in Folge einer Handlung ein Schade eintrete. Hätte der Gesetzgeber die bloße Möglichkeit eines Schadens für ausreichend erachtet, so hätte er in § 316 Abs. 2 des StrGB von dem Begriffsmerkmale der Gefahr absehen können; denn es läßt sich kaum eine Pflichtvernachlässigung der dort bezeichneten Beamten denken, welche bei der Leitung von Eisenbahnfahrten oder bei der Aufsicht über die Bahn und den Beförderungsbetrieb vorkommt und nicht in abstracto die Möglichkeit eines Schadens mit sich bringt."

42 Ähnlich *Zieschang,* in LK-StGB, § 34 Rn. 58.

43 *Zieschang*, JA 2007, 679 (681).

44 *Engländer*, in VK-StGB, § 34 Rn. 13.

45 *Freund/Rostalski*, Strafrecht Allgemeiner Teil, § 3 Rn. 58.

46 Siehe zu ausführlichen Angaben über dieses Merkmal unten C. III. 2. c. iii.

unterschiedliche Darstellungen zum Grad des Schadenseintritts vorgebracht.[47] Teilweise wird verlangt, dass der Schadenseintritt sicher oder höchstwahrscheinlich ist. Andere gehen hingegen lediglich davon aus, dass dieser nicht ganz unwahrscheinlich sein darf, oder der Eintritt wahrscheinlicher als dessen Ausbleiben sein müsse. Auch wird die Ansicht vertreten, dass der bestimmte Wahrscheinlichkeitsgrad ganz abzulehnen ist. Infolgedessen kann im Hinblick auf den Grad der Wahrscheinlichkeit angenommen werden, dass das Auftreten von Schäden wahrscheinlich ist. Andererseits verlangt das Gesetz jedoch keinen hohen oder bestimmten Grad der Gefahr.[48]

Die Gefahr kann nur für eine Person oder wie bei einer Naturkatastrophe für alle bestehen.[49] Auch wenn es sich um eine Gefahr handelt, die von jedermann getragen werden muss, steht eine notstandsrelevante Gefahr für den Notstandstäter noch in Rede. Diese von jedem zu tragende Gefahr soll jedoch alle Umstände der einzelnen Notstandlage erfüllen.[50]

In der Regel bedarf es nicht unbedingt eines Grades des Schadenseintritts mit einer hohen Wahrscheinlichkeit, um beim Notstand eine Gefahrenlage anzunehmen. Dafür reicht es aus, dass die Gefahr einen Schadenseintritt wahrscheinlich zur Folge hat bzw. eine gewisse Intensität der zu erwartenden Rechtsgutsbeeinträchtigung besteht.[51] Denn der Grad der Gefahr spielt ausschließlich beim rechtfertigenden Notstand bezüglich der Interessenabwägung eine bedeutsame Rolle, bei der das geschützte Interesse das beeinträchtigte wesentlich überwiegen sollte.[52]

Beim Gefahrenurteil geht es um die Frage, auf welche Perspektive bei der Beurteilung des Vorliegens einer Gefahr abzustellen ist.[53] Demnach ist es bedeutsam, ob in einem Fall eine notstandsrelevante Gefahr tatsächlich besteht bzw. nach welchen Maßstäben dieses ‚Ob' aufgeklärt werden soll. Dabei werden einerseits der zeitliche und andererseits der persönliche Ausgangspunkt der Betrachtung für möglich erachtet.[54]

Für den zeitlichen Ausgangspunkt sind *ex post*- und *ex ante*-Betrachtungen möglich. In diesem Zusammenhang soll zunächst die Frage der *ex ante*-Betrachtung beantwortet werden, d. h., ob im Zeitpunkt der Notstandshandlung objektiv die

---

47 *Zieschang*, in LK-StGB, § 34 Rn. 59.
48 *Zieschang*, in LK-StGB, § 34 Rn. 60.
49 *Rosenau*, in SK-StGB, § 34 Rn. 7.
50 *Zieschang*, in LK-StGB, § 34 Rn. 61.
51 *Roxin/Greco*, Strafrecht Allgemeiner Teil, § 22 Rn. 15.
52 *Zieschang*, in LK-StGB, § 34 Rn. 60.
53 *Zieschang*, in LK-StGB, § 34 Rn. 64.
54 *Rosenau,* in SK-StGB, § 34 Rn. 9.

Wahrscheinlichkeit eines Schadenseintritts für ein Rechtsgut bestanden hat.[55] Dabei spielt es jedoch keine Rolle, ob der Schaden aus einer reinen *ex post*-Betrachtung tatsächlich eingetreten oder ausgeblieben ist.[56]

Für den persönlichen Ausgangspunkt der Betrachtung kommen drei Perspektiven in Betracht:[57] Ein Dritter aus dem Verkehrskreis des Handelnden, ein sachverständiger Beurteiler bzw. das gesamte menschliche Erfahrungswissen. Nach einer Ansicht wird bei der Beurteilung des Vorliegens einer Notstandslage auf einen Dritten aus dem Verkehrskreis des Handelnden abgestellt.[58] Demgegenüber kann das Gefahrenurteil auch nach einem bestmöglichen Beurteiler, der sich auf das gesamte menschliche Erfahrungswissen stützt, bestimmt werden.[59] Eine weitere Ansicht geht davon aus, dass das Gefahrenurteil durch einen sachverständigen Beurteiler durchgeführt werden soll.[60] Das Sonderwissen des Täters soll zudem beim Gefahrenurteil berücksichtigt werden, weil dies eine erhebliche Rolle spielt.[61]

Notstand verlangt eine gegenwärtige Gefahr, worunter ein Zustand verstanden wird, dessen Weiterentwicklung den Eintritt eines Schadens ernsthaft drohen lässt, sofern nicht unmittelbare Abwehrmaßnahmen ergriffen werden können.[62] Demnach ist eine Gefahr gegenwärtig, wenn der Eintritt eines Schadens nahe liegt und nicht unverzüglich dagegen eingeschritten wird.[63] Um die Gefahr als gegenwärtig anzunehmen, reicht hier im Unterschied zur Notwehr (§ 32 StGB) aus, dass nach der Sachlage demnächst ein Schaden eintritt.[64]

---

55 *Rengier*, Strafrecht Allgemeiner Teil, § 19 Rn. 9.

56 *Zieschang*, in LK-StGB, § 34 Rn. 64.

57 *Zieschang*, in LK-StGB, § 34 Rn. 67.

58 *Freund/Rostalski*, Strafrecht Allgemeiner Teil, § 3 Rn. 59.

59 *Zieschang*, in LK-StGB, § 34 Rn. 68.

60 *Rengier*, Strafrecht Allgemeiner Teil, § 19 Rn. 9.

61 *Wessels u. a.*, Strafrecht Allgemeiner Teil, Rn. 463; ein typischer Beispielfall: Beim Vorhandensein einer Gefahr kommt es darauf an, dass der Täter unsicher ist, ob eine sich in einem gekenterten Boot befindliche Person schwimmen kann. Kann diese Person schwimmen, liegt keine Gefahr vor. Wenn sie jedoch nicht schwimmen kann, ist eine Gefahr gegeben. Eben deshalb spielt das Sonderwissen des Täters eine entscheidende Rolle.

62 Siehe BGHSt 48, 255 (259); BGHSt 5, 371 (373); BGHSt 61, 202 (203); NJW 1989, 176 (176); NJW 1951, 769 (769); *Freund/Rostalski*, Strafrecht Allgemeiner Teil, § 3 Rn. 56; *Rosenau*, in SK-StGB, § 34 Rn. 12.

63 *Freund/Rostalski*, Strafrecht Allgemeiner Teil, § 3 Rn. 56.

64 Siehe BGHSt 5, 371 (373); BGHSt 61, 202 (203); NJW 1979, 2053, (2054); NJW 1989, 176 (176).

Im Rahmen der Gegenwärtigkeit liegt neben der akuten Gefahr auch eine Dauergefahr vor,[65] wenn im Laufe der Zeit ein Schadenseintritt höchst wahrscheinlich zu erwarten ist und sofortiges Handeln angezeigt ist, um dem drohenden Schaden effektiv begegnen zu können.[66] Bei einer Dauergefahr ist eine Verdichtung der Gefahr anzunehmen, wenn der Schaden jederzeit eintreten kann, auch wenn die Möglichkeit stets offenbleibt, dass dieser Schadenseintritt niemals erfolgt.[67] Es geht hier somit nicht um die Frage, wann der zu erwartende Schaden eintritt, sondern ob sein Eintritt jederzeit höchst wahrscheinlich ist. Maßgebend ist hierbei, ob gegen den noch nicht eingetretenen Schaden eingeschritten werden muss.[68]

Die gegenwärtige Gefahr muss darüber hinaus ein Rechtsgut bedrohen, weil eine abstrakte Gefahr, die sich nicht auf ein Rechtsgut bezieht, für den Notstand nicht relevant ist.[69] Diesbezüglich gibt es eine Unterscheidung bei den Notstandsregelungen zwischen den Rechtsgütern. Während im Rahmen des § 34 StGB alle Güter geschützt werden, erfolgt in § 35 StGB nur der Schutz der Güter, Leben, Leib oder Freiheit'.[70]

§ 34 StGB lautet: „*[...] Gefahr für Leben, Leib, Freiheit, Ehre, Eigentum oder ein anderes Rechtsgut [...].*" Die Aufzählung von diesen Rechtsgütern ist jedoch nicht abschließend, sondern handelt es sich hier um einen beispielhaften Charakter.[71] Daneben kann die Notstandshandlung auch zugunsten der Allgemeinheit ausgeführt werden.[72] Demnach sind neben den Rechtsgütern des Einzelnen auch

---

65 *Rengier*, Strafrecht Allgemeiner Teil, § 19 Rn. 12.

66 RGSt 66, 222 (225 f.); BGHSt 39, 133 (136).

67 *Zieschang*, in LK-StGB, § 34 Rn. 73; *Rosenau*, in SK-StGB, § 34 Rn. 12; für die Anwendung der Dauergefahr seien folgende Fälle angeführt: Einsturzgefahr eines baufälligen Hauses RGSt 59, 69 (71), jederzeitige Gefährlichkeit eines in seinem Verhalten unberechenbaren psychiatrisch Kranken BGHSt 13, 197 (197), Bedrohung des Familienfriedens durch einen Spanner NJW 1979, 2053 (2054), aber auch im Fall eines Familientyrannen, der über Jahre hinweg seine Frau und die gemeinsame Tochter körperlich schwer misshandelt BGHSt 48, 255 (259); ähnlich früher schon RGSt 60, 318 (321).

68 *Rengier*, Strafrecht Allgemeiner Teil, § 19 Rn. 16; *Rosenau*, in SK-StGB, § 34 Rn. 17.

69 Z. B. ist es im Sinne des Notstands irrelevant, wenn eine schon verstorbene Person ins Krankenhaus gebracht wird und dabei die Verkehrsregelungen ignoriert werden (hier gibt es kein schutztwürdiges Rechtsgut mehr).

70 *Heger*, in BK-StGB, § 35 Rn. 3.

71 *Rengier*, Strafrecht Allgemeiner Teil, § 19 Rn. 8.

72 *Gropp/Sinn*, Strafrecht Allgemeiner Teil, § 5 Rn. 225.

jene der Allgemeinheit als notstandsfähig anzunehmen, soweit in der konkreten Situation ein schutzwürdiges Rechtsgut besteht.[73]

Im Unterschied zu § 34 StGB werden in § 35 StGB nur bestimmte Rechtsgüter geschützt, nämlich Leben, Leib und Freiheit. Unter dem Rechtsgut ‚Leben' wird jedoch nach h. M. nicht das werdende Leben, sondern nur das bereits existierende Leben verstanden, weil die Rechtsgüter ‚Leib' und ‚Freiheit' nur Menschen zustehen können.[74] Da die Notstandstat nur zur Rettung des Täters oder einer nahestehenden Person begangen werden kann, ist der Embryo nicht als Angehöriger oder eine sonstige nahestehende Person im Sinne des § 35 StGB zu bewerten.[75] Unter dem Rechtsgut ‚Leib' wird die körperliche Unversehrtheit verstanden, sofern eine erhebliche Verletzung besteht.[76] Unter dem Rechtsgut ‚Freiheit' wird nach h. M. nur die Fortbewegungsfreiheit verstanden, also nicht die allgemeine Handlungs- und Entscheidungsfreiheit.[77] Andere Rechtsgüter fallen nicht unter § 35 StGB.

Hinsichtlich des Betroffenenkreises spielt es nach § 34 StGB keine Rolle, gegen welche Güter eine Gefahr gerichtet ist.[78] Aus dem Wortlaut des Gesetzes ergibt sich aus § 34 StGB, dass die Gefahr nicht nur für eigene Güter des Täters, sondern auch für jene eines Dritten (sog. Notstandshilfe) in Frage kommen kann. Dagegen erfordert § 35 StGB eine Gefahr nur für eines der genannten Rechtsgüter des Täters selbst, seiner Angehörigen oder einer anderen ihm nahestehenden Person. Somit werden die Anwendungsbereiche der Gefahr für den Betroffenenkreis in § 35 StGB erheblich beschränkt.[79]

Die Angehörigen werden in § 11 Abs. 1 StGB definiert.[80] Die gegenwärtige tatsächliche Beziehung zwischen dem Täter und dem Angehörigen spielt allerdings

---

73 *Freund/Rostalski*, Strafrecht Allgemeiner Teil, § 3 Rn. 53.

74 *Rosenau,* in SK-StGB, § 35 Rn. 5; *Roxin/Greco*, Strafrecht Allgemeiner Teil, § 22 Rn. 24; *Zieschang*, in LK-StGB, § 35 Rn. 25; *Walter/Schwabenbauer*, JA 2012, 504 (509).

75 *Rosenau*, in SK-StGB, § 35 Rn. 5.

76 *Bock*, Strafrecht Allgemeiner Teil, S. 406.

77 *Ebert*, Strafrecht Allgemeiner Teil, S. 107; *Gropp/Sinn*, Strafrecht Allgemeiner Teil, § 7 Rn. 13; *Heinrich*, Strafrecht Allgemeiner Teil, Rn. 566; siehe auch *Mitsch*, JR 2013, 351 (356).

78 *Zieschang*, in LK-StGB, § 34 Rn. 49.

79 Ähnlich *Rosenau*, in SK-StGB, § 35 Rn. 9.

80 § 11 Abs. 1 StGB lautet wie folgt: *wer zu den folgenden Personen gehört: [...] a) Verwandte und Verschwägerte gerader Linie, der Ehegatte, der Lebenspartner, der Verlobte, Geschwister, Ehegatten oder Lebenspartner der Geschwister, Geschwister der Ehegatten oder Lebenspartner, und zwar auch dann, wenn die Ehe oder die Lebenspartnerschaft, welche die Beziehung begründet hat, nicht mehr besteht oder*

hierbei keine Rolle.[81] Eine nahestehende Person hat eine starke Verbindung zum Täter.[82] Nahestehende Person ist etwa diejenige, die dem Täter wie ein Angehöriger persönlich verbunden ist, sodass der Täter bei einer Gefahr in Bezug auf diese Person besonderen seelischen Druck fühlt.[83] Auch sehr enge Freunde sowie Personen, die in Hausgemeinschaft mit dem Täter zusammenleben, werden als nahestehende Person angesehen.[84] Bloße Bekannte oder Kollegen fallen jedoch nicht unter § 35 StGB.[85]

Beim Unterlassungsdelikt muss für das Erhaltungsgut keine zusätzliche Gefahr bestehen, da das Unterlassen per se eine Gefahr darstellt.[86] Es ist demnach nicht erforderlich, dass eine spezifische Bedrohung oder eine akute Gefährdung vorliegt, da bereits die bloße Unterlassung als potenzielle Gefahr für das Erhaltungsgut betrachtet wird.[87] Es reicht somit aus, wenn die Verschlimmerung eines bereits eingetretenen Schadens oder die Fortsetzung eines bestehenden Schadens unmittelbar bevorsteht.[88]

Die Gefahr liegt im Übrigen auch dann vor, wenn der Verlust von Arbeitsplätzen, allgemeine Risiken des Straßenverkehrs und Konstellationen der Vermögensnot bestehen.[89] Unter diesem Gesichtspunkt ist auch zu prüfen, ob alle anderen Umstände des Notstands erfüllt sind.[90] Im Falle eines vorgetäuschten Hilferufes besteht demnach keine Gefahr.[91] In einem solchen Fall kommt allerdings der Erlaubnistatbestandsirrtum für den Täter in Betracht.[92]

---

wenn die Verwandtschaft oder Schwägerschaft erloschen ist, b) Pflegeeltern und Pflegekinder.

81 *Müssig*, in MüKo-StGB, § 35 Rn. 18.

82 *Rengier*, Strafrecht Allgemeiner Teil, § 26 Rn. 7.

83 *Rosenau*, in SK-StGB, § 34 Rn. 11.

84 *Zieschang*, in LK-StGB, § 34 Rn. 34.

85 *Kaspar*, Strafrecht Allgemeiner Teil, § 5 Rn. 391; so etwa als Partner in einer Liebesbeziehung oder als sehr enger Freund bzw. enge Freundin.

86 *Engländer*, in VK-StGB, § 34 Rn. 54; so beispielweise, wenn der Vater selbst in Lebensgefahr geraten würde, falls er seinen Sohn vor dem Ertrinken rettet.

87 Näher *Zieschang,* in LK-StGB, § 34 Rn. 62

88 *Heinrich*, Strafrecht Allgemeiner Teil, Rn. 407; *Kühl*, Strafrecht Allgemeiner Teil, § 8 Rn. 42.

89 *Zieschang,* in LK-StGB, § 34 Rn. 62; a. A. siehe *Neumann*, in NK-StGB, § 34 Rn. 40.

90 *Zieschang,* in LK-StGB, § 34 Rn. 62.

91 Eine Person behauptet, dass sie sich in einer gefährlichen Situation, beispielsweise in einem brennenden Gebäude, befindet. Um sich zu ‚retten', setzt diese Person einen Hilferuf und alamiert die Feuerwehr. In Wirklichkeit besteht jedoch keine tatsächliche Gefahr und die Person hat den Hilferuf nur vorgetäuscht, um Aufmerksamkeit zu erregen bzw. andere Menschen zu täuschen.

92 *Kühl*, Strafrecht Allgemeiner Teil, § 8 Rn. 46.

b. Zur Handlung

§ 34 StGB setzt eine tatbestandsmäßige Handlung voraus.[93] § 35 StGB fordert ferner eine Handlung, welche nicht schon nach § 34 StGB oder aufgrund eines anderen Rechtfertigungsgrunds gerechtfertigt ist.[94] Die Notstandshandlung muss zur Abwendung der nicht anders abwendbaren Gefahr begangen werden.[95] Unter ‚nicht anders abwendbare Gefahr' werden zwei Voraussetzungen verstanden: Zum einen muss das Mittel absolut geeignet sein, um die bestehende Gefahr abzuwenden, zum anderen muss das verwendete Mittel das relativ mildeste sein.[96] Damit ist in der Regel inhaltlich dasselbe gemeint wie mit dem Merkmal ‚Erforderlichkeit' im Rahmen der Notwehr gem. § 32 StGB.[97] Das heißt, die Notstandshandlung muss immer erforderlich sein sowie darf kein milderes und geeignetes Mittel für die Tat infrage kommen.[98]

Was die Geeignetheit des Mittels anbelangt, muss die zu ergreifende Handlung zur Gefahrenabwehr geeignet sein.[99] Eine Notstandshandlung ist demnach geeignet, wenn sie mindestens eine Chance zur Abwendung der Gefahr bietet, wobei es genügt, dass die wirksame Gefahrenabwendung nicht ganz unwahrscheinlich ist.[100] Ein geeignetes Mittel zur Gefahrenabwendung ist allerdings nicht nötig, wenn mehrere gleichermaßen geeignete Güter ausgewählt werden können, um die Gefahr abzuwenden.[101]

Zudem muss die Gefahr durch das mildeste Mittel abgewehrt werden, wobei so gehandelt werden muss, dass in fremde Rechtsgüter so wenig wie möglich eingegriffen wird.[102] Die Bestimmung, welche Mittel zur Gefahrenabwendung

---

93 *Freund/Rostalski*, Strafrecht Allgemeiner Teil, § 3 Rn. 61.

94 *Zieschang*, in LK-StGB, § 35 Rn. 49.

95 *Kaspar*, Strafrecht Allgemeiner Teil, § 5 Rn. 244.

96 *Engländer*, in VK-StGB, § 34 Rn. 19.

97 NJW 2004, 3645 (3646); *Rosenau*, in SK-StGB, § 34 Rn. 13.

98 BGHSt 2, 242 (245); NStZ 1988, 558 (559); *Erb*, in MüKo-StGB, § 34 Rn. 114.

99 *Fischer*, in KK-StGB, § 34 Rn. 9.

100 *Bock*, Strafrecht Allgemeiner Teil, S. 312.

101 *Roxin/Greco*, Strafrecht Allgemeiner Teil, § 16 Rn. 25; als Beispiel sei folgender Fall angeführt: Der Notstandshelfer kann den Schwerverletzten sowohl mit dem Auto des A als auch mit dem Auto des B ins Krankenhaus bringen. Demnach besteht ein unauflösbarer Zirkel, da der Täter immer wieder auf die jeweils andere Möglichkeit verwiesen wird. Folglich ist die Tat auch dann nicht anders abwendbar, wenn eine gleichwertige, andere tatbestandsmäßige Handlung in Betracht kommt. In diesem Fall hat somit der Täter die freie Wahl, für welche Handlung er sich entscheidet; siehe *Zieschang*, in LK-StGB, § 34 Rn. 89.

102 *Bock*, Strafrecht Allgemeiner Teil, S. 324; *Perron*, in SSK-StGB, § 34 Rn. 20.

geeignet und am mildesten sind, hat im Rahmen einer *ex ante*-Betrachtung zu erfolgen.[103] Hierzu werden jedoch, wie beim Gefahrenurteil, unterschiedliche Ansichten vertreten.[104]

Das Vorhandensein einer anderen Möglichkeit zur Abwendung der Gefahr schließt den Notstand aus.[105] Denn die im Gesetzestext (§§ 34, 35 StGB) ausdrücklich festgelegte Voraussetzung, dass die Gefahr nicht anders abwendbar sein darf, ist in einem solchen Fall nicht erfüllt.[106] Die Gefahr ist ebenfalls anders abwendbar, wenn eine gegenwärtige Gefahr abgewendet werden kann, ohne dass in Rechtsgüter Unbeteiligter eingegriffen werden muss.[107] Deswegen muss im Einzelfall unbedingt geprüft werden, ob es eine Möglichkeit gibt, um die vorhandene Gefahr abzuwenden. Dies ist etwa dann der Fall, wenn z. B. eine staatliche oder fremde Hilfe im Zeitpunkt der Tat zur Verfügung steht bzw. diese erreichbar ist oder eine Fluchtmöglichkeit in Betracht gezogen werden kann.[108]

Auch wenn das Notstandsopfer in den Eingriff in seine Rechtsgüter vor der Notstandshandlung nicht eingewilligt hat, ist die Gefahr nicht anders abwendbar. Denn eine Notstandshandlung gegen den ausdrücklich erklärten Willen des Rechtsgutsinhabers ist schmerzhafter, als diesen nach seiner Einwilligung erst gar nicht zu fragen.[109] Eine mutmaßliche Einwilligung kommt dann nur in Betracht, wenn das Erhaltungsgut und das Eingriffsgut zu ein- und derselben Person gehören.[110]

Im Sinne des § 35 StGB kommt nach der Lehre ein weiteres Merkmal in Betracht, wonach die Notstandshandlung verhältnismäßig sein soll[111] und daher kein krasses Missverhältnis zwischen dem zugefügten und dem abgewehrten Schaden bestehen darf.[112] Es ist jedoch strittig, ob eine Prüfung zur Verhältnismäßigkeit hinsichtlich der Gefahr und der Handlung anzustellen ist.[113] Hierbei ist stets anzunehmen, dass der Täter nicht als entschuldigt angesehen werden kann, wenn

[103] *Rosenau*, in SK-StGB, § 34 Rn. 13.
[104] *Erb*, in MüKo-StGB, § 34 Rn. 105 f.
[105] *Zieschang*, in LK-StGB, § 34 Rn. 94.
[106] Ähnlich *Rengier*, Strafrecht Allgemeiner Teil, § 19 Rn. 23; *Roxin/Greco*, Strafrecht Allgemeiner Teil, § 16 Rn. 23.
[107] *Zieschang*, in LK-StGB, § 34 Rn. 88.
[108] BGHSt 39, 133 (137); *Fischer*, in KK-StGB, § 34 Rn. 9a; *Rosenau*, in SK-StGB, § 34 Rn. 13.
[109] *Roxin/Greco*, Strafrecht Allgemeiner Teil, § 16 Rn. 24.
[110] *Rosenau*, in SK-StGB, § 34 Rn. 15.
[111] Siehe *Kindhäuser/Zimmermann*, Strafrecht Allgemeiner Teil, § 24 Rn. 10; *Rengier*, Strafrecht Allgemeiner Teil, § 26 Rn. 10.
[112] *Heinrich*, Strafrecht Allgemeiner Teil, Rn. 571.
[113] *Bock*, Strafrecht Allgemeiner Teil, S. 408.

er zur Abwehr leichter Körperverletzungen dem Notstandsopfer das Leben nimmt.[114] In diesem Zusammenhang ist daher stets zu berücksichtigen, ob im Einzelfall krasse Missverhältnisse vorliegen.

c. Zur Klausel

Im Rahmen des allgemeinen Merkmales des Notstands spielen besondere Klauseln eine zentrale Rolle, anhand derer die Rechtfertigung oder Entschuldigung einer Handlung im strafrechtlichen Notstand geprüft werden kann. Insbesondere die Interessenabwägung, Angemessenheit und Zumutbarkeit sind in diesem Zusammenhang wichtige Untertitel, die eine umfassende Untersuchung daher erfordern; die Interessenabwägung und Angemessenheit sind dabei spezifisch für § 34 StGB, die Zumutbarkeit für § 35 StGB. In diesem Abschnitt werden diese Merkmale näher betrachtet und ihre Bedeutung für die Bewertung des Notstands erläutert.

i. Interessenabwägung

Die Interessenabwägung kommt nur für den rechtfertigenden Notstand in Betracht.[115] § 34 StGB verlangt demnach einen Abwägungsmaßstab, der sich eindeutig aus dem Wortlaut des § 34 StGB ergibt.[116] Mit der Regulierung des § 34 StGB folgte der Gesetzgeber nicht dem Grundsatz der Güterabwägung, sondern zog eine umfassende Interessenabwägung vor.[117] Der Gesetzgeber setzt demnach im Sinne des § 34 StGB die widerstreitenden Interessen als Maßstab bei der Abwägung an. Die Diskussion darüber, ob die Güter oder Interessen als Abwägungskriterium angenommen werden sollen, wurde bereits oben abgehandelt.[118] Da die Güter einen Oberbegriff verkörpern, lässt sich jedoch eher so formulieren, dass die Güterabwägung durch die Interessenabwägungsformel festgelegt wird.[119]

Es gibt dennoch keine einzige Formel, um die Interessenabwägung für den rechtfertigenden Notstand problemlos durchzuführen;[120] vielmehr können hier eine

---

114 *Roxin/Greco*, Strafrecht Allgemeiner Teil, § 22 Rn. 54.

115 *Rengier*, Strafrecht Allgemeiner Teil, § 19 Rn. 5.

116 Der entsprechende Ausdruck des § 34 StGB lautet: *wenn bei Abwägung der widerstreitenden Interessen, namentlich der betroffenen Rechtsgüter und des Grades der ihnen drohenden Gefahren, das geschützte Interesse das beeinträchtigte wesentlich überwiegt.*

117 *Gropp/Sinn,* Strafrecht Allgemeiner Teil, § 5 Rn. 234.

118 Siehe dazu bereits oben B. II. 2. b. i.

119 *Roxin/Greco*, Strafrecht Allgemeiner Teil, § 16 Rn. 26.

120 *Neumann*, in NK-StGB, § 34 Rn. 65.

Reihe von Richtlinien für die Abwägung eingesetzt werden. Deshalb sollten jedenfalls verschiedene Gesichtspunkte berücksichtigt werden, um eine Beurteilung unter Beachtung aller relevanten Umstände des Einzelfalles durchführen zu können.[121] Richtlinien sind zwar allein für die Interessenabwägung nicht ausschlaggebend, allerdings untereinander ergänzend und vereinbar.[122]

Eines dieser Kriterien besagt, dass die Interessenabwägung nach dem abstrakten Wertverhältnis der Güter durchgeführt werden soll. [123] Denn die Rechtsordnung schützt die verschiedenen Rechtsgüter in unterschiedlichen Graden. Die wichtigsten Rechtsgüter werden dabei mithin vom Grundgesetz mit Grundrechtsgarantie sichergestellt. Die Ordnungsregeln bleiben jedoch hinter dem Schutz der im StGB geregelten, konkreten Vorschriften zurück; persönliche Werte haben Vorrang vor materiellen Gütern; der Schutz von Leib und Leben stellt ein höheres Interesse dar als die Erhaltung sonstiger persönlicher Werte oder überindividueller Rechtsgüter; der Schutz von Rechtsgütern der Allgemeinheit überwindet grundsätzlich individuelle Rechtsgüter.[124]

Dieses Kriterium bietet daher zwar eine bedeutsame Grundlage für die Interessenabwägung, ist jedoch allein nicht ausreichend bzw. nicht stets anwendbar. Denn beim abstrakten Wertverhältnis der Güter kann es auf die Art ankommen oder darauf, in welcher Höhe sich die drohende Gefahr gegen das Erhaltungsgut richtet. Dieser Ausgangspunkt wird allerdings nicht mehr berücksichtigt, wenn z. B. ein großer Schaden am Vermögen eines unbeteiligten Dritten verursacht wird, um lediglich einer leichten Körperverletzung zu entkommen.[125] Trotz des Mangels kann insbesondere mithilfe der angedrohten Strafe auf die Bedeutung der Rechtsgüter geschlossen werden.

Der Vergleich der Strafdrohungen für Rechtsgüter ist auch einer der wichtigsten Anhaltspunkte bei widerstreitenden Interessen.[126] Demnach wird nach den Strafrahmen, die in den Strafvorschriften des besonderen Teils zugeordnet werden, bestimmt, welches Interesse überwiegend ist, sofern im Einzelfall eine deutliche Differenz bei dem Strafrahmenvergleich zwischen den widerstreitenden

---

[121] *Bock*, Strafrecht Allgemeiner Teil, S. 312.

[122] *Roxin/Greco*, Strafrecht Allgemeiner Teil, § 16 Rn. 26 f.

[123] *Kaspar*, Strafrecht Allgemeiner Teil, § 5 Rn. 249.

[124] *Gropp/Sinn,* Strafrecht Allgemeiner Teil, § 5 Rn. 236; *Kaspar*, Strafrecht Allgemeiner Teil, § 5 Rn. 249 f.; *Kindhäuser/Zimmermann*, Strafrecht Allgemeiner Teil, § 17 Rn. 26; *Zieschang,* in LK-StGB, § 34 Rn. 102.

[125] *Roxin/Greco*, Strafrecht Allgemeiner Teil, § 16 Rn. 31.

[126] *Krey/Esser*, Deutsches Strafrecht Allgemeiner Teil, § Rn. 605.

Interessen besteht.[127] In der Regel ist zwischen zwei widerstreitenden Interessen dasjenige, das mit einer höheren Strafdrohung geschützt wird, überwiegend. Beispiele sind hier die §§ 211, 212 StGB und § 218 StGB. Der Gesetzgeber räumt darüber hinaus ein, dass das Recht auf Leben der Geborenen erheblicher als jenes der Ungeborenen ist, weil die §§ 211, 212 StGB einen höheren Strafrahmen als § 218 StGB aufweisen.[128]

Dieser Anhaltspunkt reicht aber allein nicht für die Interessenabwägung aus, weil viele notstandsfähige Rechtsgüter strafrechtlich nicht generell, sondern nur vor bestimmten konkreten Angriffen geschützt werden.[129] Darüber hinaus ist der Vergleich der Strafrahmen auch nur bedingt aussagekräftig, da sich die Strafandrohungen im Bereich der mittleren Kriminalität nur geringfügig unterscheiden und somit keine eindeutige Überlegenheit erkennbar ist.[130]

Einen anderen Anhaltspunkt für die Abwägung der widerstreitenden Interessen bildet der Grad der drohenden Gefahr.[131] Demnach ist der Gefahrengrad abwägungsrelevant, wenn sich eine konkrete Gefahr gegen ein bestimmtes Rechtsgut (z. B. Leben, Gesundheit) richtet, die lediglich durch die Schaffung abstrakter Lebens- und Gesundheitsrisiken abgewendet werden kann.[132] In diesem Sinne überwiegt grundsätzlich das geschützte Interesse, wenn der Notstandstäter zur Abwehr eines absolut eintretenden Schadens eine Rettungshandlung begeht, indem er ein anderes Rechtsgut nur abstrakt einer Gefahr aussetzt.[133] Als Beispiel können hierfür die Gefährdungsdelikte genannt werden.[134]

Dieser Ansatz dient zwar zur Durchführung der Interessenabwägung, allerdings ist die Argumentation nicht eindeutig und wenig präzise formuliert, was zu möglichen Missverständnissen und einer mangelnden Rechtsanwendungskonsistenz führen kann. Das Weiteren basiert die Überlegung auf abstrakten Risiken, die

---

127 *Roxin/Greco*, Strafrecht Allgemeiner Teil, § 16 Rn. 27; für einen rechtlichen Vergleich der Grundrechte des ungeborenen Kindes und der Mutter siehe BVerfGE 88, 203.

128 *Neumann*, in NK-StGB, § 34 Rn. 71.

129 *Zieschang*, in LK-StGB, § 34 Rn. 107.

130 *Roxin/Greco*, Strafrecht Allgemeiner Teil, § 16 Rn. 28.

131 *Kindhäuser/Zimmermann*, Strafrecht Allgemeiner Teil, § 17 Rn. 28.

132 *Rengier*, Strafrecht Allgemeiner Teil, § 19 Rn. 29.

133 *Roxin/Greco*, Strafrecht Allgemeiner Teil, § 16 Rn. 43 f.

134 *Rosenau*, in SK-StGB, § 34 Rn. 27; insbesondere in dem Fall, wenn jemand eine Trunkenheitsfahrt begeht, um einer Person zu helfen, die in einen konkret lebensgefährlichen Zustand geraten ist, und dadurch die anderen Verkehrsteilnehmer abstrakt in Gefahr gebracht werden.

subjektiv interpretiert werden können und eine faire Interessenabwägung erschweren.[135]

Bei der Interessenabwägung wird auch der Intensität der Rechtsgutsverletzung eine wichtige Rolle zugesprochen.[136] Obwohl das Wertverhältnis der Rechtsgüter in Einzelfällen unterschiedlich erscheint, kann es daher erforderlich sein, eine Beurteilung nach den Umständen des konkreten Falles und der Intensität des Eingriffs vorzunehmen. Denn ein theoretisch höheres Rechtsgut kann im konkreten Fall hinter ein niedrigeres Rechtsgut zurücktreten.[137] Somit kann sich auch ein geringerwertiges, erheblich gemindertes Rechtsgut gegen ein höherwertiges, aber nur geringfügig beeinträchtigtes Rechtsgut durchsetzen, wie z. B. bei einer harmlosen Körperverletzung zum Schutz erheblicher Sachwerte.[138]

Bei der Abwägung sollte jedoch auch die Bedeutung des betreffenden Interesses an der Person des Täters berücksichtigt werden, das nach objektiven Maßstäben unter Berücksichtigung der höchst individuellen, subjektiven Umstände zu beurteilen ist.[139] In dieser Hinsicht wird die Einwilligung oder Verweigerung der Einwilligung des Notstandsopfers ebenso bei der Interessenabwägung berücksichtigt, wie etwa eine Frau, die ihr Kind trotz Lebensgefahr nicht abtreiben will, oder eine Patientin, die sich nicht operieren lassen will.[140] Diese Einwilligung oder Verweigerung der Einwilligung derselben kommt ausschließlich bei der gesetzlich anerkannten Verfügungsbefugnis über das Rechtsgut in Betracht.[141]

Einen weiteren Anhaltspunkt bei der Abwägung der widerstreitenden Interessen stellt die Größe der Rettungschance dar.[142] Dabei gilt die Regel, je größer die Chance zur Rettung durch die Notstandshandlung, desto größer ist die Überwindung des geschützten Interesses;[143] hingegen je geringer die Chance zur Rettung ist, desto weniger muss ein unbeteiligter Dritter Solidarität üben und Eingriffe in seine Güter dulden.[144] Es kann jedoch die Auffassung vertreten werden, dass eine Rettungshandlung mit einer eher geringeren Chance wahrgenommen werden kann, wenn es um ein höherwertigeres rechtliches Interesse geht. Dies gilt

---

135 Näher *Neumann*, in NK-StGB, § 34 Rn. 80 f.

136 *Perron*, in SSK-StGB, § 34 Rn. 26.

137 *Roxin/Greco*, Strafrecht Allgemeiner Teil, § 16 Rn. 32.

138 *Rengier*, Strafrecht Allgemeiner Teil, § 19 Rn. 31.

139 *Erb*, in MüKo-StGB, § 34 Rn. 177 ff.

140 *Roxin/Greco*, Strafrecht Allgemeiner Teil, § 16 Rn. 71.

141 Bespielhaft ist ein Selbsttötungswille der Notstandsopfer, der in diesem Sinne unbeachtlich ist.

142 *Bock*, Strafrecht Allgemeiner Teil, S. 318.

143 *Fischer,* in KK-StGB, § 34 Rn. 23.

144 *Zieschang*, in LK-StGB, § 34 Rn. 118.

insbesondere dann, wenn das Eingriffsgut nicht ähnlich höherwertig ist oder das Ausmaß des drohenden Schadens im Verhältnis zum verursachten Schaden unverhältnismäßig groß ist.[145]

Wenn die Gefahr von der Sphäre des Eingriffsopfers ausgeht, ist umstritten, wie die Interessen abgewogen werden.[146] Dies gilt jedoch nur für Fälle, wenn insbesondere die Voraussetzungen aus § 32 StGB nicht erfüllt wurden.[147] Zudem kommt auch der Defensivnotstand, der in § 228 BGB als Sonderregel geregelt wird, in Betracht.[148] Demnach soll der Schaden nicht außer Verhältnis zur Gefahr stehen, wenn diese von Sachen, insbesondere von Tieren ausgegangen ist.[149] In anderen Fällen, in denen es um keinen Defensivnotstand geht, wird bei der Interessenabwägung freilich zulasten des Eingriffsopfers ausgelegt.[150]

§ 34 StGB verlangt zwar ausdrücklich nicht, dass die Gefahr nicht vom Eingriffstäter ausgehen darf. Dies bedeutet allerdings nicht, dass die Verursachung der Notstandlage bei der Interessenabwägung keine Rolle spielt.[151] Sofern der Täter die drohende Gefahr selbst absichtlich verursacht oder deren Eintritt höchst wahrscheinlich vorhersehbar ist, werden die Tatsachen bei der Interessenabwägung zulasten des Eingriffstäters ausgelegt.[152] Trotz der Rechtfertigung der Notstandshandlung leitet sich jedoch hier nach den Grundsätzen der *actio illicita in causa*[153] vom vorläufigen Verhalten des Notstandstäters eine Strafbarkeit ab.[154]

Die besonderen Gefahrtragungspflichten werden auch in § 34 StGB nicht verlangt, trotzdem spielen diese eine bedeutsame Rolle bei der Interessenabwägung.[155] In diesem Rahmen findet dieses Merkmal strengere Anwendung für Personen, die zu bestimmten Berufsgruppen (wie z. B. Polizist, Soldat oder Feuerwehrmann) gehören, weil diese eine höhere Duldungspflicht als andere Personen haben.[156] Solche

---

145 *Kühl*, Strafrecht Allgemeiner Teil, § 8 Rn. 124.

146 *Rengier*, Strafrecht Allgemeiner Teil, § 19 Rn. 38.

147 *Roxin/Greco*, Strafrecht Allgemeiner Teil, § 16 Rn. 73.

148 *Gropp/Sinn,* Strafrecht Allgemeiner Teil, § 5 Rn. 242.

149 *Bock*, Strafrecht Allgemeiner Teil, S. 324 f.

150 *Freund/Rostalski*, Strafrecht Allgemeiner Teil, § 3 Rn. 74.

151 *Heinrich*, Strafrecht Allgemeiner Teil, Rn. 426; ähnlich *Rengier*, Strafrecht Allgemeiner Teil, § 19 Rn. 36.

152 *Wessels u. a.*, Strafrecht Allgemeiner Teil, Rn. 471.

153 Mit *actio illicita in causa* wird eine Rechtsfigur bezeichnet, mit der bei einer pflichtwidrig herbeigeführten Rechtfertigungslage die Strafbarkeit an die pflichtwidrige Herbeiführung der Rechtfertigungslage angeknüpft wird; zu detaillierteren Informationen siehe *Breuer*, BRJ 1/2008, 5–8 (5 f.).

154 *Roxin/Greco*, Strafrecht Allgemeiner Teil, § 16 Rn. 64.

155 *Gropp/Sinn,* Strafrecht Allgemeiner Teil, § 5 Rn. 248.

156 *Roxin/Greco*, Strafrecht Allgemeiner Teil, § 16 Rn. 66.

Pflichten können jedoch die Bedeutung des rechtlich geschützten Interesses des Täters mindern oder zur Folge haben, dass dieses Interesse vollständig an Bedeutung verliert. Wenn solche Pflichten bestehen, kann dies daher bei der Interessenabwägung zum Nachteil des Täters bewertet werden.[157]

Bei der Interessenabwägung weiter zu berücksichtigen sind die sonstigen besonderen Notstandsvorschriften, die immer vor § 34 StGB Anwendung finden.[158] Danach darf der Täter nicht unter Berufung auf § 34 StGB gerechtfertigt werden, wenn die besonderen Regelungen umgangen werden. § 34 StGB kann jedoch dort Anwendung finden, wo die drohende Gefahr übermäßige und atypische Merkmale aufweist.[159] Wenn darüber hinaus ein Eingriff einer Milderung des sonst erforderlichen Eingriffs dient, lässt sich § 34 StGB ebenfalls anwenden.[160] Der Täter, der die Gefahr aufgrund einer Gesetzesvorschrift tragen muss, ist allerdings nicht unter Berufung auf § 34 StGB zu rechtfertigen.[161] Zivile Ungehorsamkeit lässt sich im Übrigen grundsätzlich nicht anhand von § 34 StGB rechtfertigen;[162] Euthanasie (Sterbehilfe) fällt ebenfalls nicht unter den Anwendungsbereich des § 34 StGB.[163]

Der entschuldigende Notstand findet keine Anwendung, wenn die Rechtsordnung zur Abwendung der gegenwärtigen Gefahr ein gesetzeskonformes Verfahren (insbesondere in der StPO) vorsieht.[164] Einen weiteren bemerkenswerten Punkt bildet die Frage, ob die Handlung eines Hoheitsträgers nach § 34 StGB bewertet werden kann.[165] Die Antwort darauf ist nach § 32 StGB umstritten. Soweit jedoch das Gesetz die Eingriffsgrenzen in Sondervorschriften wie StPO-Vorschriften unmittelbar regelt, ist die Inanspruchnahme des § 34 StGB ausgeschlossen.[166]

Eine Abwägung des Lebens gegen ein anderes Leben kann auf keinen Fall nach § 34 StGB erfolgen, selbst wenn mehrere menschliche Leben gerettet werden

---

[157] *Rengier*, Strafrecht Allgemeiner Teil, § 19 Rn. 37.

[158] *Rengier*, Strafrecht Allgemeiner Teil, § 19 Rn. 56.

[159] *Erb,* in MüKo-StGB, § 34 Rn. 188.

[160] *Roxin/Greco*, Strafrecht Allgemeiner Teil, § 16 Rn. 53.

[161] *Roxin/Greco*, Strafrecht Allgemeiner Teil, § 16 Rn. 54.

[162] *Roxin/Greco*, Strafrecht Allgemeiner Teil, § 16 Rn. 55.

[163] *Roxin/Greco*, Strafrecht Allgemeiner Teil, § 16 Rn. 56.

[164] *Rengier*, Strafrecht Allgemeiner Teil, § 19 Rn. 57.

[165] *Roxin/Greco*, Strafrecht Allgemeiner Teil, § 16 Rn. 103.

[166] *Kühl*, Strafrecht Allgemeiner Teil, § 8 Rn. 179 f.; eine Person wird z. B. verdächtigt, eine Straftat begangen zu haben, und die Ermittlungsbehörden entscheiden, dass sie gemäß den speziellen Bestimmungen der StPO vorläufig festgenommen werden kann. In diesem Fall ist die Anwendung von § 34 StGB ausgeschlossen, da das Gesetz bereits die Eingriffsgrenzen und Bedingungen für die vorläufige Festnahme in den StPO-Vorschriften festgelegt hat.

sollen.[167] Denn der Wert des menschlichen Lebens ist nicht quantifizierbar.[168] Der BGH hat demnach bejaht, dass eine Abwägung nach der Zahl der im Widerstreit stehenden Menschenleben unzulässig ist.[169] Darüber hinaus ist es nach h. M. niemals gestattet, eine Abstufung von Menschenleben nach Qualifikationen durchzuführen.[170] Denn jedes einzelne Leben ist unabhängig von der konkreten Lebenserwartung gleich. Es ist daher immer verboten, eine Abwägung zulasten älterer oder kranker Menschen durchzuführen.[171] Dieses Abwägungsverbot gilt im Übrigen auch im Defensivnotstand, selbst wenn vom Eingriffsopfer eine gegenwärtige Gefahr für den Täter ausgeht.[172]

Bei der Interessenabwägung, in der die widerstreitenden Interessen demselben Rechtsgutsträger zustehen, kommt die mutmaßliche Einwilligung des Opfers in Betracht.[173] In einem solchen Fall gilt § 34 StGB daher grundsätzlich auch für die Interessenabwägung.[174] Wenn das Eingriffsopfer unfähig ist, eine solche Einwilligung zu erklären, wird diese nicht berücksichtigt. Die entsprechende Handlung wird allerdings gerechtfertigt, solange das Opfer die Rettungshandlung nicht ausdrücklich ablehnt.[175]

Ob die Interessenabwägung davon beeinflusst wird, dass der Täter durch die Nötigung eines Dritten die Notstandslage verursachen wird, stellt sich als eine weitere höchst umstrittene Frage dar.[176] Diesbezüglich wurden in der Literatur zwei Ansichten vertreten. Nach der ersten Meinung ist unter keinen Umständen eine Berufung auf § 34 StGB möglich, sodass lediglich entschuldigender Notstand in

---

[167] Die Konstellationen, in der der Täter einige Leben opfert, um eine höhere Anzahl von Leben zu retten, werden in Kapitel E ausführlich untersucht.

[168] *Zieschang*, Strafrecht Allgemeiner Teil, Rn. 259.

[169] BGHSt 35, 347 (350); „Dieser Irrtum über die tatsächlichen Voraussetzungen des § 34 StGB kommt dem Angeklagten aber nicht als Tatbestandsirrtum zugute, weil das in § 34 StGB außerdem vorausgesetzte Überwiegen der Gewichtigkeit des zu schützenden Interesses vor dem zu opfernden eine Abwägung ‚Leben gegen Leben' nicht gestattet."

[170] *Bock*, Strafrecht Allgemeiner Teil, S. 313 f.; *Freund/Rostalski*, Strafrecht Allgemeiner Teil, § 3 Rn. 75; *Rengier*, Strafrecht Allgemeiner Teil, § 19 Rn. 32; *Wessels u. a.*, Strafrecht Allgemeiner Teil, Rn. 476; *Küper*, JuS 1981, 785 (785 ff.); siehe zu ausführlichen Betrachtungen *Wilenmann*, ZStW 2015, 888 (888– 891 und 910).

[171] *Roxin/Greco*, Strafrecht Allgemeiner Teil, § 16 Rn. 33.

[172] NJW 2003, 2464 (2466); auch *Rosenau*, in SK-StGB, § 34 Rn. 20.

[173] *Roxin/Greco*, Strafrecht Allgemeiner Teil, § 16 Rn. 101.

[174] *Rengier*, Strafrecht Allgemeiner Teil, § 19 Rn. 44.

[175] *Roxin/Greco*, Strafrecht Allgemeiner Teil, § 16 Rn. 102.

[176] *Rosenau,* in SK-StGB, § 34 Rn. 30.

Betracht gezogen wird, weil der Täter auf der Seite des Unrechts steht.[177] Nach der zweiten Ansicht kann der Nötigungsnotstand im Rahmen des § 34 StGB berücksichtigt werden, wenn bei der Interessenabwägung das geschützte Interesse das beeinträchtigte wesentlich überwiegt.[178] Ansonsten bliebe nur die Möglichkeit einer Entschuldigung unter den Voraussetzungen des § 35 StGB.

§ 34 StGB setzt ferner unter anderem voraus, dass das Erhaltungsinteresse das Eingriffsinteresse wesentlich überwiegen soll.[179] In § 34 StGB ist daher das Wort „wesentlich" ausdrücklich vorgesehen. Deshalb reicht nach dem Gesetzeswortlaut des § 34 StGB ein geringeres Überwiegen des Interesses nicht aus.[180] Andererseits genügt jedoch nach h. M. jedes Überwiegen, solange dieses eindeutig und zweifelsfrei ist.[181] Ansonsten würde der Anwendungsbereich des § 34 StGB erheblich eingeschränkt.[182]

ii. Angemessenheit

Die Angemessenheit wird zwar im Sinne des § 34 StGB verlangt,[183] findet jedoch in § 35 StGB wie bei der Interessenabwägung keine Anwendung. Im Schrifttum wird häufig diskutiert, ob dieses Merkmal für § 34 StGB tatsächlich erforderlich ist, weil schon die Interessenabwägung dem gleichen Zweck dienen kann.[184] Dieser bezieht sich historisch auf den Gegensatz von Güterabwägung und Zwecktheorie[185] und geht davon aus, dass die Güterabwägung des § 34 Abs. 1 Satz 1 StGB anhand von § 34 Abs. 1 Satz 2 StGB durch die Zwecktheorie ergänzt wird.[186]

Nach einem Teil der Lehre ist die Angemessenheitsklausel dennoch unnötig oder spielt eine Rolle für eine Unterstreichung der Interessenabwägungsklausel.[187] Demnach ist es nicht leicht vorzustellen, inwieweit es sinnvoll sein könnte, dass ein Interesse einerseits wesentlich überwiegender als ein anderes auftaucht und

---

[177] *Perron*, in SSK-StGB, § 34 Rn. 41b.

[178] *Frister*, Strafrecht Allgemeiner Teil, § 17 Rn. 18.

[179] *Zieschang*, in LK-StGB, § 34 Rn. 149.

[180] Ähnlich *Rengier*, Strafrecht Allgemeiner Teil, § 19 Rn. 43.

[181] Gropp/Sinn, Strafrecht Allgemeiner Teil, § 5 Rn. 250; *Rosenau*, in SK-StGB, § 34 Rn. 31; Roxin/Greco, Strafrecht Allgemeiner Teil, § 16 Rn. 90.

[182] *Roxin/Greco*, Strafrecht Allgemeiner Teil, § 16 Rn. 90.

[183] Dies ergibt sich aus dem Gesetzeswortlaut; § 34 Abs. 1 Satz 2 StGB lautet: *[...] Dies gilt jedoch nur, soweit die Tat ein angemessenes Mittel ist, die Gefahr abzuwenden.*

[184] Siehe *Rengier*, Strafrecht Allgemeiner Teil, § 19 Rn. 48.

[185] *Roxin/Greco*, Strafrecht Allgemeiner Teil, § 16 Rn. 19.

[186] *Kindhäuser/Zimmermann*, Strafrecht Allgemeiner Teil, § 17 Rn. 38.

[187] *Baumann u. a.*, Strafrecht Allgemeiner Teil, § 15 Rn. 108; *Kaspar*, Strafrecht Allgemeiner Teil, § 5 Rn. 259; *Perron*, in SSK-StGB, § 34 Rn. 46.

andererseits dieses überwiegende Interesse gleichzeitig unangemessen ist.[188] Eine solche Situation ist daher in der Praxis schlichtweg nicht möglich.

Die Angemessenheitsklausel wird nach h. M. wiederum als zweite Bewertungsstufe angenommen, auf der eine getrennte Bewertung der Interessenabwägung durchgeführt wird.[189] Nach einem Teil der h. L. kommt die Angemessenheitsklausel aber nur dann in Betracht, wenn die gesetzlichen Regelungen eine bestimmte Lösung für den Widerstreit bilden.[190] Ansonsten genügt die Interessenabwägungsklausel für den rechtfertigenden Notstand.

Im Rahmen der Angemessenheitsklausel sollte die Achtung der Menschenwürde unbedingt in Betracht gezogen werden, weil diese in besonderen Fällen vom abstrakten Rangverhältnis der Rechtsgüter unterschieden werden kann.[191] Daraus lässt sich schlussfolgern, dass nach der Abwägung der Interessen eine weitere Betrachtung unbedingt in Bezug auf die Menschenwürde vorgenommen werden soll. Denn ein Verstoß gegen die Menschenwürde kann niemals ein angemessenes Mittel für den rechtfertigenden Notstand darstellen.[192]

Ein weiterer Gesichtspunkt, der im Sinne der Angemessenheitsklausel berücksichtigt werden sollte, ist das Selbstbestimmungsprinzip, welches ein Recht dafür gewährleistet, dass frei und ohne Beeinflussung von anderen entschieden werden kann.[193] In diesem Sinne sollte daher bei der Interessenabwägung ein erheblicher quantitativer Unterschied zwischen denselben widerstreitenden Rechtsgütern bestehen, weil diese auf die Idee der Menschenwürde zurückzuführen ist.[194]

---

188 *Roxin/Greco*, Strafrecht Allgemeiner Teil, § 16 Rn. 91.

189 *Erb*, in MüKo-StGB, § 34 Rn. 243 f.; *Bock*, Strafrecht Allgemeiner Teil, S. 319 ff.; *Rosenau*, in SK-StGB, § 34 Rn. 32.

190 Siehe zu ausführlichen Betrachtungen *Roxin/Greco*, Strafrecht Allgemeiner Teil, § 16 Rn. 93.

191 *Rengier*, Strafrecht Allgemeiner Teil, § 19 Rn. 59; beispielhaft ist es im Sinne der Menschenwürde unangemessen, wenn für eine lebensrettende Operation dringend Blut einer seltenen Blutgruppe benötigt wird und sich ein geeigneter Spender weigert, freiwillig sein Blut zu spenden, weshalb ihm gewaltsam Blut abgenommen wird.

192 *Bock*, Strafrecht Allgemeiner Teil, S. 323; in einer Entscheidung des Europäischen Gerichtshofs für Menschenrechte wurde die Misshandlung eines Täters in Polizeigewahrsam, der an terroristischen Handlungen beteiligt war, als Verstoß gegen die Menschenwürde und gegen Art. 3 MRK eingestuft; EuGRZ 1994, 101–106.

193 *Zieschang*, in LK-StGB, § 34 Rn. 155.

194 *Roxin/Greco*, Strafrecht Allgemeiner Teil, § 16 Rn. 48.

iii. Zumutbarkeit

Die Zumutbarkeit wird zwar im Sinne des § 35 StGB verlangt, findet jedoch in § 34 StGB keine Anwendung.[195] Neben den anderen formalen Voraussetzungen des Notstands aus § 35 Abs. 1 Satz 2 StGB wird zudem ein weiteres Merkmal gefordert, dass dem Täter nicht zugemutet werden soll, die Gefahr hinzunehmen.[196] Dieses Merkmal findet sich jedoch ausschließlich im neuen StGB und weder in § 52 StGB a. F. noch in § 54 StGB a. F.[197] § 35 Abs. 1 Satz 1 StGB stellt zwar eine allgemeingültige Regel auf, allerdings bildet § 35 Abs. 1 Satz 2 StGB zu dieser Regel eine Ausnahme.[198] Somit handelt es sich um ein Regelausnahmeverhältnis zwischen § 35 Abs. 1 Satz 1 und § 35 Abs. 1 Satz 2 StGB.[199]

Im Rahmen des § 35 Abs. 1 Satz 2 StGB setzt das Gesetz bestimmte Umstände voraus, die durch zwei beispielhafte Konstellationen veranschaulicht werden können und die Zumutbarkeit zum Gegenstand haben.[200] In der ersten Konstellationen löst der Täter die Gefahr aus, während er in der zweiten in einem besonderen Rechtsverhältnis steht und ihm daher zugemutet werden kann, die Gefahr hinzunehmen.[201] Durch die Formulierung „namentlich" macht das Gesetz klar, dass es hier nicht um eine abschließende Aufzählung gehen soll, sondern nur um ein sogenanntes Regelbeispiel, von dem aufgrund der Besonderheiten im Einzelfall abgewichen werden kann.[202]

Dabei ist allerdings umstritten, was unter der Herbeiführung der Gefahr zu verstehen ist.[203] In diesem Zusammenhang werden daher verschiedene Auffassungen von der rein kausalen Verursachung[204] bis zur schuldhaften Verursachung der Gefahr[205] vertreten. Gegen die erste Auffassung lässt sich einwenden, dass diese

---

195 Das ergibt sich aus dem Wortlaut des § 35 Abs. 1 Satz 2 StGB.

196 *Rengier*, Strafrecht Allgemeiner Teil, § 26 Rn. 17.

197 *Zieschang*, in LK-StGB, § 35 Rn. 65; siehe zu den altere Vorschriften oben Fn. 470.

198 Dieser sieht vor: *Dies gilt nicht, soweit dem Täter nach den Umständen, namentlich weil er die Gefahr selbst verursacht hat oder weil er in einem besonderen Rechtsverhältnis stand, zugemutet werden konnte, die Gefahr hinzunehmen; jedoch kann die Strafe nach § 49 Abs. 1 gemildert werden, wenn der Täter nicht mit Rücksicht auf ein besonderes Rechtsverhältnis die Gefahr hinzunehmen hatte.*

199 *Kaspar*, Strafrecht Allgemeiner Teil, § 5 Rn. 394.

200 *Freund/Rostalski*, Strafrecht Allgemeiner Teil, § 4 Rn. 53; *Rengier*, Strafrecht Allgemeiner Teil, S. 26 Rn. 17.

201 *Rosenau*, in SK-StGB, § 35 Rn. 13; so ähnlich *Zieschang*, in LK-StGB, § 35 Rn. 66.

202 *Bock*, Strafrecht Allgemeiner Teil, S. 408.

203 *Kaspar*, Strafrecht Allgemeiner Teil, § 5 Rn. 395.

204 Siehe *Fischer,* in KK-StGB, § 35 Rn. 11.

205 Siehe *Perron,* in SSK-StGB, § 35 Rn. 20.

einen grenzenlosen Umfang der Abweichung von § 35 Abs. 1 Satz 2 StGB hervorruft. Gegen die zweite Auffassung ist wiederum vorzubringen, dass der Gesetzgeber in seiner Formulierung des § 35 Abs. 1 Satz 2 StGB bewusst auf das Erfordernis der schuldhaften Verursachung verzichtet hat. Eine anders lautende Auslegung des Gesetzestextes würde demnach dem Willen des Gesetzgebers widersprechen.[206]

Darüber hinaus wird teilweise darauf hingewiesen, dass die Notstandslage durch ein objektiv pflichtwidriges Vorverhalten des Täters verursacht werden soll.[207] Gegen die Auffassung, nach der der Begriff des pflichtwidrigen Herbeiführens einer Gefahr eng zu verstehen ist, sodass eine Selbstgefährdung nicht verboten, d. h. nicht pflichtwidrig ist, bestehen daher ebenfalls Einwände.[208] Nach der weiteren Auffassung ist der Täter für sein Verhalten verantwortlich, auch wenn er ohne einen ausreichenden Grund in eine Gefahr geraten ist, die zu einer Notsituation führt.[209]

Abschließend lässt sich feststellen, dass trotz entgegenstehender Ansichten eine reine Kausalität oder objektive Zurechnung nicht ausreicht, um die Herbeiführung der Gefahr durch den Täter anzunehmen. Andernfalls würde auch ein sozial angemessenes Verhalten von § 35 Abs. 1 Satz 2 StGB erfasst werden, was jedoch den Umfang des entschuldigenden Notstandes einschränken würde.[210]

In diesem Zusammenhang spielt es aber auch keine Rolle, ob der Täter die Gefahr vorsätzlich oder fahrlässig herbeiführt.[211] Zudem handelt es sich nicht allein um eine Gefahr im Sinne des § 35 Abs. 1 Satz 2 StGB, sondern der Täter muss auch die Ausschließung aller anderen Rettungsmittel verursachen.[212] Der Täter muss demnach eine Situation gestalten, die es ihm erlaubt, in fremde Rechtsgüter einzugreifen.[213]

Eine weitere, oft diskutierte Frage ist, wie die Konstellationen behandelt werden sollen, wenn der Täter die Notstandshandlung für diejenige Person ausgeführt hat, die die Gefahr selbst verursacht hat.[214] Darunter fällt jedoch nicht, wenn nicht der Täter selbst, sondern im Gesetz aufgeführte, ihm nahestehende Personen die

---

206 *Zieschang*, in SK-StGB, § 35 Rn. 14.
207 *Wessels u. a.*, Strafrecht Allgemeiner Teil, Rn. 695.
208 *Roxin/Greco*, Strafrecht Allgemeiner Teil, § 22 Rn. 46.
209 *Heger*, in BK-StGB, § 35 Rn. 8.
210 Siehe dazu *Zieschang*, in LK-StGB, § 35 Rn. 69.
211 *Rengier*, Strafrecht Allgemeiner Teil, § 26 Rn. 18.
212 *Roxin/Greco*, Strafrecht Allgemeiner Teil, § 22 Rn. 48.
213 RGSt 72 246, (249); siehe dazu *Zieschang*, in LK-StGB, § 35 Rn. 72.
214 *Heinrich*, Strafrecht Allgemeiner Teil, Rn. 574.

Gefahr herbeiführen.[215] Denn einerseits passt hier nicht die Formulierung des Gesetzeswortlauts „*selbst*" und andererseits wird der Druck auf die Motivation des Notstandshelfers in der Gefahrenlage durch den Gefährdeten nicht unbedingt reduziert.[216]

Besonders strittig sind jedoch Fälle, in denen der Notstandshelfer die Gefahr verursacht.[217] Nach einer Meinung umfasst § 35 Abs. 1 Satz 2 StGB auch diese Konstellationen, wobei der Täter in solchen Fällen nicht entschuldigt wird.[218] Nach einer anderen Meinung hat hier der Täter eine stärkere Motivation, die von ihm verursachte Gefahr für einen anderen zu beseitigen und seinen Fehler zu beseitigen und sollte daher entschuldigt werden.[219]

Das Bestehen eines besonderen Rechtsverhältnisses des Täters stellt die zweite beispielhafte Konstellation des § 35 Abs. 1 Satz 2 StGB dar. Was darunter verstanden werden soll, ist durch eine einzelfallspezifische Bewertung möglich.[220] Ein besonderes Rechtsverhältnis besteht in diesem Sinne, wenn der Täter berufliche oder berufsähnliche Schutzpflichten in der Notstandslage hat.[221] Nach den Gesetzen ist es daher bestimmten Personen aufgrund ihres Amtes, ihrer Tätigkeit oder ihrer übernommenen Pflicht zuzumuten, sich während ihrer Tätigkeit mit verbundenen Risiken in gewissem Umfang abzufinden.[222] Der Betroffene begegnet daher solchen Risiken im Zusammenhang mit seiner beruflichen Tätigkeit.[223]

Dabei ist es jedoch unerheblich, ob das Rechtsverhältnis öffentlicher oder privater Natur ist oder in welcher Weise es durch Gesetz, Verwaltungsakt oder Vertrag begründet wird.[224] Nach der h. L. müssen die Schutzpflichten auf jeden Fall gegenüber der Allgemeinheit bestehen.[225] Deshalb fallen etwa private Beziehungen

---

215 *Rosenau*, in SK-StGB, § 35 Rn. 15.
216 *Bock*, Strafrecht Allgemeiner Teil, S. 409.
217 *Rengier*, Strafrecht Allgemeiner Teil, § 26 Rn. 33.
218 *Engländer*, in VK-StGB, § 35 Rn. 10.
219 *Zieschang*, in LK-StGB, § 35 Rn. 74.
220 *Zieschang*, in LK-StGB, § 35 Rn. 76.
221 *Kühl*, Strafrecht Allgemeiner Teil, § 12 Rn. 69.
222 *Zieschang*, in LK-StGB, § 35 Rn. 76.
223 *Heinrich*, Strafrecht Allgemeiner Teil, Rn. 575; ein Beispiel dafür ist, dass ein Arzt in einem Brandfall auf Kosten seiner Körpersicherheit nicht die Gefahr hinnehmen muss, da seine berufliche Pflicht nicht darin besteht, den Brand zu bekämpfen. Ebenso kann von einem Feuerwehrmann nicht erwartet werden, dass er in einem Brandfall eine Ansteckungsgefahr hinnimmt.
224 *Zieschang*, in LK-StGB, § 35 Rn. 78.
225 *Heger*, in BK-StGB, § 35 Rn. 9; *Heinrich*, Strafrecht Allgemeiner Teil, Rn. 576; *Roxin/Greco*, Strafrecht Allgemeiner Teil, § 22 Rn. 39; *Rönnau*, JuS 2016, 786 (790).

sowie das Eltern-Kind-Verhältnis grundsätzlich nicht unter § 35 Abs. 1 Satz 2 StGB.[226] Darüber hinaus genügt dafür auch keine moralische Pflicht.[227]

Es wird kontrovers diskutiert, ob die Schutzpflichten bestimmter Berufsgruppen, wie jene der Seeleute und Bergführer, ausschließlich für einen begrenzten Personenkreis gelten oder auch Auswirkungen auf die Allgemeinheit haben können. Nach einer Auffassung ist das besondere Rechtsverhältnis im Sinne des § 35 Abs. 1 Satz 2 StGB von der Gewährträgereigenschaft im Sinne des § 13 Abs. 1 StGB zu unterscheiden.[228] Gegen diese Meinung in der Literatur spricht jedoch, dass z. B. die Schutzpflichten der Seeleute und Bergführer bezogen auf Ihre Tätigkeit nicht gegenüber der Allgemeinheit bestehen, sondern nur für einen bestimmten Personenkreis.[229]

Strittig ist jedoch, ob es bei der Notstandshilfe zumutbar ist, wenn der Täter zugunsten eines Angehörigen oder einer ihm nahestehenden Person, die in einem besonderen Rechtsverhältnis steht, handelt.[230] Nach einer Mindermeinung in der Literatur sollte in solchen Fällen der Täter nicht entschuldigt werden, weil diese Regelbeispiele nicht abschließend aufgeführt wurden und daher einzelne Notstandshilfefälle gem. dem Zweck der Vorschrift des § 35 Abs. 1 Satz 2 StGB unter Verwendung der übergeordneten Angemessenheitsklausel behandelt werden können.[231] Diese Ansicht wird jedoch von der h. M. abgelehnt, weil die eindeutige Formulierung des Gesetzeswortlauts *„er [...] selbst“* nicht die in § 35 Abs. 1 Satz 2 StGB aufgeführten Regelbeispiele erfasse.[232] Denn es handele sich dort vor allem um den Fall, wo der Täter selbst in einem besonderen Rechtsverhältnis steht.[233]

Da die Konstellationen der Gefahrverursachung durch den Täter und des Bestehens eines besonderen Rechtsverhältnisses im Sinne des § 35 Abs. 1 Satz 2 StGB lediglich als Regelbeispiele aufgeführt wurden, können abgesehen von diesen auch einige ungeschriebene Merkmale für den entschuldigenden Notstand

---

226 *Neumann*, in NK-StGB, § 35 Rn. 42.

227 *Engländer*, in VK-StGB, § 35 Rn. 11.

228 *Kaspar*, Strafrecht Allgemeiner Teil, § 5 Rn. 402.

229 Siehe zur detaillierten Begründungen *Zieschang*, in LK-StGB, § 35 Rn. 79.

230 *Kindhäuser/Zimmermann*, Strafrecht Allgemeiner Teil, § 24 Rn. 15.

231 *Otto*, Grundkurs Strafrecht, § 14 Rn. 14; *Perron*, in SSK-StGB, § 35 Rn. 29.

232 *Rengier*, Strafrecht Allgemeiner Teil, § 26 Rn. 36; *Roxin/Greco*, Strafrecht Allgemeiner Teil, § 22 Rn. 51; *Zieschang*, in LK-StGB, § 35 Rn. 82.

233 *Fischer*, in KK-StGB, § 35 Rn. 10.

relevant sein.[234] Die entscheidende Frage lautet daher, ob es dem Täter zugemutet werden konnte, die Gefahr hinzunehmen.[235]

Eine dieser ungeschriebenen Konstellationen ist etwa das Vorhandensein einer Garantenstellung, die nur dann unter den Begriff des besonderen Rechtsverhältnisses fällt, wenn sie gegenüber der Allgemeinheit vorliegt.[236] In diesem Zusammenhang ist es daher durchaus sinnvoll, zur näheren Konkretisierung auf die Gewährträgerpositionen nach § 13 Abs. 1 StGB im Sinne einer erhöhten Pflichtenstellung zu verweisen.[237] In diesem Rahmen können einige spezielle Beziehungen unter § 35 Abs. 1 Satz 2 StGB fallen, soweit sie gegenüber der Allgemeinheit vorhanden sein müssen.[238] Insbesondere die Beziehung zwischen einem Kind und seinen Eltern ist daher in der Lehre umstritten. Nach einem Teil der Lehre sollte diese im Rahmen der ungeschriebenen Konstellationen bejaht werden,[239] während sie nach anderer Meinung nicht als eine spezielle Beziehung im Sinne des § 35 Abs. 1 Satz 2 StGB angesehen wird.[240]

Eine weitere ungeschriebene Konstellation ist die Außerverhältnismäßigkeit des angerichteten Schadens durch die Notstandshandlung.[241] Dabei muss der dem Notstandstäter drohende Schaden in einem Verhältnis zu dem aus der Notstandshandlung resultierenden Schaden stehen.[242] Ausnahmsweise ist trotz Vorliegens eines besonderen Rechtsverhältnisses die Unzumutbarkeit anzunehmen, wenn im Einzelfall die drohende Rechtsgutsverletzung in großer Unverhältnismäßigkeit zur Verletzung des vom Täter zu schützenden Rechtsguts führt.[243] Denn die

---

[234] *Kaspar*, Strafrecht Allgemeiner Teil, § 5 Rn. 403.

[235] *Roxin/Greco*, Strafrecht Allgemeiner Teil, § 22 Rn. 52.

[236] *Roxin/Greco*, Strafrecht Allgemeiner Teil, § 22 Rn. 53.

[237] *Zieschang*, in LK-StGB, § 35 Rn. 85.

[238] *Rengier*, Strafrecht Allgemeiner Teil, § 26 Rn. 29; bespielhaft kann sich aus einer politischen Tätigkeit in einer Widerstandsgruppe in einem totalitären Regime eine besondere Gefahrtragungspflicht der Mitglieder untereinander aus dem Gesichtspunkt der Gefahrengemeinschaft ergeben; OLG Freiburg HESt, 200.

[239] Siehe dazu *Rengier*, Strafrecht Allgemeiner Teil, § 26 Rn. 30.

[240] Siehe dazu *Kindhäuser/Zimmermann*, Strafrecht Allgemeiner Teil, § 24 Rn. 14.

[241] *Rosenau*, in SK-StGB, § 35 Rn. 18.

[242] *Roxin/Greco*, Strafrecht Allgemeiner Teil, § 22 Rn. 54.

[243] *Fischer,* in KK-StGB, § 35 Rn. 12; wenn zum Beispiel in einem Einsatz während eines verheerenden Waldbrandes ein Feuerwehrmann vor einem von den Flammen eingeschlossenen Landhaus steht und erkennt, dass er keine Möglichkeit hat, das Feuer zu löschen und sich selbst zu retten. Um größere Verletzungen zu vermeiden und sein eigenes Leben zu schützen, entscheidet er sich schweren Herzens dazu, das bedrohte Eigentum zu zerstören, indem er Löcher in die Wände des Hauses schlägt, um den Flammen Zugang zu ermöglichen. Dadurch breitet sich das Feuer schneller aus, und das Landhaus wird schließlich durch das Feuer zerstört.

Gefahrtragungspflicht ist stets auf Fälle offensichtlicher Unverhältnismäßigkeit zu beschränken. In diesem Zusammenhang reicht das bloße Überwiegen des durch die Nothandlung drohenden Schadens noch nicht aus, um den Täter die Gefahr hinnehmen zu lassen.[244]

Weiterhin kommt eine gesetzliche Duldungspflicht in Betracht, wobei es hier um die Verpflichtung zur Duldung von Zwangsmaßnahmen wie bei der Durchsuchung (§ 102 StPO) oder der Untersuchungshaft (§ 112 StPO) geht, die in einem gesetzlich geregelten Strafverfahren angeordnet wird.[245] Deshalb soll diese zum Teil auch der allgemeinen Angemessenheitsklausel zugeordnete Duldungspflicht sicherstellen, dass die durch die Angemessenheitsklausel gezogenen Grenzen im Rahmen des § 34 StGB nicht mittels des § 35 StGB umgangen werden.[246] § 35 StGB erfasst ebenfalls nicht diejenigen, die ein berechtigtes Notwehrrecht ausgeübt haben, da es auch hier um eine Duldungspflicht geht.[247] Zu den gesetzlichen Duldungspflichten gehören etwa auch jene Konstellationen, in denen die Handlung des Notstandsopfers durch einen Rechtfertigungsgrund gedeckt ist. In einem solche Fall muss der Täter die Notwehrhandlung des Opfers dulden bzw. kann er nicht entschuldigt werden.[248]

Zusammenfassend lässt sich festhalten, dass jede konkrete Konstellation aufgrund ihrer Besonderheiten im Einzelfall getrennt untersucht werden muss, da die in § 35 Abs. 1 Satz 2 StGB genannten Fallkonstellationen, bei denen es sowohl um Gefahrverursachung durch den Täter als auch Bestehen eines besonderen Rechtsverhältnisses geht sowie andere ungeschriebene Fälle nur Regelbeispiele sind. Deshalb kann es dem Täter unter keinen Umständen zugemutet werden, sich selbst zu opfern, insbesondere wenn es um den Verlust eines bedeutenden Rechtsguts wie dem Leben geht und er selbst die Gefahr verursacht hat bzw. in einem besonderen Rechtsverhältnis steht. Denn es darf in einer Notstandslage von niemandem erwartet werden, seinen eigenen Tod hinzunehmen.[249]

3. Exkurs: Der rechtfertigende Notstand im Kontext des Klimaaktivismus

Die Rechtfertigung von Klimaprotesten durch den rechtfertigenden Notstand hat in jüngster Zeit an Bedeutung gewonnen, insbesondere wenn es um die

---

244 *Zieschang*, in LK-StGB, § 35 Rn. 91.

245 *Kühl*, Strafrecht Allgemeiner Teil, S. 12 Rn. 77.

246 *Rengier*, Strafrecht Allgemeiner Teil, § 26 Rn. 26.

247 *Perron*, in SSK-StGB, § 35 Rn. 32.

248 *Jakobs,* Strafrecht Allgemeiner Teil, § 20 Rn. 14.

249 *Zieschang*, in LK-StGB, § 35 Rn. 75.

Beurteilung von Straftaten geht, die während solcher Proteste begangen werden.[250] Ein bezeichnendes Beispiel hierfür ist ein kürzlich ergangenes Gerichtsurteil, in dem der Hausfriedensbruch eines Klimaaktivisten auf einem Privatgrundstück, auf dem die legalen Bäume gefällt werden sollten, als gerechtfertigt angesehen wurde, da er sich auf den rechtfertigenden Notstand berief.[251]

Es gibt jedoch Konstellationen, in denen eine Protestaktion darauf abzielt, eine klimaschädliche Handlung zu verhindern, und auf die der rechtfertigende Notstand nicht ohne weiteres angewendet werden kann. [252] Denn solche Handlungen erfüllen per se nicht die Voraussetzungen, unter denen sie erforderlich erscheinen und als angemessene Mittel zur Gefahrenabwehr angesehen werden. [253]

Im Schrifttum wird zudem argumentiert, dass es in erster Linie Aufgabe des Staates sei, Maßnahmen zum Schutz des Klimas durch demokratische Entscheidungsprozesse zu ergreifen.[254] Straftaten, die während der Protestaktionen begangen werden, werden in diesem Zusammenhang als möglicherweise kontraproduktiv und nicht im Einklang mit dem demokratischen Prinzip betrachtet. Insbesondere die Erforderlichkeit und Verhältnismäßigkeit symbolischer Proteste wie Verkehrsbehinderungen oder die Verunstaltung von Kunstwerken werden in Frage gestellt.[255]

Auch die mögliche Berufung auf Art. 20a GG und einen Klimabeschluss des Bundesverfassungsgerichts[256] ändert nichts an der Bewertung der Rechtfertigung solcher Aktionen. Die Umgehung eines rechtlichen Verfahrens stellt daher keine rechtfertigende Lösung dar. In Bezug auf Straftaten, die von Aktivisten um des Klimaschutzes willen begangen werden, kommt die Bewertung daher zu dem Ergebnis, dass diese nicht als rechtfertigender Notstand angesehen werden können.

4. Subjektive Voraussetzungen

Im Rahmen des § 34 StGB ist umstritten, ob eine besondere subjektive Voraussetzung für den rechtfertigenden Notstand verlangt wird.[257] Grundsätzlich

---

[250] *Horter/Zimmermann,* GA 2023, 440 (440 f.).

[251] AG Flensburg, Urt. v. 07.11.2022 - 440 Cs 107 Js 7252/22.

[252] *Wessels u. a.*, Strafrecht Allgemeiner Teil, Rn. 472.

[253] *Engländer*, JZ 2023, 255 (256).

[254] *Horter/Zimmermann,* GA 2023, 440 (447).

[255] *Wessels u. a.*, Strafrecht Allgemeiner Teil, Rn. 472.

[256] BVerfGE 157, 30.

[257] *Gropp/Sinn,* Strafrecht Allgemeiner Teil, § 5 Rn. 269; nach dem BGH und einem Teil der Lehre muss der Täter bei Begehung der Tat einen Rettungswillen haben;

bestehen jeweils zwei Ansichten zur Notwendigkeit des subjektiven Rechtfertigungselements. Allerdings ist unumstritten, dass als subjektives Element der Vorsatz des Täters alle objektiven Umstände des rechtfertigenden Notstands umfassen muss.[258] Deshalb kann davon ausgegangen werden, dass das subjektive Rechtfertigungselement wenigstens die Kenntnis der Rechtsfertigungslage voraussetzt.[259]

Nach dem BGH und einem Teil der Lehre muss der Täter in seiner Tat einen Rettungswille haben; dieser ergibt sich aus dem Gesetzeswortlaut: „*[...] um die Gefahr abzuwenden.*"[260] Demnach wird dafür ein inhaltlicher Zweck zur Gefahrenabwehr verlangt. Der Rettungswille fehlt jedoch dann, wenn der Täter absichtlich oder wissentlich die Notstandslage verursacht hat.[261] Dies erfordert keine gewissenhafte, sorgfältige Prüfung der Notstandslage.[262] Auch wenn die Rettung nicht der einzige Zweck des Täters ist, ist der Rettungswille in seiner Tat dennoch gegeben.[263] § 34 StGB stellt jedoch ausdrücklich fest, dass die Absicht zur Gefahrenabwehr nicht nur den Fall umfasst, dass der Täter die Gefahr von sich abwenden will, sondern auch die Konstellation, dass er die Gefahr von einem anderen abwenden will.[264]

Nach einer anderen Ansicht ist dafür ausreichend, dass der Täter von allen tatsächlichen Umständen des § 34 StGB Kenntnis hat bzw. er im Bewusstsein in der Gefahrenlage handelt und weiß, dass sein Handeln das mildeste effektive Mittel zum Schutz des bedrohten Rechtsguts ist.[265] In diesem Zusammenhang genügt für den Täter, wenn er wirklich daran glaubt, dass das geschützte Rechtsgut als bedrohtes Rechtsgut überwiegend ist. Deshalb wird dafür weiterhin kein Rettungswille gefordert.[266] Nach *Rengier* setzt § 34 StGB dafür zumindest einen nicht ganz in den Hintergrund gedrängten, zielgerichteten Rettungswillen voraus.[267] Weitergehende Erfordernisse werden allerdings abgelehnt, weil dies zu einem Gesinnungsstrafrecht führen würde.[268]

NJW 1979, 2621 (2622); *Rosenau*, in SK-StGB, § 34 Rn. 35.; a. A. *Perron,* in SSK-StGB, § 34 Rn. 48.

258 *Kaspar*, Strafrecht Allgemeiner Teil, § 5 Rn. 262.

259 *Kindhäuser/Zimmermann*, Strafrecht Allgemeiner Teil, § 17 Rn. 41.

260 NJW 1979, 2621 (2622); *Rosenau*, in SK-StGB, § 34 Rn. 35.

261 *Zieschang*, in LK-StGB, § 34 Rn. 85.

262 *Engländer*, in VK-StGB, § 34 Rn. 44.

263 *Wessels u. a.*, Strafrecht Allgemeiner Teil, Rn. 490.

264 *Zieschang,* in LK-StGB, § 34 Rn. 87.

265 *Fischer,* in KK-StGB, § 34 Rn. 27.

266 *Roxin/Greco*, Strafrecht Allgemeiner Teil, § 16 Rn. 105.

267 *Rengier*, Strafrecht Allgemeiner Teil, § 19 Rn. 63.

268 *Zieschang*, in LK-StGB, § 34 Rn. 80.

Wenn das subjektive Rechtfertigungselement fehlt, ist der Täter gemäß § 34 StGB nicht gerechtfertigt. Daraus ergibt sich die kontrovers diskutierte Frage, welche Konsequenzen sich aus diesem Nichtvorhandensein ergeben.[269] Nach h. M. wird die Ansicht vertreten, dass der Täter wegen des Versuchs bestraft werden kann, soweit die Strafbarkeit des Versuchs im Gesetz ausdrücklich vorgesehen ist.[270] Demnach fehlt das Erfolgsunrecht und es liegt lediglich ein Handlungsunrecht vor. Eine andere Auffassung geht hingegen von einer Bestrafung wegen eines vollendeten Delikts aus.[271]

Im Unterschied zu § 34 StGB gibt es in § 35 StGB keine Diskussion über das subjektive Element.[272] Im Rahmen des § 35 StGB wird neben den allgemeinen subjektiven Voraussetzungen auch der Rettungswille verlangt. Der Täter muss also durch den Rettungswillen motiviert gewesen sein, sodass die bloße Kenntnis der bestehenden Gefahr dafür nicht ausreichend ist, um den Täter zu entschuldigen.[273] Demnach wird das Vorliegen des notwendigen, seelischen Motivationsdruck im Falle des § 35 StGB vermutet, wenn die Gefahrenabwendungsabsicht gegeben ist.[274]

Ein edler Antrieb zum Rettungsmotiv ist jedoch im Sinne des § 35 StGB nicht unbedingt erforderlich bzw. muss ein solcher nicht das einzige Motiv des Täters sein.[275] Der Täter kann daher einen anderen prävalenten Zweck verfolgen, soweit er zumindest einen Rettungswille hat.[276] Die Rechtsprechung setzt außerdem eine noch sorgfältigere Prüfung im Rahmen des § 35 StGB voraus, ob in der Notstandslage sonstige Möglichkeiten zur Gefahrenabwendung vorliegen.[277]

Im Falle des Fehlens eines subjektiven Entschuldigungselements entfällt die Entschuldigung des Täters nach § 35 StGB, soweit alle objektiven Umstände erfüllt sind. Daraus folgend ist der Täter aufgrund der vollendeten Tat zu bestrafen.[278] Da jedoch die Erforderlichkeit des subjektiven Entschuldigungselements im

---

269 *Zieschang*, in LK-StGB, § 35 Rn. 84.

270 *Engländer*, in VK-StGB, § 34 Rn. 44; *Fischer,* in KK-StGB, § 34 Rn. 28; *Kühl*, Strafrecht Allgemeiner Teil, § 8 Rn. 185; *Roxin/Greco*, Strafrecht Allgemeiner Teil, § 16 Rn. 105.

271 *Heinrich*, Strafrecht Allgemeiner Teil, Rn. 326.

272 *Rengier*, Strafrecht Allgemeiner Teil, § 26 Rn. 11.

273 *Roxin/Greco*, Strafrecht Allgemeiner Teil, § 22 Rn. 32.

274 *Heger*, in BK-StGB, § 35 Rn. 5.

275 *Kaspar*, Strafrecht Allgemeiner Teil, § 35 Rn. 393.

276 *Baumann u. a.*, Strafrecht Allgemeiner Teil, § 18 Rn. 29.

277 *Kindhäuser/Zimmermann, Strafrecht* Allgemeiner Teil, § 24 Rn. 11; a. A. siehe *Rosenau*, in SK-StGB, § 35 Rn. 20.

278 *Neumann*, in NK-StGB, § 35 Rn. 20.

Vergleich zu § 34 StGB unumstritten ist, kommt die Versuchslösung dafür nicht in Betracht.

Schließlich werden im Schrifttum die unterschiedlichen Auslegungsarten der subjektiven Notstandsregelungen mit dem Argument kritisiert, dass beide Vorschriften über dieselbe Formulierung „*[...] von sich oder [...] abzuwenden*" verfügen.[279] Es ist daher sinnlos, aus dieser klaren Gesetzesformulierung unterschiedliche Bedeutungen zwischen den § 34 und § 35 StGB im Hinblick auf den Rettungswillen abzuleiten.

IV. Der Putativnotstand

§ 34 StGB sieht keine spezielle Irrtumsregelung für den Notstand vor, wohingegen in § 35 Abs. 2 StGB eine eigenständige Irrtumsregelung normiert wird, die von den Vorschriften der §§ 16, 17 StGB abweicht, da sie selbst eine andere Kategorie darstellt.[280] So gelten etwa die allgemeinen Irrtumsregelungen nur für den rechtfertigenden Notstand, während eine spezielle Irrtumsregelung für entschuldigenden Notstand zur Anwendung kommt.[281]

Im Sinne des § 34 StGB liegt ein Erlaubnistatbestandsirrtum vor, wenn nach der Vorstellung des Täters Umstände gegeben sind, die bei ihrem tatsächlichen Vorliegen die Voraussetzungen der Rechtfertigung erfüllen und insofern die Rechtswidrigkeit der Tat entfallen lassen würden.[282] Dies wäre etwa dann der Fall, wenn sich der Täter eine Gefahr, die tatsächlich nicht besteht, einbildet oder er davon ausgeht, dass das geschützte Interesse das beeinträchtigte Interesse wesentlich überwiegt.[283] Andererseits liegt kein Erlaubnistatbestandsirrtum vor, wenn sich der Täter den Sachverhalt zwar richtig vorstellt, aber über die Grenzen der Rechtfertigung hinausgeht. Der Täter nimmt hier vielmehr die gesetzlichen Grenzen des Rechtfertigungsgrundes irrig an.[284] Dennoch kommt hierfür ein Verbotsirrtum in Betracht, soweit dieser Irrtum unvermeidbar ist.[285]

Es ist jedoch umstritten, wie ein solcher Erlaubnistatbestandsirrtum behandelt werden soll.[286] Nach h. M. und Rechtsprechung, die eine eingeschränkte Schuldtheorie vertreten, entfällt im Falle eines Erlaubnistatbestandsirrtums der

---

279 *Zieschang*, in LK-StGB, § 35 Rn. 53.
280 *Heger*, in BK-StGB Strafgesetzbuch, § 35 Rn. 13.
281 So auch *Zieschang*, in LK-StGB, § 35 Rn. 108.
282 *Rosenau*, in SK-StGB, § 34 Rn. 37.
283 *Zieschang*, in LK-StGB, § 34 Rn. 167.
284 *Zieschang*, in LK-StGB, § 34 Rn. 168.
285 *Perron*, in SSK-StGB Strafgesetzbuch: Kommentar, § 34 Rn. 51.
286 Über diese Diskussion siehe *Heuchemer*, JuS 2012, 795 (795 ff.).

Vorsatz analog zu § 16 StGB.[287] Die Anhänger der strengen Schuldtheorie vertreten dagegen die Ansicht, dass im Falle eines Erlaubnistatbestandsirrtums § 17 StGB Anwendung findet.[288]

In § 35 Abs. 2 StGB wird die spezielle Irrtumsregelung für den entschuldigenden Notstand geregelt.[289] Hierbei handelt es sich um die irrige Annahme des Vorliegens der tatsächlichen Umstände der entschuldigten Notstandslage.[290] Der Grund dafür ist nach *Roxin*, dass ein tatsächlich existierender Notstand bereits die Schuld des Täters nicht ausschließt, sondern dessen Existenz zur Folge hat, dass der Gesetzgeber mangels präventiver Notwendigkeit der Verhängung einer Strafe den Täter für sein Handeln nicht verantwortlich macht.[291]

Auch die Konstellationen, in denen der Täter irrig annimmt, dass die Gefahr tatsächlich besteht oder deren Abwehr anders nicht möglich ist bzw. die Gefahr gegenwärtig ist, fallen unter § 35 Abs. 2 StGB.[292] Das Gleiche gilt im Übrigen für einen Umstand, der auf der Zumutbarkeitsklausel beruht.[293] Auch bei einer wahnhaften Vorstellung des Täters kommt ein Irrtum nach dem BGH gem. § 35 Abs. 2 StGB in Betracht.[294] Zudem liegt ein Irrtum im Sinne des § 35 Abs. 2 StGB vor, wenn sich der Täter irrig vorstellt, dass die Personen, denen er geholfen hat, im Gesetz aufgeführt werden.[295] § 35 Abs. 2 StGB greift auch dann, wenn es um die Überschreitung des entschuldigenden Notstands geht, soweit ein sachlicher Irrtum vorliegt und eine Sachlage angenommen wird, bei der diese Abwehrhandlung entschuldigt ist.[296]

Ein im Sinne des § 35 Abs. 2 StGB aufgeführter Irrtum muss für den Täter unvermeidbar sein. Wenn der Irrtum vermeidbar ist, sieht § 35 Abs. 2 StGB eine obligatorische Strafmilderung nach § 49 Abs. 1 StGB vor.[297] Dabei ist jedoch

---

[287] BGHSt 3, 105 (106); BGHSt 3, 357, (364); BGHSt 31, 264 (287); BGHSt 35, 347 (350); NStZ 2014, 30 (30); *Freund/Rostalski*, Strafrecht Allgemeiner Teil, § 7 Rn. 107; *Jäger*, Examens-Repetitorium Strafrecht Allgemeiner Teil, Rn. 291; *Kühl*, Strafrecht Allgemeiner Teil, § 13 Rdn. 72.

[288] *Paeffgen/Zabel*, in NK-StGB, Vor §§ 32 Rn. 108.

[289] § 35 Abs. 2 StGB lautet: *Nimmt der Täter bei Begehung der Tat irrig Umstände an, welche ihn nach Absatz 1 entschuldigen würden, so wird er nur dann bestraft, wenn er den Irrtum vermeiden konnte. Die Strafe ist nach § 49 Abs. 1 zu mildern.*

[290] *Zieschang*, in LK-StGB, § 35 Rn. 108.

[291] *Roxin/Greco*, Strafrecht Allgemeiner Teil, § 22 Rn. 59.

[292] *Roxin/Greco*, Strafrecht Allgemeiner Teil, § 22 Rn. 63.

[293] *Rosenau*, in SK-StGB, § 35 Rn. 23.

[294] NStZ 2011, 336 (337).

[295] *Roxin/Greco*, Strafrecht Allgemeiner Teil, § 22 Rn. 63.

[296] *Zieschang*, in LK-StGB, § 35 Rn. 118.

[297] *Rosenau*, in SK-StGB, § 35 Rn. 23.

unklar, was unter dem Begriff der Vermeidbarkeit zu verstehen ist.[298] Es ist außerdem darauf hinzuweisen, dass es bei der Vermeidbarkeit nicht immer nur um die Prüfung der Erforderlichkeit der Notstandshandlung geht. Wenn tatsächlich keine Gefahr bestand, ist jedenfalls entscheidend, ob die irrtümliche Annahme der Notlage vermeidbar war und gegebenenfalls, ob die irrtümliche Annahme einer Gefahr unzumutbar und damit vermeidbar war.[299]

§ 35 Abs. 2 StGB findet allerdings keine Anwendung, wenn der Täter das Vorliegen der geglaubten Umstände des Notstands nur für möglich hält.[300] Im Übrigen ist § 35 Abs. 2 StGB nicht anwendbar, wenn der Täter über die Grenzen des § 35 Abs. 1 StGB hinausgeht.[301] Ebenso gilt § 35 Abs. 2 StGB nicht für den Fall, in dem sich der Täter einen nicht vorhandenen Entschuldigungsgrund vorstellt.[302] Weiterhin würde § 35 Abs. 2 StGB nicht die Fälle erfassen, wenn der Täter zwar seine pflichtwidrige Gefahrverursachung oder das besondere Rechtsverhältnis anerkennt, aber irrtümlich daran glaubt, dass keine erhöhte Gefahrtragungspflicht besteht.[303] In diesem Zusammenhang kann jedoch die fakultative Strafmilderung in Betracht kommen.[304]

Geht es um einen Irrtum im Rahmen des § 35 Abs. 2 StGB, werden solche Fälle nach den geltenden Regeln des Verbotsirrtums gem. § 17 StGB behandelt.[305] Wiederum kann gegen diese Auffassung eingewendet werden, dass § 35 Abs. 2 StGB eine selbstständige Irrtumskategorie hat.[306] Zudem ist hier zu beachten, dass die Strafrahmenmilderung bei § 17 StGB fakultativ und bei § 35 Abs. 2 StGB obligatorisch ist.[307] § 35 Abs. 2 StGB darf daher auf keinen Fall mit einem Erlaubnistatbestandsirrtum verwechselt werden.[308]

---

[298] Der BGH hat gerade die Voraussetzungen der Vermeidbarkeit auf folgende Weise formuliert: „Die Unvermeidbarkeit eines Verbotsirrtums setzt voraus, dass der Täter alle seine geistigen Erkenntniskräfte eingesetzt und etwa aufkommende Zweifel durch Nachdenken oder erforderlichenfalls durch Einholung verlässlichen und sachkundigen Rechtsrats beseitigt hat“ NJW 2017, 1487 (1489).

[299] *Zieschang*, in LK-StGB, § 35 Rn. 115.

[300] *Rosenau*, in SK-StGB, § 35 Rn. 23; a. A. *Zieschang*, in, LK-StGB, § 35 Rn. 111.

[301] *Roxin/Greco*, Strafrecht Allgemeiner Teil, § 22 Rn. 35.

[302] *Rengier*, Strafrecht Allgemeiner Teil, § 32 Rn. 3.

[303] *Zieschang*, in, LK-StGB, § 35 Rn. 116.

[304] *Roxin/Greco*, Strafrecht Allgemeiner Teil, § 22 Rn. 64.

[305] *Rengier*, Strafrecht Allgemeiner Teil, § 26 Rn. 39; ähnlich *Heger*, in BK-StGB, § 35 Rn. 13.

[306] *Jescheck/Weigend*, Lehrbuch des Strafrechts: Allgemeiner Teil, S. 507.

[307] *Roxin/Greco*, Strafrecht Allgemeiner Teil, § 22 Rn. 61.

[308] *Rengier*, Strafrecht Allgemeiner Teil, § 26 Rn. 39.

V. Rechtsfolgen

Im Rahmen des rechtfertigenden Notstands handelt der Täter gerechtfertigt, wenn im Einzelfall alle Voraussetzungen des § 34 StGB erfüllt sind und sein Verhalten deshalb nicht strafbar ist;[309] d. h., das Unrecht der Tat existiert nicht. Wenn der Täter in einer Notstandslage nicht rechtswidrig gehandelt hat, darf das Notstandsopfer sein Notwehrrecht nicht gegen ihn ausüben, weil eben kein rechtswidriger Angriff im Rahmen des § 32 StGB vorliegt.[310] Aus denselben Gründen ist die Teilnahme an einer rechtfertigenden Notstandshandlung nach § 34 StGB nicht möglich.[311]

Im Rahmen des entschuldigenden Notstands entfällt die Schuld des Täters, wenn im Einzelfall alle Voraussetzungen des § 35 StGB erfüllt sind und der Ausschluss nach § 35 Abs. 1 Satz 2 StGB nicht stattgefunden hat.[312] Trotz des Vorliegens einer tatbestandsmäßigen, rechtswidrigen Tat kann der Täter nicht bestraft werden, weil es im dreistufigen Verbrechensaufbau an der Schuld mangelt.[313] Da jedoch der Täter in der Notstandslage rechtswidrig gehandelt hat, darf das Notstandsopfer ein Notwehrrecht gegen diesen ausüben.[314]

Zwar ist die Teilnahme an einer entschuldigenden Notstandshandlung nach § 35 StGB aufgrund des Vorhandenseins einer rechtswidrigen Tat grundsätzlich möglich, allerdings ist eine solche Teilnahme kompliziert.[315] Wenn mehrere Personen an einer Tat beteiligt sind, findet die Entschuldigung nach § 35 StGB Anwendung nur für den Täter oder Teilnehmer, der die entsprechenden Voraussetzungen persönlich erfüllt.[316] Unter diesem Gesichtspunkt ist es daher möglich, dass ein Beteiligter nach § 35 StGB exkulpiert werden kann, der andere jedoch nicht.[317] Entscheidend ist hier, ob der Teilnehmer selbst die Voraussetzungen des § 35 StGB erfüllt, ohne dass dies von der Schuld des Haupttäters abhängt.[318] Aus diesen Gründen ist die Entschuldigung nach § 29 StGB für jeden einzelnen Teilnehmer separat zu prüfen.[319]

---

309 *Zieschang*, in LK-StGB, § 34 Rn. 165.

310 *Rosenau*, in SK-StGB, § 34 Rn. 39.

311 *Rengier*, Strafrecht Allgemeiner Teil, § 17 Rn. 1.

312 *Kindhäuser/Zimmermann*, Strafrecht Allgemeiner Teil, § 24 Rn. 1.

313 *Zieschang*, in LK-StGB, § 35 Rn. 99.

314 *Rosenau*, in SK-StGB, § 35 Rn. 21.

315 *Roxin/Greco*, Strafrecht Allgemeiner Teil, § 22 Rn. 66.

316 *Heger*, in BK-StGB, § 35 Rn. 15.

317 *Engländer*, in VK-StGB, § 35 Rn. 18.

318 *Rosenau*, in SK-StGB, § 35 Rn. 21.

319 *Müssig*, in MüKo-StGB, § 35 Rn. 86.

Darüber hinaus ist in § 35 Abs. 1 Satz 2 StGB eine fakultative Strafmilderung durch die Anwendung des § 49 Abs. 1 StGB vorgesehen, wenn der Täter mit Rücksicht auf ein besonderes Rechtsverhältnis die Gefahr nicht hinzunehmen hatte.[320]

VI. Das Verhältnis zwischen § 34 und § 35 StGB

Im StGB lässt sich ausdrücklich zwischen dem rechtfertigenden und entschuldigenden Notstand unterscheiden, indem die sog. Differenzierungstheorie herangezogen wird.[321] Auch hier ergeben sich jedoch erhebliche Unterschiede zwischen Rechtfertigungs- und Entschuldigungsgründen.[322] Allerdings sind dabei nicht die Unterschiede zwischen diesen Gründen gemeint, sondern die Voraussetzungen des Notstands gem. den §§ 34, 35 StGB, die zwar einheitlich dargestellt werden können, zugleich aber wesentliche Unterschiede aufweisen. Daher werden in diesem Abschnitt die allgemeinen Rechtswidrigkeit- und Schuldmerkmale ausgeblendet.

Zur Übereinstimmung der Notstandsmerkmale für beide Notstandsarten muss zuerst eine gegenwärtige Gefahr für ein Rechtsgut vorhanden sein.[323] Darüber hinaus muss diese gegenwärtige Gefahr ‚nicht anders abwendbar' sein.[324] Die Notstandshandlung muss deshalb zur Abwendung der gegenwärtigen Gefahr geeignet und erforderlich sein.[325]

Im Unterschied zu § 34 und § 35 StGB gilt der rechtfertigende Notstand für alle Rechtsgüter.[326] Der entschuldigende Notstand kommt dagegen nur für Leben, Leib und Freiheit in Betracht.[327] Zudem kann der entschuldigende Notstand ausschließlich für die handelnde Person selbst, für einen Angehörigen oder eine ihr nahestehende Person verlangt werden.[328] Im rechtfertigenden Notstand kann

---

320 *Rosenau*, in SK-StGB, § 35 Rn. 22.

321 *Zieschang*, JA 2007, 679 (681).

322 Siehe zu ausführlichen Darstellungen darüber *Eser*, Die Unterscheidung von Rechtfertigung und Entschuldigung, S. 301 (301 ff).

323 Dieses Merkmal steht ausdrücklich in § 34 StGB sowie in § 35 StGB.

324 Ebenso ergibt sich dies aus dem Wortlaut der § 34 und § 35 StGB.

325 Siehe dazu bereits oben C. III. 2. b.

326 Das ergibt sich aus dem Wortlaut des § 34 StGB: *[...] nicht anders abwendbaren Gefahr für Leben, Leib, Freiheit, Ehre, Eigentum oder ein anderes Rechtsgut [...].*

327 Das ergibt sich aus dem Wortlaut des § 35 StGB: *[...] nicht anders abwendbaren Gefahr für Leben, Leib oder Freiheit, [...].*

328 Das ergibt sich aus dem Wortlaut des § 35 StGB: *[...] um die Gefahr von sich, einem Angehörigen oder einer anderen ihm nahestehenden Person abzuwenden [...].*

hingegen eine Notstandshandlung bei jeder Rechtsgutsverletzung und für jede Person ausgeführt werden.[329]

Ein weiterer Unterschied ist, dass im rechtfertigenden Notstand eine Interessenabwägung zwischen den betreffenden Rechtsgütern vorgenommen werden muss.[330] Demnach muss das geschützte Interesse das beeinträchtigte wesentlich überwiegen. Im entschuldigenden Notstand findet sich hingegen keine solche Abwägung. Hier wird eine Unzumutbarkeit der Hinnahme der Gefahr verlangt.[331] Wenn der Täter beispielsweise die betroffene Gefahr selbst verursacht hat oder ein besonderes Rechtsverhältnis besteht, die Gefahr hinzunehmen, wird dieser nicht im Sinne des § 35 StGB entschuldigt. Nach § 34 StGB ist zugleich die Angemessenheit der Handlung als ein weiteres Merkmal zu verlangen.[332]

Auf der subjektiven Seite wird im Unterschied zu § 34 StGB in § 35 StGB zusätzlich ein Rettungswille gefordert.[333] Nach einem Teil der Lehre, die heute nicht herrschend ist, wird ein Rettungswille auch im rechtfertigenden Notstand verlangt.[334]

---

329 Das ergibt sich aus dem Wortlaut des § 34 StGB: *[...] um die Gefahr von sich oder einem anderen abzuwenden [...].*

330 Siehe dazu bereits oben C. III. 2. c. i.

331 Siehe dazu bereits oben C. III. 2. c. iii.

332 Siehe dazu bereits oben C. III. 2. c. ii.

333 *Roxin/Greco*, Strafrecht Allgemeiner Teil, § 22 Rn. 32.

334 *Rosenau*, in SK-StGB, § 34 Rn. 35.

D. Notstand im türkischen Recht

I. Historische Entwicklung der Notstandsregelungen

Im Zuge einer Untersuchung der historischen Entwicklung des Notstands im türkischen Strafrecht, wird deutlich, dass dieser Entwicklungsprozess eine bestimmte Zeit andauerte. In der Zeit des Osmanischen Reichs kommt etwa keine materiell-rechtliche Vorschrift über den Notstand bis 1858 vor. In diesem Jahr trat schließlich die erste materiell-rechtliche Vorschrift über den Notstand gem. Art. 42 des osmanischen Strafgesetzbuches in Kraft,[1] dem das französische Strafgesetzbuch von 1810 zugrunde lag.[2] Dieser Artikel scheint sich jedoch eher auf die Bedrohung und seelische Nötigung als auf den allgemeinen Notstand zu beziehen.[3]

In der zivilrechtlichen Regelung, im sog. Mecelle,[4] normierte der osmanische Gesetzgeber verschiedene notstandsrelevante Vorschriften.[5] Nach den im Mecelle geregelten Notstandsfällen kann davon ausgegangen werden, dass der Notstand ein Rechtfertigungsgrund war; in einigen Fällen wurde er jedoch als ein Entschuldigungsgrund angenommen.[6]

Im Jahr 1926, nach der Gründung der Republik Türkei im Jahre 1923 an Stelle des Osmanischen Reichs, wurde die materiell-rechtliche Vorschrift über den Notstand gem. Art. 49 Abs. 3 tStGB a. F. in das neu in Kraft getretene Strafgesetzbuch aufgenommen, das auf dem italienischen Zanardelli-Code[7] von 1889

---

1 Das gesamte Gesetz siehe *Akgündüz*, Mukayeseli İslâm ve Osmanlı Hukuku Külliyatı, S. 621 ff.

2 *Toroslu*, Ceza Hukukunda Zaruret Hali, S. 9.

3 *Taner*, Ceza Hukuku Umumi Kısım, S. 242.

4 Mecelle-i Ahkâm-ı Adliye, oder kurz Mecelle, ist ein Kodex des islamischen Privatrechts, der zwischen 1868 und 1876 von einer Kommission unter der Leitung von Ahmet Cevdet Pascha zusammengestellt wurde. Im letzten halben Jahrhundert des Osmanischen Reiches wurde shar'i als Rechtsgrundlage bei den Gerichten verwendet; siehe zu ausführlichen Angaben *Şimşirgil/Ekinci*, Ahmed Cevdet Paşa ve Mecelle.

5 Als Beispiel seien folgende Arten angeführt: Art. 17, 18, 21, 22, 23, 32, 33, 87 Mecelle; der gesamte Text von Mecelle siehe *Simsirgil/Ekinci*, Ahmed Cevdet Pasa ve Mecelle, S. 85 ff.

6 Ein Beispiel hierfür sind Art. 17 und 29 Mecelle.

7 Das Zanardelli-Gesetz war ein bedeutendes Gesetzeswerk, das 1889 in Italien verabschiedet wurde. Es handelte sich um eine umfassende Reform des Strafgesetzbuchs, die darauf abzielte, das Strafrecht zu modernisieren und zu kodifizieren. Das Gesetz führte klare und einheitliche Regeln für Verbrechen und Strafen ein und beseitigte

beruhte.[8] Die Anwendung dieser Vorschrift, durch die der Notstand als ein Rechtfertigungsgrund angenommen wurde, blieb bis zum neuen Millennium in Geltung.[9]

Zu Beginn des neuen Millenniums wurden im Rahmen des Beitrittsprozesses zur Europäischen Union umfassende Gesetzesreformen für fast alle Rechtsgebiete im türkischen Strafrecht durchgesetzt. Auf der Basis dieser Reformen wurden mehrere Gesetze verändert, aufgehoben und neue Gesetze, einschließlich des neuen türkischen Strafgesetzbuches (tStGB) vom 2004, verabschiedet.[10] Der strafrechtsrelevante Teil des Notstands wurde in Art. 25 Abs. 2 tStGB als Einzelnorm geregelt. Parallel zu dieser Vorschrift wurden formelle Regelungen über den Notstand auch in das türkische Zivilgesetzbuch (Art. 753 tZGB) sowie das türkische Obligationsrecht (Art. 64 Abs. 2 tOGB), das einen Bestandteil des türkischen Zivilgesetzbuches ausmacht, aufgenommen. Diese Vorschriften über den Notstand, die sowohl im tStGB als auch im tZGB und im tOGB vorhanden sind, sind heute noch in Kraft.

II. Überblick über die aktuellen Vorschriften des Notstands

Der Notstand wird im türkischen Strafrecht in unterschiedlichen Gesetzen normiert; der strafrechtliche Notstand wird in Art. 25 Abs. 2 tStGB als Einzelnorm geregelt.[11] Es ist jedoch umstritten, was das rechtliche Wesen des Notstands ausmacht. Dabei ist nicht klar, ob dieser einen Rechtfertigungs- oder Entschuldigungsgrund darstellt.

---

viele der bestehenden regionalen Unterschiede und Diskrepanzen in der Rechtsprechung; siehe Vinciguerra, Ein neues Strafrecht an der Schwelle zum 20. Jahrhundert.

8 *Koca/Üzülmez*, Türk Ceza Hukuku Genel Hükümler, S. 40.

9 *Akdağ Yüksel*, TCK' da Düzenlenen Kusurluluğu Kaldıran ve Azaltan Nedenler, S. 168.

10 Zu den detaillierten Informationen zur türkischen Strafrechtsreform siehe *Sözüer*, DEÜHFD, S. 3031–3050.

11 Art. 25 Abs. 2 tStGB lautet: *Ein Täter wird nicht bestraft, wenn er Taten in der Notwendigkeit begeht, sich oder einen anderen aus einer schweren und tatsächlich bestehenden Gefahr zu retten, die einem eigenen Recht oder dem Recht des anderen droht, die er nicht wissentlich verursacht hat und der auf andere Weise nicht zu begegnen ist. Dies gilt unter der Voraussetzung, dass zwischen der Schwere der Gefahr und dem Gut sowie dem verwendeten Mittel ein angemessenes Verhältnis besteht.* Für die Übersetzung siehe *Tellenbach*, Das türkische Strafgesetzbuch: Türk Ceza Kanunu Art. 25 Abs. 2.

Zudem betrifft die prozessrechtliche Regelung, nämlich Art. 223 Abs. 3 Buchst. b tStPO, das Sachurteil, wenn es um einen Notstandsfall geht.[12] Diese Regelung bezieht sich im Übrigen nur auf die Rechtsfolge, wenn es sich um einen Notstandsfall handelt. Demnach ist die in Art. 25 Abs. 2 tStGB geregelte Notstandsform als ein Entschuldigungsgrund anzunehmen, weil Art. 223 Abs. 3 Buchst. b tStPO die Formulierung *„wegen mangelnder Schuld wird von Strafe gegen den Angeklagten abgesehen, wenn [...]“*[13] enthält.[14]

Daneben existieren zwei zivilrechtliche Notstandsformen in Art. 753 tZGB,[15] welche nur für jene Fälle gelten, in denen es um einen Eingriff auf das Grundeigentum eines Dritten geht sowie in den Fällen des Art. 64 Abs. 2 tOGB.[16] Darüber hinaus wird in Art. 68 tOGB die defensive, notstandsähnliche Regelung (§ 228 BGB) angeführt.[17] Darüber hinaus bildet der Gesetzgeber in Art. 92 und Art. 147 tStGB besondere Notstandslage als Sondernorm.

Art. 64 Abs. 2 tOGB stellt im Vergleich zu Art. 753 tZGB und Art. 68 tOGB eine *lex generalis* dar. Ausgehend von dieser Überlegung wird in einem Teil der Lehre vertreten, Art. 64 Abs. 2 tOGB solle nur bei Schäden an unbeweglichen Sachen und Art. 753 tZGB bei beweglichen Sachen zur Anwendung kommen. Die h. M. weicht allerdings davon ab.[18] Es ist daher davon auszugehen, dass der jede

---

12 Art. 223 Abs. 3 Buchst. b tStPO lautet: *Die zur Last gelegte Straftat aufgrund einer rechtswidrigen, jedoch verbindlichen Anweisung, im Notstand oder unter Einwirkung von Gewalt oder Drohung begangen wurde.* Für die Übersetzung siehe *Arslan,* Die türkische Strafprozessordnung: Ceza Muhakemesi Kanunu, Art. 223 Abs. 3 Buchst. b.

13 Für die Übersetzung siehe *Arslan,* Die türkische Strafprozessordnung: Ceza Muhakemesi Kanunu, Art. 223 Abs. 3 Buchst. b.

14 *Özaydın*, Notwehr und Notstand im deutsch-türkischen Rechtsvergleich, S. 64 f.

15 Art. 753 tZGB lautet: *(1) Kann jemand einen drohenden Schaden oder eine gegenwärtige Gefahr nur dadurch von sich von sich oder anderen abwenden, dass er in das Grundeigentum eines Dritten eingreift, so ist dieser verpflichtet, den Eingriff zu dulden, sobald die Gefahr oder der Schaden bedeutend größer sind als die durch den Eingriff einstehende Beeinträchtigung. (2) Für den hieraus entstehenden Schaden kann der Eigentümer einen angemessenen Ausgleich verlangen.* Für die Übersetzung siehe *Köksal*, Türkisches Zivilgesetzbuch, Art. 753.

16 Art. 64 Abs. 2 tOGB lautet: *Wer in fremde Sachen eingreift, um drohenden Schaden oder Gefahr von sich oder einem anderen abzuwenden, hat nach Ermessen des Richters Schadenersatz zu leisten.*

17 Art. 68 tOGB lautet: *Der Besitzer eines Grundstückes ist berechtigt, Dritten angehörige Tiere, die auf dem Grundstücke Schaden anrichten, zur Sicherung seiner Ersatzforderung einzufangen und in seinen Gewahrsam zu nehmen und, wo die Umstände es rechtfertigen, sogar außer Gefecht zu setzen.*

18 *Önok/Önay*, İÜHFM 2019, 847 (856).

zivilrechtlicher Notstand einheitlich sei, weshalb Art. 64 Abs. 2 tOGB (Art. 52f Abs. 2 tOGB a. F.) zusammen mit Art. 753 tZGB (Art. 677 tZGB a. F.) in Betracht kommen soll.[19]

Damit sollen die Voraussetzungen des Notstands für alle zivilrechtlichen Notstandsregelungen zusammen gelten, ohne dass eine Unterscheidung vorgenommen wird, ob es sich um bewegliche oder unbewegliche Sachen handelt. Auf diese Weise kann unter anderem die Voraussetzung, nach der das geschützte Interesse das beeinträchtigte wesentlich überwiegen muss, für alle zivilrechtlichen Notstandsfälle verlangt werden. Diese Voraussetzung wurde jedoch nur in Art. 753 tZGB festgeschrieben und nicht in Art. 64 Abs. 2 und Art. 68 tOGB.[20]

Zwischen strafrechtlichen und zivilrechtlichen Notstandsregelungen bestehen keine Vorrangregelungen, sodass beide Vorschriften unabhängig voneinander in einem Fall angewendet werden dürfen.[21] Dagegen ist das Vorhandensein der in Art. 92 und Art. 147 tStGB aufgeführten, speziellen Notstandslage unnötig, weil der in Art. 25 Abs. 2 tStGB geregelte Notstand bereits eine allgemeine Regelung darstellt.[22] Dem kann jedoch entgegenhalten werden, dass die in Art. 92 und Art. 147 tStGB aufgeführte spezielle Notstandslage nur einen ausführlichen Verweis vorsieht, dass der Richter die betreffende Notstandslage besonders prüfen solle.

III. Voraussetzungen

1. Vorbemerkungen

In diesem Abschnitt werden die materiellen Voraussetzungen für den strafrechtlichen Notstand im Rahmen des Art. 25 Abs. 2 tStGB und Art. 223 Abs. 3 Buchst. b tStPO erläutert, ohne dabei die zivilrechtlichen, notstandsrelevanten Regelungen zu berücksichtigten. Vor allem ist hier die rechtliche Natur des Notstands im tStGB zu bestimmen, d. h., ob dieser ein Rechtfertigungs- oder Entschuldigungsgrund ist, weil im tStGB der Notstand nur als Einzelnorm in Art. 25 Abs. 2 tStGB geregelt wird.

In diesem Rahmen wird von der türkischen, herrschenden Strafrechtslehre vertreten, dass die in Art. 25 Abs. 2 tStGB geregelte Notstandsform ausschließlich

---

19 *Tandoğan*, Türk Mesuliyet Hukuku, S. 37.

20 *Önok/Önay*, İÜHFM 2019, 847 (856).

21 *Önok/Önay*, İÜHFM 2019, 847 (888 f.).

22 *Özbek/Doğan*, DEÜHFD 2007, 195 (220).

einen Entschuldigungsgrund darstelle.[23] Denn im Begründungssatz des Art. 25 Abs. 2 tStGB wird darauf hingewiesen, dass der Notstand ein Entschuldigungsgrund ist. Außerdem ist Art. 223 Abs. 3 Buchst. b tStPO zwar eine prozessrechtliche Klausel, allerdings wird der Notstand dort als ein Entschuldigungsgrund betrachtet.[24] Die türkische Rechtsprechung nimmt daher ebenfalls den Notstand als einen Entschuldigungsgrund an.[25]

Der andere Ausgangspunkt dieser Ansicht ist, dass der Täter nach den zivilrechtlichen Notstandsregelungen für den Schadenersatz aufkommen müssen, wenn er unter einer Notstandlage ein Rechtsgut von anderen beschädigt hat;[26] aufgrund einer gerechtfertigten Tat besteht hingegen keine Verpflichtung zur Schadenersatzleistung. Das liegt daran, dass es aufgrund des Einheitsprinzips der Rechtsordnung nicht möglich ist, eine Tat in einem Rechtsbereich als rechtmäßig anzunehmen und diese in einem anderen als rechtswidrig zu beurteilen und dem Notstandstäter eine Schadenersatzpflicht aufzuerlegen. Dies macht den wesentlichen Indikator dafür aus, dass der Notstand einen Entschuldigungsgrund darstellt.[27]

Nach einem anderen Teil der türkischen Lehre ist der in Art. 25 Abs. 2 tStGB geregelte Notstand ein Rechtfertigungsgrund.[28] Denn der Notstand ist gemeinsam mit der Notwehr im gleichen Paragrafen (Art. 25 tStGB) geregelt.[29] Es ist demnach unumstritten, dass die Notwehr ein Rechtfertigungsgrund ist bzw. wollte der Gesetzgeber den Notstand als einen Rechtfertigungsgrund annehmen.[30] Was in den Begründungssätzen des Art. 25 Abs. 2 tStGB steht, ist jedoch keine endgültige Norm, sondern vielmehr eine Methode, um den Hauptsatz des Paragrafen historisch auszulegen.[31]

Die Tatsache, dass der Täter gemäß den zivilrechtlichen Notstandsregelungen Schadenersatz leisten muss, wenn er in einer Notstandslage einem Rechtsgut von anderen Schaden zugefügt hat, steht jedoch nicht im Weg, den Notstand als

---

23 *Artuk u. a.*, Ceza Hukuku Genel Hükümler, S. 580; *Koca/Üzülmez*, Türk Ceza Hukuku Genel Hükümler, S. 348; *Özgenç*, Türk Ceza Hukuku Genel Hükümler, S. 492.

24 *Özgenç*, Türk Ceza Kanunu Gazi Şerhi, S. 378.

25 YCGK, 26.2.2008, 1-281/37; YCGK, 19.02.2013, 8-1551/64.

26 *Koca/Üzülmez*, Türk Ceza Hukuku Genel Hükümler, S. 348.

27 Ähnlich *Özbek/Doğan*, DEÜHFD 2007, 195 (205).

28 *Öztürk/Erdem*, Uygulamalı Ceza Hukuku ve Güvenlik Tedbirleri Hukuku S. 280 f.; *İçel*, Ceza Hukuku Genel Hükümler, S. 357.

29 Art. 25 Abs. 1 tStGB regelt die Notwehr, Art. 25 Abs. 2 tStGB den Notstand.

30 *Akça*, Türk Ceza Hukukunda Zorunluluk Hali, S. 48.

31 *Demirbaş*, Ceza Hukuku Genel Hükümler, S. 325.

Rechtfertigungsgrund anzuerkennen. Denn ist diese vorgeschriebene Ersatzleistung eigentlich keine Ersatzleistung im klassischen Sinne.[32]

Der Notstand wird von einem kleinen Teil der türkischen Strafrechtslehre sowohl als ein Rechtfertigungsgrund als auch als ein Entschuldigungsgrund angenommen.[33] Denn Art. 25 Abs. 2 tStGB regelt die Voraussetzungen der beiden Notstandsformen zusammen, auch wenn dieser wesentliche Mängel aufweist. Demnach ist nach dieser Auffassung ein rechtfertigender Notstand dann gegeben, wenn im Einzelfall das geschützte Interesse das beeinträchtigte wesentlich überwiegt; ansonsten kommt eben der entschuldigende Notstand in Betracht.[34]

Im Lichte der vorstehenden Betrachtungen lässt sich feststellen, dass im türkischen Strafrecht das rechtliche Wesen des Notstands aufgrund des Vorliegens einer einzelnen Norm besonders umstritten ist. Daraus ergibt sich, dass sich im Schrifttum und in der Rechtsprechung unterschiedliche Ansichten zum rechtlichen Wesen des Notstands entwickeln konnten.

2. Objektive Voraussetzungen

a. Zur Gefahr

Um von einer Notstandslage sprechen zu können, muss eine Gefahr unbedingt für ein Rechtsgut des Täters oder einen anderen Menschen existieren.[35] Der Begriff der Gefahr wird jedoch im tStGB nicht definiert. Unter dem Gefahrenbegriff wird generell ein Zustand verstanden, in dem ein Schaden mit hoher Wahrscheinlichkeit eintritt.[36] Anders ausgedrückt, die Gefahr stellt eine Situation dar, die die Existenz und Sicherheit einer Person oder Sache bedroht und gibt so einen Hinweis darauf, dass der Eintritt eines Schadens möglich ist.[37] Nach dem türkischen Kassationsgerichtshof muss die Gefahr allerdings im konkreten Fall den Grad der Notwendigkeit erreichen.[38] Zudem spielt die Quelle der Gefahr für den Notstand

---

32 *Dönmezer/Erman*, Nazari ve Tatbiki Ceza Hukuku, S. 127; Die Gewährung von Schadenersatz an den Täter aufgrund des Notstands im Obligationenrecht hindert nach Ansicht des Autors nicht die Anerkennung des Notstands als Rechtfertigungsgrund im Sinne des Strafrechts.

33 *Demirbaş*, Ceza Hukuku Genel Hükümler, S. 325; *Kangal*, Ceza Hukukunda Zorunluluk Durumu, S. 48; *Doğan*, CHD 2008, 171 (184).

34 *Kangal*, Ceza Hukukunda Zorunluluk Durumu, S. 48.

35 *Demirbaş*, Ceza Hukuku Genel Hükümler, S. 331.

36 *Artuk u. a.*, Ceza Hukuku Genel Hükümler, S. 583.

37 *Koca/Üzülmez*, Türk Ceza Hukuku Genel Hükümler, S. 350 f.

38 19. CD, 13.03.2019, 7008/5622.

keine Rolle.[39] In einer Notstandslage kann daher die Gefahr von Menschen, Sachen, Tieren oder auch anderen Naturereignissen ausgehen.[40]

Art. 25 Abs. 2 tStGB setzt für den Notstand keine bloße Gefahr voraus, sondern eine schwere und tatsächlich bestehende Gefahr.[41] Demnach muss eine Gefahr zuerst im Einzelfall tatsächlich bestehen. Das heißt, dass unter Gefahr ein Zustand verstanden wird, in dem der Eintritt eines Schadens gegenüber einem Rechtsgut hoch wahrscheinlich ist.[42] Das heißt aber auch, dass eine Gefahr nur dann besteht, wenn der Eintritt eines Schadens naheliegend ist.[43]

Weiterhin muss die bestehende Gefahr auch schwer sein.[44] Gemeint ist hier, dass sowohl die Gefahr als auch der durch diese Gefahr entstandene Schaden groß sein muss.[45] Die Schwere der Gefahr in diesem Sinne bedeutet, dass sie geeignet ist, ein Rechtsgut einer Person ernsthaft zu verletzen.[46] Auch ist die Gefahr als schwer anzusehen, wenn sich diese konkret gegen ein bestimmtes Rechtsgut richtet.[47]

Der künftige Eintritt einer Gefahr wird ebenfalls als eine Situation des Notstands betrachtet.[48] Der Eintritt eines Schadens ist in diesem Zusammenhang jedoch nicht erforderlich, um das Bestehen einer Gefahr anzunehmen.[49] Demzufolge liegt eine Gefahr immer dann vor, wenn im Laufe der Zeit ein Schadenseintritt höchstwahrscheinlich zu erwarten ist, falls nicht unverzüglich eingeschritten wird.[50] Entscheidend ist dabei, dass die Gefahr geeignet sein muss, den zu erwartenden Schaden herbeizuführen.[51] Zu beachten ist jedoch, dass in jenen Fällen, in denen kein unmittelbarer Schutz erforderlich ist, die Maßnahmen, die darauf abzielen, geeignetere und komfortablere Bedingungen zu schaffen, nicht als Notstandslage betrachtet werden.[52]

---

39 *Hakeri*, Ceza Hukuku Genel Hükümler, S. 386.
40 *Bekar*, Türk ve Amerikan Hukukunda Zorunluluk Hali, S. 90.
41 *Koca/Üzülmez*, Türk Ceza Hukuku Genel Hükümler, S. 351.
42 *Özbek u. a.*, Türk Ceza Hukuku Genel Hükümler, S. 413 f.
43 *Artuk u. a.*, Ceza Hukuku Genel Hükümler, S. 585.
44 *Özbek u. a.*, Türk Ceza Hukuku Genel Hükümler, S. 414.
45 *Artuk u. a.*, Ceza Hukuku Genel Hükümler, S. 583.
46 *Bekar*, Türk ve Amerikan Hukukunda Zorunluluk Hali, S. 92.
47 *Özbek u. a.*, Türk Ceza Hukuku Genel Hükümler, S. 414.
48 *Zafer*, Ceza Hukuku Genel Hükümler tStGB m. 1–75), S. 388.
49 *Toroslu*, Ceza Hukukunda Zaruret Hali, S. 133 f.
50 Näher *Özbek u. a.*, Türk Ceza Hukuku Genel Hükümler, S. 415.
51 *Koca/Üzülmez*, Türk Ceza Hukuku Genel Hükümler, S. 351.
52 Der türkische Kassationsgerichtshof geht davon aus, dass es sich in dem Fall, in dem der Angeklagte die Straftat der Sachbeschädigung begangen haben soll, indem er den Parkhausschrank durchbrach, nachdem der Computer seinen Parkschein nicht lesen

Eine bestehende und schwerwiegende Gefahr muss daher unbedingt ein Rechtsgut bedrohen, allerdings gibt es keine Beschränkungen über die Art der Rechtsgüter.[53] Alle Rechtsgüter sind deshalb für den Notstand relevant.[54]

Bezüglich des Betroffenenkreises der Gefahr spielt es keine Rolle, für wessen Güter eine Gefahr existiert.[55] So kann etwa die Gefahr eigene Güter des Täters, aber auch jene einer anderen Person betreffen. In diesem Zusammenhang wird somit keine Verbindung zwischen dem Täter und anderen Personen gefordert, zu deren Gunsten ersterer die Notstandshandlung begangen hat.

Hierzu stellt sich auch die Frage, wie das Gefahrenurteil im Einzelfall durchgeführt werden soll. Dafür kommen grundsätzlich *ex post*- und *ex ante*-Betrachtungen in Betracht; nach h. M. ist letzterer der Vorzug zu geben.[56] Es ist jedoch im Schrifttum umstritten, aus welchem Gesichtspunkt diese *ex ante*-Betrachtung vorgenommen werden soll. Nach einer in der Lehre vertretenen Ansicht sollte das Gefahrenurteil nicht aus der Sicht des Täters durchgeführt werden, sondern aus der Sicht eines sachverständigen Beurteilers.[57] Nach einer anderen Auffassung sollte der Richter nach den Umständen des Einzelfalls feststellen, ob die Gefahr schwerwiegend war oder nicht.[58] Darüber hinaus sollte bei der Beurteilung der Schwere der Gefahr deren Qualität in Betracht gezogen werden.[59]

b. Zur Handlung

Art. 25 Abs. 2 tStGB setzt eine Handlung voraus, die eine schwere und tatsächlich bestehende Gefahr abwenden soll.[60] Aus diesem Grund muss zwischen der begangenen Tat und der vorliegenden Gefahr ein Kausalzusammenhang

konnte, während er aus dem Parkplatz des Flughafens herausfuhr, nicht im Rahmen einer Notstandslage gesehen werden kann. Denn es genüge nicht, dass der Angeklagte behauptet, er habe es im konkreten Fall eilig gehabt; 15. CD, 04.11.2015, 7261/30817.

53 *Özbek u. a.*, Türk Ceza Hukuku Genel Hükümler, S. 415 f.

54 *Demirbaş*, Ceza Hukuku Genel Hükümler, S. 331.

55 *Artuk u. a.*, Ceza Hukuku Genel Hükümler, S. 586.

56 *İçel u. a.*, İçel Suç Teorisi, S. 162; *Kangal*, Ceza Hukukunda Zorunluluk Durumu, S. 236; *Önder*, Ceza Hukuku Dersleri, S. 252.

57 Siehe *Kangal*, Ceza Hukukunda Zorunluluk Durumu, S. 236.

58 *Koca/Üzülmez*, Türk Ceza Hukuku Genel Hükümler, S. 351.

59 *Tan*, Türk Ceza Kanunu Genel Hükümler, S. 879.

60 *Hakeri*, Ceza Hukuku Genel Hükümler, S. 392 f.

bestehen.[61] Zudem muss die Notstandshandlung erforderlich sein.[62] Damit ist es im Einzelfall nicht mehr möglich, die Gefahr abzuwenden, ohne eine tatbestandsmäßige Handlung begehen zu müssen.[63]

Die Frage, ob eine Notstandshandlung erforderlich ist, ist nach einer *ex ante*-Betrachtung durch den Richter zu beantworten, indem er im konkreten Fall die Stimmung und den psychischen Zustand des Täters in Betracht zieht.[64] Wenn die Rettung nach dieser Bewertung als unvermeidlich angesehen wird, so wird davon ausgegangen, dass das Mittel geeignet und am wenigsten schädlich ist, auch wenn sich später herausstellt, dass das verwendete Mittel keine Chance auf Rettung geboten hat oder die Gefahr mit Sicherheit auf eine weniger schädliche Weise vermieden hätte werden können.[65] Dabei spielt es jedoch keine Rolle, ob der Täter vorsätzlich oder fahrlässig gehandelt hat.[66]

In diesem Sinne wird der Notstand dann ausgeschlossen, wenn eine andere Möglichkeit besteht, um die gegenwärtige Gefahr abzuwenden.[67] Deswegen ist eine Handlung nicht mehr erforderlich, wenn die in Gefahr geratene Person der gegenwärtigen Gefahr ohne Eingriffe in die Rechtsgüter eines unbeteiligten Dritten ausweichen und sich der Gefahr entziehen kann.[68] Aus diesem Grund muss im Einzelfall unbedingt geprüft werden, ob es eine Möglichkeit gibt, um etwa staatliche oder fremde Hilfe in Anspruch zu nehmen. Darüber hinaus muss immer die Möglichkeit zur Flucht in Betracht gezogen werden.[69]

Wenn der Täter eine Möglichkeit hat, der Gefahr durch eine zivil- oder verwaltungsrechtlich zulässige Handlung oder durch Begehung einer geringeren Straftat zu entkommen, wird der Notstand ebenfalls ausgeschlossen.[70] Daraus lässt sich folgen, dass die Notstandshandlung stets als *ultima ratio* ausgeführt werden soll.[71]

---

[61] *Özbek u. a.*, Türk Ceza Hukuku Genel Hükümler, S. 417.

[62] *Artuk u. a.*, Ceza Hukuku Genel Hükümler, S. 587 f.; *Koca/Üzülmez*, Türk Ceza Hukuku Genel Hükümler, S. 353 f.; *Tan*, Türk Ceza Kanunu Genel Hükümler, S. 882; das ergibt sich aus dem Wortlaut des Art. 25 Abs. 2 tStGB *„der auf andere Weise nicht zu begegnen ist."*

[63] *Koca/Üzülmez*, Türk Ceza Hukuku Genel Hükümler, S. 353.

[64] *Demirbaş*, Ceza Hukuku Genel Hükümler, S. 334.

[65] *Kangal*, Ceza Hukukunda Zorunluluk Durumu, S. 295.

[66] *Artuk u. a.*, Ceza Hukuku Genel Hükümler, S. 588.

[67] *Artuk u. a.*, Ceza Hukuku Genel Hükümler, S. 587.

[68] *Demirbaş*, Ceza Hukuku Genel Hükümler, S. 334.

[69] *İçel*, Ceza Hukuku Genel Hükümler, S. 365.

[70] *Toroslu*, Ceza Hukukunda Zaruret Hali, S. 135.

[71] *Töngür/Çetintürk*, Ceza Hukuku Genel Hükümler, S. 242.

c. Zur Klausel

Art. 25 Abs. 2 tStGB setzt, wie sich aus dessen Wortlaut eindeutig ergibt, voraus, dass zwischen der Schwere der Gefahr und dem Gut sowie dem verwendeten Mittel ein angemessenes Verhältnis bestehen muss. Das heißt, das verwendete Mittel, das im Rahmen der Notstandshandlung eingesetzt wurde, muss im angemessenen Verhältnis mit dem Schaden stehen, der dem beeinträchtigten Rechtsgut zugefügt wurde.[72] Bei einer solchen Handlung muss der Täter das mildeste Mittel anwenden.[73]

Dieses Merkmal wird nach der in der türkischen Strafrechtslehre h. M. mit der Interessenabwägungsklausel ermittelt.[74] In diesem Sinne muss das geschützte Rechtsgut ebenfalls dem beeinträchtigten Rechtsgut überwiegend oder zumindest gleichwertig sein;[75] ansonsten handelt es sich um keinen Notstand.[76]

Es ist jedoch umstritten, wie die Interessenabwägung in der Tat durchgeführt wird.[77] Dafür sollten jedenfalls verschiedene Gesichtspunkte berücksichtigt werden, d. h, eine Beurteilung sollte unter Beachtung aller relevanten Umstände des Einzelfalles erfolgen.[78] In den folgenden Absätzen werden die Kriterien untersucht, die anzeigen, wie die widerstreitenden Interessen abgewogen werden.

Das wichtigste dieser Kriterien ist das abstrakte Wertverhältnis der Interessen, das sich nach dem Rangverhältnis der Rechtsgüter richtet. Entsprechend haben daher z. B. persönliche Werte Vorrang gegenüber materiellen Gütern; der Schutz von Leib und Leben stellt ein höheres Interesse dar als die Erhaltung sonstiger persönlicher Werte oder überindividueller Rechtsgüter.[79] Obwohl dieses Kriterium ein wichtiger Indikator für die Interessenabwägung ist, reicht dies allein nicht immer aus,[80] sodass weitere Anhaltspunkte notwendig sind.

---

72 *Akça*, Türk Ceza Hukukunda Zorunluluk Hali, S. 75.

73 *Demirbaş*, Ceza Hukuku Genel Hükümler, S. 335.

74 *Artuk u. a.*, Ceza Hukuku Genel Hükümler, S. 588; *Demirbaş*, Ceza Hukuku Genel Hükümler, S. 327; *Koca/Üzülmez*, Türk Ceza Hukuku Genel Hükümler, S. 354; *Özbek u. a.*, Türk Ceza Hukuku Genel Hükümler, S. 418; *Töngür/Çetintürk*, Ceza Hukuku Genel Hükümler, S. 243; die Gegenansicht, die den Notstand als Rechtfertigungsgrund erachtet, geht davon aus, dass dieser ausgeschlossen ist, wenn es um gleiche Rechtsgüter bei der Interessenabwägung geht; *Tan*, Türk Ceza Kanunu Genel Hükümler, S. 883.

75 *Toroslu*, Ceza Hukukunda Zaruret Hali, S. 153f.

76 *Tan*, Türk Ceza Kanunu Genel Hükümler, S. 882 f.

77 *Toroslu*, Ceza Hukukunda Zaruret Hali, S. 155.

78 Ähnlich *Demirbaş*, Ceza Hukuku Genel Hükümler, S. 335.

79 So ähnlich *Özbek u. a.*, Türk Ceza Hukuku Genel Hükümler, S. 418.

80 *Toroslu*, Ceza Hukukunda Zaruret Hali, S. 155.

Ein Leben gegen ein anderes kann unter keinen Umständen abgewogen werden, auch wenn es um die Rettung mehrerer Menschenleben geht. Denn der Wert eines Menschenlebens lässt sich nicht beziffern.[81] In diesem Zusammenhang wurde in der Lehre argumentiert, dass der Geltungsbereich des Notstands insbesondere im Hinblick auf die Verletzung des Rechts auf Leben eingeschränkt werden sollte, obwohl die materiellen Vorschriften über den Notstand keine Einschränkung in Bezug auf irgendein Rechtsgut enthalten.[82]

Im Rahmen der Interessenabwägungsklausel kann jedoch das Recht auf Leben nicht immer überwiegend gegenüber anderen Rechtsgütern sein, wenn es um die Achtung der Menschenwürde geht. Ansonsten würde nämlich die Menschenwürde verletzt werden, was den Grundlagen des Rechts eindeutig widerspricht.[83] Aus diesem Grund besteht Art. 2 Abs. 2 des am 10. Dezember 1984 von der Generalversammlung der Vereinten Nationen verabschiedeten Übereinkommens gegen Folter und andere grausame, unmenschliche oder erniedrigende Behandlung oder Strafe.[84]

Der Strafrahmenvergleich ist auch eines der Indizien für die Abwägung der widerstreitenden Interessen.[85] Danach bestimmt sich nach dem Strafrahmen, der in den Strafbestimmungen des besonderen Teils des tStGB normiert ist, welches Interesse überwiegt, sofern sich aus dem Vergleich der Strafrahmen zwischen den

81 *Demirbaş*, Ceza Hukuku Genel Hükümler, S. 334; ein Beispiel hierfür ist die Organtransplantation von einem schwerkranken, älteren Menschen, um einen jungen Patienten zu retten, oder wenige Menschen zu töten, um mehrere zu retten.

82 Siehe zur dieser Ansicht, *Tan*, Türk Ceza Kanunu Genel Hükümler, S. 883; wie im nächsten Abschnitt ausführlich dargelegt wird, ist dies insbesondere bei der Diskussion zum übergesetzlichen Notstand entscheidend.

83 *Kangal*, Ceza Hukukunda Zorunluluk Durumu, S. 334 f.; zum Beispiel bei jemandem, der kurz vor dem Tod steht, die gewaltsame Entfernung der Nieren eines gesunden Menschen gegen seinen Willen oder die Folterung durch Terroristen, um herauszufinden, wo die Geiseln sind. In sämtlichen Fällen steht das Recht auf Leben theoretisch über dem Recht auf körperliche Unversehrtheit, allerdings können solche Handlungen gegen die Menschenwürde niemals über den Notstand gerechtfertigt werden.

84 Dieser lautet: *Außergewöhnliche Umstände gleich welcher Art, sei es Krieg oder Kriegsgefahr, innenpolitische Instabilität oder ein sonstiger öffentlicher Notstand, dürfen nicht als Rechtfertigung für Folter geltend gemacht werden.*; Convention against Torture and Other Cruel, Inhuman or Degrading Treatment or Punishment, vom 10.12.1984, Generalversammlung der UNO, Resolution 39/46, in Kraft getreten am 26.6.1987. Für die deutsche Text dieser Konvention siehe: (https://www.institut-fuer-menschenrechte.de) – Zugriffsdatum: 15.10.2023.

85 *Hakeri*, Ceza Hukuku Genel Hükümler S. 394.

widerstreitenden Interessen im Einzelfall ein deutlicher Unterschied ergibt.[86] In der Regel überwiegt zwar zwischen zwei widerstreitenden Interessen diejenige, die mit einer höheren Strafe geschützt ist, allerdings kann dies nicht immer die richtige Lösung für die Interessenabwägung sein.[87]

Die Frage, ob diese Kriterien tatsächlich erfüllt werden, ist durch den Richter festzustellen, indem er alle relevanten Umstände des konkreten Falls bewertet und insbesondere die allgemeine Lebenserfahrung und die bereits vorhandenen Beweismittel berücksichtigt.[88] Darüber hinaus beachtet der Richter bei dieser Beurteilung ebenso die konkrete Einwirkung des geschützten Rechtsguts auf die Person des Täters oder Opfers.[89]

Art. 25 Abs. 2 tStGB setzt außerdem voraus, dass der Täter die Gefahr nicht wissentlich verursachen soll.[90] Es ist jedoch unklar, was unter dem Begriff „nicht wissentlich verursachen" zu verstehen ist;[91] so z. B. lautet eine Meinung dazu, dass der Täter nicht vorsätzlich eine Gefahr verursachen muss.[92] Die Verursachung der Gefahr durch Fahrlässigkeit sei hingegen nicht in diesem Sinne relevant. Auf der anderen Seite gibt es jedoch auch Autoren, die argumentieren, dass bewusste Fahrlässigkeit in diesem Rahmen zu behandeln ist.[93] Denn die Gefahr sei auf diese Weise für den Täter vorhersehbar.

Im Falle der Notstandshilfe können sich zwei verschiedene Möglichkeiten ergeben. Erstens geht es um die Fälle, in denen der Täter zwar die Gefahr selbst verursacht, die Notstandshandlung aber für andere ausgeführt wird. Dies ist etwa dann der Fall, wenn der Täter hinsichtlich der anderen, denen geholfen wird, die Gefahr verursacht hat. In diesem Fall schließt sich der Notstand für den Täter, der die Gefahr herbeiführt, nach der h. M. nicht aus, weil er nicht handelt, um sich selbst zu retten, sondern um andere zu schützen, die die Gefahrenlage nicht

---

86 Ähnlich *Toroslu*, Ceza Hukukunda Zaruret Hali, S. 156; so sieht das tStGB beispielsweise für vorsätzliche Tötung (in Art. 81 tStGB) eine höhere Strafe vor als bei Fremdabtreibung (Art. 99 tStGB). Dementsprechend wurde das Leben einer schwangeren Frau als wertvoller erachtet als das des Fötus; ein weiteres Beispiel: Da die Strafe für eine vorsätzliche Körperverletzung (Art. 86, 87 tStGB) höher ist als jene für den Hausfriedensbruch (Art. 116 tStGB), überwiegt bei der Interessenabwägung die körperliche Unversehrtheit des Täters den Frieden des anderen.

87 *Kangal*, Ceza Hukukunda Zorunluluk Durumu, S. 311 f.

88 *Özbek u. a.*, Türk Ceza Hukuku Genel Hükümler, S. 418.

89 *Demirbaş*, Ceza Hukuku Genel Hükümler, S. 335.

90 *Koca/Üzülmez*, Türk Ceza Hukuku Genel Hükümler, S. 352.

91 *Tan*, Türk Ceza Kanunu Genel Hükümler, S. 880.

92 *Artuk u. a.*, Ceza Hukuku Genel Hükümler, S. 586.

93 *Özbek u. a.*, Türk Ceza Hukuku Genel Hükümler, S. 416.

herbeigeführt haben.[94] Dadurch bleiben jedoch sowohl die Unrechtsminderung als auch eine psychische Drucksituation.

Zweitens geht es um Konstellationen, in denen nicht der Täter, sondern eine gefährdete Person die Gefahrenlage ausgelöst hat; in einem solchen Fall ist es unerheblich, ob die Person, zu deren Gunsten eine Notstandshandlung begangen wurde, die Gefahr herbeigeführt hat.[95] Denn der Täter muss nicht wissen, ob die gefährdete Person die Gefahr verursacht hat oder nicht. Außerdem ist, wie aus dem Gesetzestext klar hervorgeht, derjenige, der die Notstandshandlung begeht, entschuldigt, weil er selbst keine Gefahr wissentlich verursacht hat.[96]

Zusammenfassend kann daher festgestellt werden, dass die Notstandshandlung, unabhängig davon, ob die Gefahrenlage vom Täter oder einer gefährdeten Person ausgelöst wurde, den Täter entschuldigt, da er selbst keine Gefahr wissentlich verursacht hat, wie aus dem Gesetzestext deutlich hervorgeht.

Nach h. M. liegt auch noch eine andere Voraussetzung für den Notstand vor, die jedoch im Gesetzestext nicht ausdrücklich hervorgehoben wurde. [97] Demnach sollte der Täter gem. Art. 25 Abs. 2 tStGB in keinem besonderen Rechtsverhältnis stehen, damit er entschuldigt werden kann. Die Pflicht zur Hinnahme der Gefahr kann sich aus verschiedenen Umständen ergeben, insbesondere aus beruflichen Tätigkeiten.[98] Darüber hinaus ist die Gefahr, die von jedermann getragen werden muss, nicht im Rahmen des Notstands zu betrachten.[99]

3. Subjektive Voraussetzungen

Obwohl es im türkischen Schrifttum tatsächlich nicht genügend Hinweise gibt, ob eine besondere subjektive Voraussetzung für den Notstand verlangt wird, ist im Rahmen des Art. 25 Abs. 2 tStGB neben den allgemeinen subjektiven

---

94 *Demirbaş*, Ceza Hukuku Genel Hükümler, S. 333; *Kangal*, Ceza Hukukunda Zorunluluk Durumu, S. 281.

95 *Toroslu*, Ceza Hukukunda Zaruret Hali, S. 128; gegen diese Ansicht wurde argumentiert, dass eine Person, die sich in Gefahr befindet, nicht entschuldigt werden kann, wenn sie selbst die betroffene Gefahr verursacht hat; somit kann auch der Täter, der die Notstandshandlung ausgeführt hat, nicht entschuldigt werden; siehe *Demirbaş*, Ceza Hukuku Genel Hükümler, S. 335 f.

96 Ähnlich *Demirbaş*, Ceza Hukuku Genel Hükümler, S. 336; für a. A. siehe *Toroslu*, Ceza Hukukunda Zaruret Hali, S. 128 f.

97 *Artuk u. a.*, Ceza Hukuku Genel Hükümler, S. 589; *Demirbaş*, Ceza Hukuku Genel Hükümler, S. 333 f.; a. A siehe *Koca/Üzülmez*, Türk Ceza Hukuku Genel Hükümler S. 353.

98 *Kangal*, Ceza Hukukunda Zorunluluk Durumu, S. 461 f.

99 *Kangal*, Ceza Hukukunda Zorunluluk Durumu, S. 243.

Voraussetzungen auch der Rettungswille zu verlangen. Denn in Art. 25 Abs. 2 tStGB wird dieses Merkmal deutlich mit der Formulierung „*[...] wenn er Taten in der Notwendigkeit begeht, sich oder einen anderen aus einer schweren und tatsächlich bestehenden Gefahr zu retten, die einem eigenen Recht oder dem Recht des anderen droht, [...]*“ hervorgehoben. Der Begründungssatz des Art. 25 Abs. 2 tStGB wird außerdem dadurch geprägt, dass sich der Täter im Falle einer Notstandslage nicht strafbar macht, wenn er gehandelt hat, um die Gefahr von sich oder einem anderen abzuwenden.[100]

Im Lichte der vorstehenden Ausführungen kann daher geschlussfolgert werden, dass der Täter in seiner Tat mit einem Rettungswillen handeln muss, da dieses Erfordernis sowohl im Gesetzestext des Art. 25 Abs. 2 tStGB als auch in dessen Begründungssatz hervorgehoben wird. Ein edler Antrieb zum Rettungsmotiv ist dafür nicht unbedingt erforderlich bzw. muss dieser nicht das einzige Motiv des Täters sein. Der Täter kann daher auch einen anderen prävalenten Zweck verfolgen, soweit er zumindest einen Rettungswillen hat.

Im Falle des Mangels eines subjektiven Entschuldigungselements entfällt die Entschuldigung des Täters nach Art. 25 Abs. 2 tStGB. Folglich ist der Täter dann aufgrund der vollendeten Tat zu bestrafen. Da der Notstand im türkischen Strafrecht überwiegend als ein Entschuldigungsgrund angesehen wird, kommt die Versuchslösung hierbei nicht in Betracht.

IV. Putativnotstand

Art. 30 tStGB regelt verschiedene Formen des Irrtums.[101] Demnach werden der Erlaubnistatbestands- und Entschuldigungsirrtum in Art. 30 Abs. 3 tStGB unter dem Oberbegriff „Gründe, welche die strafrechtliche Verantwortung aufheben

---

[100] Siehe zu Begründungssatz des Art. 25 Abs. 2 tStGB *Alan u. a.*, Gerekçeli Ceza Mevzuatı, S. 99.

[101] § 30 tStGB lautet wie folgt: *1. Wer bei der Begehung einer Tat die tatsächlichen Merkmale eines gesetzlichen Straftatbestands nicht kennt, hat nicht vorsätzlich gehandelt. Eine Fahrlässigkeitshaftung für diesen Irrtum bleibt vorbehalten. 2. Demjenigen, der sich in Bezug auf die Verwirklichung von Merkmalen einer Straftat irrt, die eine schwere oder leichtere Strafe zur Folge haben, kommt dieser Irrtum zugute. 3. Demjenigen, der sich in Bezug auf die Verwirklichung von Voraussetzungen, welche die strafrechtliche Verantwortlichkeit aufheben oder mildern, in einem unvermeidbaren Irrtum befindet, kommt dieser Irrtum zugute. 4. Wer sich über das Unrecht seiner Tat in einem unvermeidlichen Irrtum befindet, wird nicht bestraft.* Für die Übersetzung siehe *Tellenbach*, Das türkische Strafgesetzbuch: Türk Ceza Kanunu Art. 30.

oder mildern“[102] zusammen in einem Absatz geregelt. Dies Oberbegriff ist allerdings in rechtlicher Hinsicht unzutreffend.[103] Denn der Rechtfertigungsgrund ist somit keine Tatsache, die nicht die strafrechtliche Verantwortung, sondern das Unrecht der Handlung ausschließt, während im Falle des Entschuldigungsgrunds das Unrecht der Handlung in der Regel unberührt bleibt.[104] Aus diesem Grund umfasst die Formulierung ‚strafrechtliche Verantwortlichkeit‘ nicht zugleich auch den Rechtfertigungs- und Entschuldigungsgrund.[105] Trotzdem ist es anzunehmen, dass der Erlaubnistatbestands- und Entschuldigungsirrtum in Art. 30 Abs. 3 tStGB zusammen geregelt werden.[106]

Es wird demnach in der türkischen Strafrechtslehre häufig diskutiert, wie im Falle eines Irrtums vorzugehen ist.[107] In diesem Zusammenhang kommen zwei Fragestellungen in Betracht. Zum einen, ob der Erlaubnistatbestands- und Entschuldigungsirrtum zusammen derselben Regelung unterliegen sollen und zum anderen, wie Konstellationen behandelt werden, in denen ein Irrtum hinsichtlich des Notstands auftritt.

Der erste Ausgangspunkt unterteilt sich ebenfalls in zwei Ansichten. Zunächst wird vertreten, dass nach dem Wortlaut des Gesetzes beide Fälle gleich zu behandeln sind.[108] Nach der zweiten Ansicht sollten hingegen diese Irrtumsarten als Erlaubnistatbestands- und Entschuldigungsirrtum getrennt behandelt werden.[109] Es solle jedoch jedenfalls von vornherein festgelegt werden, welche Art des

---

[102] Für die Übersetzung siehe *Tellenbach*, Das türkische Strafgesetzbuch: Türk Ceza Kanunu–Zweiter Abschnitt.

[103] Ähnlich *Özbek u. a.*, Türk Ceza Hukuku Genel Hükümler, S. 447; obwohl dieser Ausdruck sowohl für den Rechtfertigungsgrund als auch den Entschuldigungsgrund kumulativ verwendet wird, gibt es zwischen den beiden erhebliche Unterschiede hinsichtlich ihrer Rechtsnatur und ihrer Rechtsfolgen. Unter diesem Gesichtspunkt wäre es daher zutreffender, wenn im Gesetzestext des Art. 30 Abs. 3 tStGB zumindest ein begrifflicher Unterschied zwischen dem Rechtfertigungsgrund und dem Entschuldigungsgrund gemacht würde.

[104] *Özbek u. a.*, Türk Ceza Hukuku Genel Hükümler, S. 447.

[105] Die h. M. in der türkischen Strafrechtslehre ist jedoch der Ansicht, dass der oben genannte Ausdruck, strafrechtliche Verantwortlichkeit‘ den Rechtfertigungs- und Entschuldigungsgrund umfasst; siehe *Artuk u. a.*, Ceza Hukuku Genel Hükümler, S. 657; *Özbek u. a.*, Türk Ceza Hukuku Genel Hükümler, S. 447; a. A. *Koca/Üzülmez*, Türk Ceza Hukuku Genel Hükümler, S. 303.

[106] *Artuk u. a.*, Ceza Hukuku Genel Hükümler, S. 657; *Koca/Üzülmez*, Türk Ceza Hukuku Genel Hükümler, S. 302 f.; *Keçelioğlu*, TBBD 2010, 299 (314).

[107] *Keçelioğlu*, TBBD 2010, 299 (311).

[108] *Keçelioğlu*, TBBD 2010, 299 (314 f.).

[109] *Koca/Üzülmez*, EBYÜHFD 2007, 39 (46).

Irrtums (Erlaubnistatbestands- oder Entschuldigungsirrtum) als Grundlage für den Notstand anzunehmen ist.

Der zweite Ausgangspunkt unterteilt sich ebenso in zwei verschiedene Ansichten. Nach der ersten Auffassung, die den Notstand als einen Rechtfertigungsgrund annimmt, geht es beim Erlaubnistatbestandsirrtum um einen Notstand. Wie im deutschen Strafrecht ist es allerdings im türkischen Strafrecht strittig, wie der Erlaubnistatbestandsirrtum zu behandeln ist.[110] Es ist somit eine Entscheidung zu treffen, nach welcher Theorie der Erlaubnistatbestandsirrtum am zutreffendsten dargelegt werden kann; dazu werden verschiedene Ansichten in der türkischen Lehre vertreten.

Nach h. M., die nicht der strengen Schuldtheorie folgt, entfällt der Vorsatz des Täters, wenn er sich über das Vorliegen der Merkmale der Notstandslage irrt.[111] Dagegen bleibt die Haftung wegen Fahrlässigkeit unberührt, wenn das Gesetz die fahrlässige Handlung für den entsprechenden Tatbestand ausdrücklich unter Strafe stellt.[112] Nach einer anderen Ansicht, die der strengen Schuldtheorie folgt, entfällt die Schuld des Täters, wenn er sich über das Vorliegen der Merkmale der Notstandslage irrt.[113]

Darüber hinaus wird auch vertreten, dass der Notstand einen Entschuldigungsgrund darstelle und es sich daher um einen Entschuldigungsirrtum handele. Demnach entfällt die Schuld des Täters, wenn er sich über das Vorliegen der Merkmale der Notstandslage irrt. Wenn jedoch dieser Irrtum vermeidbar war, wird der Täter bestraft. In einem solchen Fall kann allerdings die zu verhängende Strafe gem. Art. 61 Abs. 1 tStGB[114] gemildert werden,[115] wobei unklar bleibt, ob diese Milderung fakultativ ist. Nach hiesiger Ansicht ist dies der Fall, da der Gesetzgeber keine eindeutige Regelung im Rahmen des Notstands trifft.

---

110 *Keçelioğlu*, TBBD 2010, 299 (311).

111 *Artuk u. a.*, Ceza Hukuku Genel Hükümler, S. 658 f.; *Koca/Üzülmez*, Türk Ceza Hukuku Genel Hükümler, S. 303; *Özgenç*, Türk Ceza Hukuku Genel Hükümler, S. 540.

112 *Koca/Üzülmez*, Türk Ceza Hukuku Genel Hükümler, S. 303.

113 *Keçelioğlu*, TBBD, 2010, 299 (315).

114 Art. 61 Abs. 1 tStGB lautet wie folgt: *Der Richter bestimmt die Grundstrafe im konkreten Fall zwischen der Unter- und der Obergrenze der Strafe, die in dem gesetzlichen Straftatbestand vorgesehen hat. Dabei berücksichtigt er [...]*. Für die Übersetzung siehe *Tellenbach*, Das türkische Strafgesetzbuch: Türk Ceza Kanunu Art. 61 Abs. 1.

115 *Özgenç*, Türk Ceza Kanunu Gazi Şerhi, S. 425.

Was unter Vermeidbarkeit zu verstehen ist, ist ebenfalls unklar.[116] In diesem Zusammenhang wird eine Ansicht im Schrifttum vertreten, wonach die Vermeidbarkeit eines Irrtums entscheidend ist und der Täter seinen Irrtum unschuldig angenommen hat.[117] Bei der Prüfung der Vermeidbarkeit sollten die Sorgfaltspflichtverletzung und Vorhersehbarkeit als Ausgangspunkt wie bei fahrlässigen Straftaten berücksichtigt werden.[118] Der türkische Kassationsgerichtshof hat darauf in einer Entscheidung hingewiesen.[119]

Da nach der in der türkischen Strafrechtslehre h. M.[120] und nach der hier vertretenen Ansicht die Notstandsregelung des Art. 25 Abs. 2 tStGB als ein Entschuldigungsgrund angenommen wird, ist es zutreffend, dieses Irrtumsproblem im Rahmen der Schuld (Entschuldigungsirrtum) zu lösen. Denn Art. 30 Abs. 3 tStGB setzt voraus, dass der notstandsrelevante Irrtum für den Täter unvermeidbar sein sollte. Diese Vermeidbarkeitsklausel verdeutlicht, dass die in Art. 30 Abs. 3 tStGB geregelten Irrtumsarten ein schuldbezogenes Merkmal aufweisen. Aus den oben genannten Gründen kann daher der Schluss gezogen werden, dass der türkische Gesetzgeber beide in Art. 30 Abs. 3 tStGB geregelten Irrtumsarten im Rahmen der ‚Schuld' bewertet.[121]

In diesem Zusammenhang lässt sich weiterhin festhalten, dass der Täter gemäß Art. 223 Art. 3 Buchst. b tStPO nicht bestraft wird, wenn er sich bei den objektiven Merkmalen eines Entschuldigungsgrunds irrt und dieser Irrtum unvermeidbar ist. Falls dieser Irrtum jedoch vermeidbar ist, wird er unter Strafe gestellt;

---

116 *Özbek u. a.*, Türk Ceza Hukuku Genel Hükümler, S. 449 f.

117 *Tan*, Türk Ceza Kanunu Genel Hükümler, S. 1151 f.; nach Ansicht des Autor wollte der Gesetzgeber zum Ausdruck bringen, dass der unvermeidliche Irrtum ein unschuldiger Irrtum ist. Ein vermeidbarer Irrtum ist hingegen ein schuldiger Irrtum. Der Irrtum wird somit in vermeidbare und unvermeidbare Irrtümer unterteilt, d. H. Jedoch tatsächlich in einen schuldigen und einen unschuldigen Irrtum. Sobald ein Irrtum als vermeidbar und schuldig eingestuft wird, ist es daher unerlässlich, den Grad des Irrtums zu bestimmen.

118 *Artuk u. a.*, Ceza Hukuku Genel Hükümler, S. 660.

119 Wenn der Angeklagte sorgfältig und gewissenhaft gehandelt hätte, hätte er erkannt, dass die Person, auf die er geschossen hat, kein Dieb war, sondern eine andere Person, die an einem rechtswidrigen Angriff, der entweder schon stattgefunden hat oder mit Sicherheit stattfinden oder sich wiederholen wird, beteiligt war. Daher ist dieser Irrtum des Angeklagten kein unvermeidbarer Irrtum i. S. d. Art. 30 Abs. 3 tStGB. YCGK, 07.11.2019, 27/644.

120 *Artuk u. a.*, Ceza Hukuku Genel Hükümler, S. 580; *Koca/Üzülmez*, Türk Ceza Hukuku Genel Hükümler, S. 348; *Özgenç*, Türk Ceza Hukuku Genel Hükümler, S. 492.; Siehe dazu bereits oben D. III. 1.

121 Ähnlich *Keçelioğlu*, TBBD 2010, 299 (315 f.).

allerdings kann seine Strafe gem. Art. 61 Art. 1 tStGB gemildert werden. Bei der Feststellung, ob der Irrtum vermeidbar ist, ist jedoch die Regelung über fahrlässig begangenen Straftaten in Art. 22 Art. 2 tStGB in Betracht zu ziehen.[122]

V. Rechtsfolgen

Da die rechtliche Natur des Notstands, d. h., ob dieser ein Rechtfertigungs- oder Entschuldigungsgrund ist, im türkischen Strafrecht strittig ist, wird hier dieser Unterschied berücksichtigt. Denn eine Unterscheidung zwischen Rechtfertigungs- und Entschuldigungsgrund erscheint wesentlich in Bezug auf das Sachurteil.[123] Demnach wird ein Freispruch für den Täter im Falle des Rechtfertigungsgrunds als Sachurteil verkündet, wohingegen im Falle des Entschuldigungsgrunds von einer Strafe abgesehen wird.[124] Auch wenn zwischen den beiden Fällen hinsichtlich des Sachurteils ein qualitativer Unterschied besteht, wird der Täter letztlich nicht bestraft. Hieraus ergeben sich jedoch unterschiedliche Rechtsfolgen.

Falls der Notstand als ein Rechtfertigungsgrund angenommen wird, handelt der Täter gerechtfertigt, soweit im Einzelfall alle Voraussetzungen des Art. 25 Abs. 2 tStGB erfüllt werden. Da jedoch der Täter in der Notstandslage nicht rechtswidrig handelt, darf das Notstandsopfer gegen ihn kein Notwehrrecht ausüben. Denn es fehlt in einem solchen Fall an einem rechtswidrigen Angriff, den die Notwehr voraussetzt. Aus denselben Gründen ist auch eine Teilnahme an einem rechtfertigenden Notstand nicht möglich.[125]

Falls der Notstand als ein Entschuldigungsgrund angenommen wird, wie dies die im Schrifttum h. M. tut,[126] entfällt die Schuld des Täters, wenn im Einzelfall alle Voraussetzungen des Art. Abs. 2 tStGB erfüllt werden.[127] In diesem Fall darf für den Täter allerdings eine Maßregel der Besserung und Sicherung angeordnet werden, da die begangene Tat stets rechtswidrig bleibt.[128] Das Notstandsopfer darf jedoch in einem solchen Fall gegen den Täter das Notwehrrecht üben.[129]

---

[122] Art. 22 Abs. 2 tStGB lautet wie folgt: *Fahrlässigkeit ist ein Verhalten, bei dem der im gesetzlichen Tatbestand bezeichnete Erfolg durch eine Sorgfaltspflichtverletzung verwirklicht wird, ohne dass er vorgesehen wurde.* Für die Übersetzung siehe *Tellenbach*, Das türkische Strafgesetzbuch: Türk Ceza Kanunu Art. 22 Abs. 2.

[123] 13. CD, 11.11.2014, 9942/31481; *Dülger*, CHD 2014, 121 (135); *Keçelioğlu*, TBBD 2010, 299 (317 f.).

[124] *Keçelioğlu*, TBBD 2010, 299 (318).

[125] *Özbek/Doğan*, DEÜHFD 2007, 195 (215).

[126] Siehe dazu Fn. 892.

[127] *Keçelioğlu*, TBBD 2010, 299 (318).

[128] *Akça*, Türk Ceza Hukukunda Zorunluluk Hali, S. 27.

[129] *Özbek/Doğan*, DEÜHFD 2007, 195 (215).

Außerdem ist die Teilnahme an einer entschuldigenden Notstandshandlung aufgrund des Vorhandenseins einer rechtswidrigen Tat möglich.[130] Sind hingegen mehrere Personen an einer Tat beteiligt, findet die Regelung des Art. 25 Abs. 2 tStGB nur für den Täter sowie die Teilnehmer Anwendung, wenn diese die Voraussetzungen persönlich erfüllen.[131]

Schließlich ist davon auszugehen, dass der Gesetzgeber den Notstand als einen Entschuldigungsgrund vorsieht, indem er in Art. 223 Abs. 3 Buchst. b tStPO die Formulierung *„[...] im Falle des Notstands von Strafe gegen den Angeklagten abgesehen wird“*[132] verwendet. Infolgedessen kommen die Rechtsfolgen für den Notstand in Betracht, sodass es sich um einen Entschuldigungsgrund handelt.

VI. Bewertungen

Im türkischen Strafrecht ist die Einordnung der Notstandsregelung (Art. 25 Abs. 2 tStGB) ziemlich kompliziert. Es fällt deshalb schwer, die rechtliche Natur des Notstands zu bestimmen. Dabei ist jedoch offensichtlich, dass Art. 25 Abs. 2 tStGB beide Notstandsformen nicht völlig umfasst. Aus Sicht des Notstands besteht darin eines der Hauptprobleme, sodass dieser von der in der Strafrechtslehre h. M. und in der Rechtsprechung als ein Entschuldigungsgrund angenommen wird.[133] Trotzdem weisen einige materiellen Voraussetzungen darauf hin, dass er einen Rechtfertigungsgrund darstellt. In diesem Abschnitt wird zunächst das rechtliche Wesen der materiellen Voraussetzungen des Art. 25 Abs. 2 tStGB näher untersucht; im Anschluss daran wird auf allgemeine Bewertungen eingegangen.

Zum Merkmal der Existenz einer Gefahr gibt es zwischen dem rechtfertigenden und dem entschuldigenden Notstand keinen Unterschied. Dieser besteht vielmehr zwischen Rechtsgütern, auf die sich die Gefahr bezieht. In diesem Sinne sind alle Rechtsgüter für den Notstand nach Art. 25 Abs. 2 tStGB relevant.[134] Deshalb gehört dieses Merkmal zum rechtfertigenden Notstand. Darüber hinaus umfasst Art. 25 Abs. 2 tStGB alle Personen, für die die Notstandshandlung durchgeführt wird.[135] Dieses Merkmal ist daher ebenso ein Bestandteil des rechtfertigenden Notstands.

---

[130] *Hakeri*, Ceza Hukuku Genel Hükümler, S. 383.

[131] *Kangal*, Zorunluluk Durumunun Ceza Sorumluluğuna Etkisi, S. 478.

[132] Für die Übersetzung siehe *Arslan,* Die türkische Strafprozessordnung: Ceza Muhakemesi Kanunu, Art. 223 Abs. 3 Buchst. b.

[133] Siehe dazu Fn. 892 und 894.

[134] Siehe dazu Fn. 923.

[135] Siehe dazu Fn. 924.

Art. 25 Abs. 2 tStGB setzt zudem voraus, dass der Täter die Gefahr nicht wissentlich verursachen muss;[136] dieses Merkmal ist für den entschuldigenden Notstand entscheidend. Nach einem anderen Merkmal, das zwar im Gesetzestext des Art. 25 Abs. 2 tStGB nicht ausdrücklich geregelt, nach einem Teil der Lehre jedoch vertretenen wird, soll der Täter in keinem besonderen Rechtsverhältnis stehen.[137] Auch dieses Merkmal betrifft den entschuldigenden Notstand aufgrund seines schuldrelevanten Charakters.

In Bezug auf das Merkmal der Handlung besteht eigentlich keine wesentliche Unterscheidung zwischen den beiden Notstandsarten. In Bezug auf die Klausel kommen dennoch unterschiedliche Darstellungen in Betracht. In der Lehre wird etwa die Formulierung im Gesetzestext „*dies gilt unter der Voraussetzung, dass zwischen der Schwere der Gefahr und dem Gut sowie dem verwendeten Mittel ein angemessenes Verhältnis besteht*" als eine Interessenabwägungsklausel ausgelegt.[138] So betrifft dieses Merkmal den rechtfertigenden Notstand.

Auf der subjektiven Seite der Notstandsregelung ist unklar, ob der Täter mit seiner Tat einen besonderen Zweck verfolgen soll. Nach hiesiger Ansicht regelt Art. 25 Abs. 2 tStGB eine besondere subjektive Voraussetzung für den Notstand, weil der Wortlaut des Gesetzes einen speziellen Ausdruck verwendet.[139] Deshalb ist davon auszugehen, dass dieses Merkmal auf den entschuldigenden Notstand hinweist.

Im Lichte der genannten Betrachtungen lässt sich zu der Auffassung gelangen, dass die rechtliche Natur des Notstands im türkischen Strafrecht unbestimmt ist. Der Grund dafür kann darin gesehen werden, dass einerseits manche Merkmale den rechtfertigenden Notstand betreffen und sich andere Merkmale auf den entschuldigenden Notstand beziehen. Daneben finden beide Arten des Notstands auch in den Voraussetzungen des Art. 25 Abs. 2 tStGB ihre Anwendung. In diesem Sinne wäre es daher angemessen, eine Unterscheidung zwischen rechtfertigendem und entschuldigendem Notstand zu treffen, indem zwei verschiedene Vorschriften eingeführt werden.

Es ist zutreffend, dass die Konstellationen des Putativnotstands als eine eigenständige Norm in Art. 30 Abs. 3 tStGB geregelt wurden. Da jedoch beide Notstandsformen, nämlich rechtfertigender- und entschuldigender Notstand, in demselben Absatz in Art. 30 Abs. 3 tStGB geregelt sind, wenn es sich um einen

---

136 Siehe dazu Fn. 959.

137 Siehe dazu Fn. 966.

138 Siehe dazu Fn. 943.

139 Der Ausdruck in Art. 25 Abs. 2 StGB lautet: *[...] wenn er Taten in der Notwendigkeit begeht, sich oder einen anderen aus einer schweren und tatsächlich bestehenden Gefahr zu retten, die einem eigenen Recht oder dem Recht des anderen droht [...].*

Irrtum handelt, und dasselbe Rechtsergebnis zur Folge haben, spielt deren rechtliches Wesen für den Irrtum keine Rolle. Daraus folgt, dass keine relevanten Unterschiede zwischen den beiden Notstandsnormen zur Rechtsfolge hinsichtlich des Irrtumsfalls anzunehmen sind.

Es kommt somit auf die rechtliche Natur des Notstands an und welche Rechtsfolgen im Falle des Notstands eintreten sollen. Obwohl es keinen praktischen Unterschied für die Straffreiheit des Täters macht, ist jede Differenzierung hinsichtlich der Teilnahmeregeln, des Notwehrrechts und des Sachurteils relevant. Denn einerseits liegt keine rechtswidrige Tat vor und andererseits gibt es Personen, die trotz ihrer rechtswidrigen Taten nicht bestraft werden.

Angesicht dieser Überlegungen ist schließlich zu der Annahme zu gelangen, dass die in Art. 25 Abs. 2 tStGB geregelte Notstandsnorm einen Entschuldigungsgrund einräumt, auch wenn sich einige materiellen Voraussetzungen des Art. 25 Abs. 2 tStGB auf den rechtfertigenden Notstand beziehen. Demnach lässt sich argumentieren, dass sowohl die materiellen Voraussetzungen des Art. 25 Abs. 2 tStGB als auch deren Begründungssatz sowie die Regelung des Art. 223 Abs. 3 Buchst. b tStPO auf den entschuldigenden Notstand hinweisen. Nach Art. 25 Abs. 2 tStGB wäre es daher zutreffender, anzunehmen, dass der Täter nicht bestraft wird, sondern ohne Schuld handelt.[140]

[140] Ähnlich *Özaydın*, Notwehr und Notstand im deutsch-türkischen Rechtsvergleich, S. 240.

E. Vergleich des Notstands im deutschen und türkischen Strafrecht

I. Vorbemerkungen

Wie bereits oben erwähnt wurde, bestehen wesentliche Unterscheidungen zwischen Rechtssystemen, was die rechtliche Natur und die materiellen Voraussetzungen des Notstands anbelangt. Daneben finden sich jedoch auch viele Ähnlichkeiten zwischen den beiden Rechtssystemen, die in dieser Hinsicht berücksichtigt werden sollten.

In diesem Kapitel wird versucht, die beiden Rechtssysteme miteinander zu vergleichen bzw. eine parallele Diskussion zu führen. Im Zuge dessen werden hier die einzelnen Details des Notstands zum Zwecke des Vergleichs gründlich untersucht. Dabei sind zunächst die Unterscheidungen und Ähnlichkeiten des Notstands zwischen den beiden Rechtssystemen näher zu untersuchen. Im Anschluss erfolgen die entsprechenden Bewertungen dazu.

II. Historische Entwicklung der Notstandsregelungen

Notstandsregelungen traten erst im 19. Jh. in beiden Rechtssystemen in Kraft. Die erste strafrechtliche Regelung im deutschen Strafrecht (1871) stellte den Notstand als einen Entschuldigungsgrund dar.[1] Im Unterschied zu dieser Regelung war der Notstand im türkischen Strafrecht keine allgemeine Notstandsregelung, sondern scheint sich eher auf die Bedrohung und seelische Nötigung als auf den allgemeinen Notstand bezogen zu haben.[2]

Auf der Seite der zivilrechtlichen Notstandsvorschriften wurde der Notstand zuerst im deutschen Strafrecht als ein Rechtfertigungsgrund genannt.[3] Demgegenüber bezog sich der Notstand im türkischen Strafrecht sowohl auf den Rechtfertigungs- als auch auf den Entschuldigungsgrund.[4] Somit ergeben sich bereits aus dem rechtlichen Wesen des Notstands wesentliche Unterschiede zwischen beiden zivilrechtlichen Vorschriften.

Obwohl bis zum Jahr 1975 im alten StGB keine materielle Vorschrift über den rechtfertigenden Notstand bestand, fand er in besonderen Einzelfällen nach der Auffassung der Lehre und Rechtsprechung Anwendung.[5] Im türkischen

[1] Siehe dazu Fn. 538.
[2] Siehe dazu Fn. 872.
[3] Siehe dazu Fn. 540.
[4] Siehe dazu Fn. 874.
[5] *Zieschang*, JA 2007, 679 (680).

Strafrecht wurde dagegen der rechtfertigende Notstand in Art. 49 Abs. 3 tStGB a. F. normiert. In dieser Hinsicht kann davon ausgegangen werden, dass es im deutschen Recht eine Regelung im Sinne des entschuldigenden Notstands gab, während im türkischen Recht ein rechtfertigender Notstand bestand.

In der im Jahr 1975 in Kraft getretenen Neufassung des StGB wird der Notstand als zwei unterschiedliche Normen in den § 34 und § 35 StGB geregelt. Das tStGB, das im Jahr 2005 in Kraft getreten ist, normiert dagegen den Notstand nur als eine Norm in Art. 25 Abs. 2 tStGB. Damit setzte sich die wesentliche Differenz zwischen den beiden Rechtssystemen über die Aufstellung der Notstandsregelungen fort.

III. Voraussetzungen der Notstandsnormen

1. Objektive Voraussetzungen

In diesem Abschnitt werden die objektiven Voraussetzungen des strafrechtlichen Notstands in beiden Strafrechtssystemen verglichen. Dazu gehören ausschließlich jene Erklärungen, die sich auf die voneinander abweichenden Punkte beider Rechtsordnungen beziehen. Andere hier nicht erwähnte Punkte sind in beiden Rechtsordnungen als gleichwertig anzusehen.

Zudem wird hier erwähnt, zu welchen Paragrafen (§ 34 oder § 35 StGB) die objektiven Voraussetzungen des tStGB inhaltlich näher liegen. Denn es wird in den folgenden Abschnitten deutlich werden, dass die im tStGB geregelten objektiven Voraussetzungen des Notstands mitunter jenen in § 34 StGB bzw. § 35 StGB ähneln.

a. Zur Gefahr

Das Vorliegen eines Gefahrenzustands wird in beiden Rechtssystemen unbedingt verlangt, um von einer Notstandslage sprechen zu können. Hierbei unterscheidet sich allerdings die Art der Gefahr, die zu einer Notstandslage führt. Nach den im StGB normierten Notstandsregelungen wird eine gegenwärtige Gefahr gefordert.[6] Im Gegensatz zum deutschen Strafrecht wird im tStGB eine schwere und tatsächlich bestehende Gefahr in einer Notstandslage verlangt.[7]

Der Begriff der Gefahr wird sowohl im StGB als auch im tStGB nicht ausdrücklich definiert, sodass dieser durch die Strafrechtslehre und Rechtsprechung präzisiert werden kann. Demnach wird im deutschen Strafrecht unter der Gegenwärtigkeit einer Gefahr verstanden, dass aufgrund der Weiterentwicklung der Eintritt eines Schadens ernsthaft droht, sofern Abwehrmaßnahmen nicht unmittelbar ergriffen werden können.[8] Die bestehende Gefahr hat im türkischen Strafrecht grundsätzlich dieselbe Bedeutung wie die Gegenwärtigkeit der Gefahr;[9] darüber hinaus wird jedoch neben der bestehenden auch die schwere Gefahr verlangt; das bedeutet, dass diese geeignet ist, ein Rechtsgut einer Person ernsthaft zu verletzen.[10] Dies ist somit eine klare Betonung der Proportionalität zwischen bestehender Gefahr und dem daraus resultierenden Schaden.[11] In diesem Sinne kann davon ausgegangen werden, dass die Methode zur Feststellung der schweren Gefahr Ähnlichkeiten zur Methode, die für die Feststellung der Gegenwärtigkeit der

6 Siehe dazu Fn. 597; der BGH hat in einem Urteil über einen Banküberfall entschieden, dass eine Gefahr auch dann gegenwärtig ist, wenn der Täter den hinter Panzerglas geschützten Bankangestellten bedroht, der Mitarbeiter aber das Geld nur aufgrund interner Dienstanweisungen zum Schutz der Bankkunden übergibt. Nach dem Senat „*[...]* fehlt es an der gemäß § 255 StGB erforderlichen gegenwärtigen Gefahr. Es sei kein Kunde anwesend und auch völlig ungewiß gewesen, ob einer komme. Die Angestellte sei wesentlich durch die erwähnte bankinterne Weisung mitbestimmt worden, auch bei Fehlen eigener Gefährdung im Interesse der Kunden Geld herauszugeben; ihre eigene Bedrohung sei also für die Geldhergabe nicht allein ursächlich gewesen.“ NJW 1989, 176 (176).

7 Siehe dazu Fn. 910; Der türkische Kassationsgerichtshof räumt ein, dass es sich in dem Fall um eine bestehende Gefahr handelt, in der der Täter gleichzeitig und proportional zu dem Angriff handelte, um den auf seine körperliche Unversehrtheit gerichteten Angriff zu verhindern, der von mehr als einer Person initiiert wurde und mit Sicherheit fortgesetzt worden wäre; 15. CD, 28.05.2015, 17075/25920.

8 Siehe dazu Fn. 597.

9 *Artuk u. a.*, Ceza Hukuku Genel Hükümler, S. 585.

10 Siehe dazu Fn. 915.

11 In einer Entscheidung des türkischen Kassationsgerichtshofs wurde Folgendes festgestellt: Der Täter hat dadurch Stromdiebstahl begangen, dass der Strom mithilfe eines Leiters entzogen wurde, welcher dazu geeignet war, den Strom weiterzuleiten, wobei eine Stromsperre für seinen Haushalt aufgrund der unbezahlten Stromrechnung der Grund war; hier lag jedoch keine schwere und tatsächlich bestehende Gefahr im konkreten Fall vor, auch wenn sein Vater wegen Krankheit ein elektrisches Gerät benötigte. In einem solchen Fall besteht daher kein Notstand, weil diese Gefahr auf andere Weise, z. B. durch die Zahlung der Rechnung, abzuwenden war. 2. CD, 05.04.2012, 37785/8783.

Gefahr angewendet wird, aufweist. Obwohl daher die von Notstandsregelungen im deutschen und türkischen Strafrecht verlangte Art der Gefahr unterschiedlich in Erscheinung tritt, hat sie für beide Regelungen inhaltlich dieselbe Bedeutung. Denn beide Rechtsordnungen setzen im Grunde eine Gefahr voraus, welche einem Rechtsgut ernsthaft droht, es sei denn, es können umgehend Abwehrmaßnahmen eingeleitet werden.

Der Ursprung der Gefahr spielt in beiden Rechtssystemen für den Notstand keine Rolle.[12] In diesem Sinne besteht demnach keine Abweichung zwischen beiden Rechtssystemen, sodass die Gefahr von jeglicher Quelle ausgehen kann.

Der künftige Eintritt einer Gefahr wird ebenfalls in beiden Rechtssystemen als eine Notstandslage betrachtet.[13] Der konkrete Eintritt eines Schadens ist dabei für den Notstand nicht unbedingt erforderlich, sodass vielmehr die Wahrscheinlichkeit für dessen Eintritt ausreichend ist.[14] In dieser Hinsicht ähneln sich beide Rechtssysteme.

Beim Gefahrenurteil werden einerseits der zeitliche und andererseits der persönliche Ausgangspunkt für beide Rechtssysteme in Betracht gezogen, d. h. es werden unterschiedliche Ausgangspunkte für das Gefahrenurteil verwendet. Bei den zeitlichen Bewertungen des Gefahrenurteils besteht Einigkeit darüber, dass in beiden Rechtssystemen eine *ex ante*-Betrachtung vorzunehmen ist.[15] Die persönliche Bewertung des Gefahrenurteils erfolgt jedoch auf andere Weise. Nach der deutschen Strafrechtslehre kommen drei Varianten für eine solche Bewertung in Betracht: ein Dritter aus dem Verkehrskreis des Handelnden[16], ein

---

[12] Siehe dazu Fn. 579 und 908.

[13] Nach dem BGH liegt eine gegenwärtige Gefahr vor, wenn eine länger andauernde Gefahrensituation jederzeit in einen Schaden umschlagen kann; NJW 1979, 2053, (2054). Nach dem türkischen Kassationsgerichtshof sei ein Fall notstandsrelevanter Gefahr anzunehmen, wenn eine schwangere Frau eine Gesundheitskarte einer anderen Person benutzt, um in einem Krankenhaus zu entbinden, da sie ihr Baby und sich selbst vor einer möglichen künftigen Gefahr schützen wollte; 15. CD, 20.01.2014, 14754/532.

[14] *Engländer*, in VK-StGB, § 34 Rn. 15; *Zafer*, Ceza Hukuku Genel Hükümler TCK m. 1–75), S. 388; der türkische Kassationsgerichtshof räumte ein, dass die Handlungen der Angeklagten, die den Wächter nicht finden konnten, im Rahmen eine Notstandslage begangen wurden, um eine mögliche Brandgefahr in einem Industriegebiet abzuwenden, indem sie das Türschloss aufbrachen und eintraten. 9. CD, 08.06.2010, 15262/6954.

[15] *Rengier*, Strafrecht Allgemeiner Teil, § 19 Rn. 9; *Toroslu*, Ceza Hukukunda Zaruret Hali, S. 114.

[16] „[…] Der maßgebliche Sorgfaltsmaßstab für einen Tourenleiter bestimmt sich nach den allgemeinen Sorgfaltsanforderungen, die ein umsichtiger Mensch aus dem

sachverständiger Beurteiler[17] und das gesamte menschliche Erfahrungswissen.[18] Nach der türkischen Strafrechtslehre werden persönliche Bewertungen des Gefahrenurteils durch den Richter durchgeführt, indem alle relevanten Umständen des Einzelfalls berücksichtigt werden.[19] Wie das Gefahrenurteil in der Tat zu erfolgen hat, wird somit im deutschen Strafrecht umfassender bestimmt als im türkischen Strafrecht.

Hinsichtlich der notstandsrelevanten Rechtsgüter bestehen im deutschen Strafrecht zwischen den Notstandsregelungen erhebliche Unterscheidungen.[20] Während im Rahmen des § 34 StGB alle Rechtsgüter geschützt werden, wird in § 35 StGB nur der Schutz der Güter ‚Leben, Leib oder Freiheit' geregelt.[21] Im Vergleich zum deutschen Strafrecht gibt es im türkischen Strafrecht keine Beschränkung der notstandsrelevanten Rechtsgüter, sodass alle Rechtsgüter für den Notstand von Bedeutung sein können.[22] Daraus ergibt sich insbesondere, dass in Hinsicht auf die notstandsrelevanten Rechtsgüter die in Art. 25 Abs. 2 tStGB geregelte Notstandsform mit dem in § 34 StGB geregelten rechtfertigenden Notstand identisch ist.

Hinsichtlich des notstandsrelevanten Betroffenenkreises bestehen im deutschen Strafrecht ebenfalls erhebliche Unterscheidungen.[23] In § 34 StGB spielt es etwa keine Rolle, gegen wessen Güter eine Gefahr existiert.[24] Dagegen erfordert § 35 StGB eine Gefahr ausschließlich für eines der genannten Rechtsgüter des Täters,

---

Verkehrskreis des Handelnden in der konkreten Lage angewendet hätte, um andere vor Schäden zu bewahren […].“ SpuRt 2006, 210.

17 „[…] Das Gefahrurteil bestimmt sich nach einem (nachträglich getroffenen) ex-ante-Urteil eines sachverständigen Beurteilers in der konkreten Handlungssituation, der mit etwaigem Spezialwissen des Täters ausgerüstet ist. […].“ KG Berlin, Beschluss vom 25. September 1997 – 2 Ss 239/97 - 3 Ws (B) 505/97.

18 *Perron*, in SSK-StGB, § 34 Rn. 14.

19 *Koca/Üzülmez*, Türk Ceza Hukuku Genel Hükümler, S. 351; nach dem türkischen Kassationsgerichtshof ist es angesichts der Aussage eines Angeklagten, dass er während des Ausfüllens des Unfallberichts von X, Y und Z verfolgt worden sei, unzutreffend, ein Urteil gegen den Angeklagten zu erlassen; dieser hatte sich in einer Notstandslage im Rahmen des Art. 25 II tStGB befunden, ohne dass eine Ermittlung gegen die betroffenen Personen (X, Y und Z) durchgeführt bzw. eine andere Person, die, wie der Täter behauptete, mit ihm im konkreten Fall zusammengewesen sei, als Zeuge vernommen wäre; 12. CD, 03.06.2013, 21865/14868.

20 Zur Unterscheidung von den § 34 und § 35 StGB siehe bereits oben: C. VI.

21 Siehe dazu Fn. 605.

22 Siehe dazu Fn. 922.

23 Zur Unterscheidung von den § 34 und § 35 StGB siehe bereits oben: C. VI.

24 Siehe dazu Fn. 613.

seiner Angehörigen oder einer anderen ihm nahestehenden Person.[25] Im türkischen Strafrecht gibt es demgegenüber keine Beschränkungen für diejenige Person, für die eine Notstandshandlung begangen wurde.[26] So kann die Gefahr die eigenen Güter des Täters, aber auch jene einer anderen Person betreffen. In diesem Sinne kann davon ausgegangen werden, dass Art. 25 Abs. 2 tStGB und § 34 StGB geregelte rechtfertigende Notstand hinsichtlich des notstandsrelevanten Personenkreises identisch sind.

b. Zur Handlung

Sowohl deutsches Strafrecht als auch türkisches Strafrecht setzen für den Notstand eine vom Täter begangene tatbestandsmäßige Handlung voraus.[27] Zusätzlich erfordert § 35 StGB eine rechtswidrige Tat.[28] Dieses zusätzliche Erfordernis kommt im türkischen Strafrecht nur in Frage, wenn der Notstand einen Entschuldigungsgrund darstellt. Die in Art. 25 Abs. 2 tStGB geregelte Notstandsform wird somit nach der h. L. und nach hiesiger Ansicht als ein Entschuldigungsgrund angesehen.[29] Daraus kann der Schluss gezogen werden, dass auch das tStGB eine vom Täter begangene rechtswidrige Handlung für den Notstand verlangt. Demnach besteht eine Ähnlichkeit zwischen den Vorschriften von § 35 StGB und Art. 25 Abs. 2 tStGB.

In der türkischen Strafrechtslehre wird die Tatsache besonders hervorgehoben, dass zwischen der begangenen Tat und der vorliegenden Gefahr ein Kausalzusammenhang bestehen solle.[30] Das Erfordernis zum Bestehen eines Kausalzusammenhanges sollte jedoch offenbar auch für das deutsche Strafrecht gelten. Da es sich hierbei um eine grundlegende Schlussfolgerung handelt, muss allerdings auf dieses Erfordernis im deutschen Schrifttum nicht weiter hingewiesen werden.

Beide Rechtssysteme verlangen für die Notstandshandlung unbedingt, dass diese erforderlich ist.[31] In den § 34 und § 35 StGB wird dieses Merkmal als „*[...] nicht*

---

[25] Siehe dazu Fn. 614.

[26] Siehe dazu Fn. 924.

[27] *Freund/Rostalski*, Strafrecht Allgemeiner Teil, § 3 Rn. 61; *Koca/Üzülmez*, Türk Ceza Hukuku Genel Hükümler, S. 353.

[28] Siehe dazu Fn. 629.

[29] Siehe dazu Fn 892.

[30] Siehe dazu Fn. 930.

[31] Nach BGH: "Ob die Gefahr für das bedrohte Rechtsgut anders als durch die Vornahme der straftatbestandsmäßigen Handlung abgewendet werden kann, bestimmt sich anhand der Erforderlichkeit der Notstandshandlung. Notwendige Voraussetzung für deren Rechtfertigung über § 34 StGB ist, dass diese unter den konkreten Umständen des Einzelfalles zum Schutz des Erhaltungsguts geeignet ist und sich bei

anders abwendbare Gefahr [...]" ausgedrückt und in Art. 25 Abs. 2 tStGB mit *„[...] der auf andere Weise nicht zu begegnen ist. [...]"* umschrieben. Was unter Erforderlichkeit zu verstehen ist, ist in beiden Rechtssystemen in etwa gleich formuliert. Zum einen muss das verwendete Mittel absolut geeignet sein, die bestehende Gefahr abzuwenden;[32] zum anderen muss es das relativ mildeste Mittel sein.[33] In dieser Hinsicht bestehen somit keine bedeutenden Unterschiede zwischen den beiden Rechtssystemen.

In beiden Rechtssystemen wird der Notstand dann ausgeschlossen, wenn in der Tat eine andere Möglichkeit besteht, um die konkrete Gefahr abzuwenden.[34]

---

mehreren zur Gefahrenabwendung geeigneten Handlungsmöglichkeiten die gewählte als das in Bezug auf das Eingriffsgut, mithin die durch die verwirklichte Strafnorm geschützten Rechtsgüter und Interessen, relativ mildeste Mittel erweist [...]" HRRS 2016 Nr. 1081; der türkische Kassationsgerichtshof hat über einen Fall entschieden, bei dem Regenwasser auf dem Balkon des Täters Schäden verursachte. Der Täter ging auf den Balkon des Nachbarn, um das Wasser ablaufen zu lassen, indem er die Fliesen zerbrach. das Gericht hat betont, dass es wichtig ist zu prüfen, ob der Täter sich im Rahmen des Notstands gemäß Artikel 25 Abs. 2 des tStGB befand. Die Möglichkeit, den Schaden auf andere Weise zu verhindern, und gegebenenfalls eine Vorortuntersuchung durch Sachverständige werden als relevant angesehen. Es wird argumentiert, dass ein Urteil aufgrund einer unvollständigen Untersuchung nicht angemessen wäre. 15. CD, 02.10.2014, 25316/16025; *Koca/Üzülmez*, Türk Ceza Hukuku Genel Hükümler, S. 353; *Rengier*, Strafrecht Allgemeiner Teil, § 19 Rn. 20.

32 Der BGH hat in seiner Entscheidung geklärt: „Ob die Gefahr für das bedrohte Rechtsgut anders als durch die Vornahme der straftatbestandsmäßigen Handlung abgewendet werden kann, bestimmt sich anhand der Erforderlichkeit der Notstandshandlung. Notwendige Voraussetzung für deren Rechtfertigung über § 34 StGB ist, dass diese unter den konkreten Umständen des Einzelfalles zum Schutz des Erhaltungsguts geeignet ist und sich bei mehreren zur Gefahrabwendung geeigneten Handlungsmöglichkeiten die gewählte als das in Bezug auf das Eingriffsgut, mithin die durch die verwirklichte Strafnorm geschützten Rechtsgüter und Interessen, relativ mildeste Mittel erweist." NJW, 2016, 2818 (2818).

33 Der BGH hat in seiner Entscheidung geklärt: „Das Bezirksgericht ist zwar zutreffend davon ausgegangen, daß nicht jede zur Abwendung einer gegenwärtigen Gefahr für die in § 35 StGB geschützten Rechtsgüter begangene rechtswidrige Handlung durch Notstand entschuldigt ist. Wie sich aus dem Wortlaut "nicht anders abzuwendende Gefahr" ergibt, muß der Täter (oder Teilnehmer) vielmehr bei mehreren in Frage kommenden Mitteln das mildeste wählen, das geeignet ist, der Gefahr wirksam zu begegnen. [...]" NStZ 1992, 487 (487).

34 Dazu hat der BGH im Haustyrannenfall wie folgt betont: „Als anderweitige Abwendungs-möglichkeiten kamen hier ersichtlich die Inanspruchnahme behördlicher Hilfe oder der Hilfe karitativer Einrichtungen in Betracht, namentlich der Auszug der Angeklagten mit den Töchtern aus dem gemeinsamen Haus und die Übersiedlung etwa

Dazu gehören auch jene Fälle, in denen eine staatliche oder fremde Hilfe zum Zeitpunkt der Tat zur Verfügung steht bzw. diese erreichbar ist.[35] Ebenso betrifft dies Situationen, in denen einer Gefahr durch eine zivil- oder verwaltungsrechtlich zulässige Handlung oder Begehung einer Straftat, deren Unrechtsgehalt geringer ist, zu entkommen ist.[36] Demzufolge ist eine Fluchtmöglichkeit stets in Betracht zu ziehen.[37] Dies ergibt sich auch aus dem Prinzip der Erforderlichkeit der Notstandshandlung.[38] Hierbei spielt es jedoch keine Rolle, ob der Notstand ein Rechtfertigungs- oder Entschuldigungsgrund ist.

Die Frage, ob eine Notstandshandlung erforderlich ist, ist nach der türkischen Strafrechtslehre im Rahmen einer *ex ante*-Betrachtung durch den Richter zu klären, bei der die konkrete Notstandslage in Betracht gezogen wird.[39] Nach der deutschen Strafrechtslehre ist diese Frage der Erforderlichkeit ebenfalls im Rahmen einer *ex ante*-Betrachtung zu beantworten.[40] Es ist allerdings umstritten, aus welcher Sicht der Betrachter beobachten soll. Dazu werden unterschiedliche Ansichten im deutschen Strafrecht vertreten.[41] In dieser Hinsicht werden zwar die Ähnlichkeiten zwischen den beiden Rechtssystemen in Bezug auf die zeitliche Betrachtung (*ex ante*) deutlich, allerdings gibt es Unterschiede in Bezug auf den persönlichen Ausgangspunkt.

Schließlich wurde in der deutschen Strafrechtslehre die Situation ausführlich untersucht, in der das Opfer vor der Verletzung seines Rechtsguts in die Tat nicht einwilligt oder eine mutmaßliche Einwilligung für die Notstandshandlung in Rede steht.[42] Diese Situation ist jedoch im türkischen Strafrecht bisher nicht ausreichend untersucht worden.

---

in ein Frauenhaus, aber auch das Suchen von Zuflucht bei der Polizei mit der Bitte um Hilfe im Rahmen der Gefahrenabwehr; letzteres wäre naheliegenderweise mit einer Strafanzeige verbunden gewesen. Die Angeklagte hat indessen nicht versucht, sich auf diese Weise aus ihrer bedrängten Lage zu befreien. […]" NJW 2003, 2464 (2467).

35 „Er setzt jedoch voraus, daß die Gefahr anders nicht abgewendet werden kann, liegt also nicht vor, wenn obrigkeitliche Hilfe rechtzeitig herbeigerufen werden kann […]" NJW 1993, 1869 (1870).

36 Siehe dazu Fn. 939.

37 *İçel*, Ceza Hukuku Genel Hükümler, S. 365; *Zieschang*, in LK-StGB, § 34 Rn. 94.

38 *Rengier*, Strafrecht Allgemeiner Teil, § 19 Rn. 20.

39 Siehe dazu Fn. 933.

40 Siehe dazu Fn. 638.

41 Siehe dazu Fn. 639.

42 Siehe dazu Fn. 644 und 645.

c. Zur Klausel

In Hinblick auf die Notstandsregelungen kommen sowohl für die deutschen als auch die türkischen Notstandsregelungen verschiedene Klauseln in Betracht,[43] wie etwa die Interessenabwägung, die Verhältnismäßigkeit, die Angemessenheit und die Zumutbarkeit. Allerdings gibt es zwischen den beiden Rechtssystemen insbesondere bei der Auslegung der Verhältnismäßigkeit erhebliche Unterschiede.

Das Merkmal der Verhältnismäßigkeit der Notstandshandlung wird in Art. 25 Abs. 2 tStGB ausdrücklich formuliert.[44] Da jedoch die Interessenabwägungsklausel in Art. 25 Abs. 2 tStGB nicht ausdrücklich beschrieben wird, schafft dies in der herrschenden türkischen Lehre einen Hinweis auf die Interessenabwägungsklausel.[45] In der älteren türkischen Strafrechtslehre, wo noch das alte tStGB in Kraft war, wurde dieses Merkmal ebenso betont.[46]

---

[43] Siehe dazu bereits oben C. III. 2. c. und D. III. 2. c.

[44] Siehe dazu: *[...] Dies gilt unter der Voraussetzung, dass zwischen der Schwere der Gefahr und dem Gut sowie dem verwendeten Mittel ein angemessenes Verhältnis besteht. [...]*; für die Übersetzung siehe *Tellenbach*, Das türkische Strafgesetzbuch: Türk Ceza Kanunu Art. 25 Abs. 2.

[45] Siehe dazu Fn. 943.

[46] *Toroslu*, Ceza Hukukunda Zaruret Hali, S. 153 f.; Nach dem Autor: „Dementsprechend müssen die erforderlichen Handlungen nicht nur zum bestehenden Schaden, der durch die Notstandslage entstehen kann, sondern auch zu der Gefahr selbst in einem angemessenen Verhältnis stehen. Da es sich bei der Gefahr um die Möglichkeit eines Schadens handelt, muss die erforderliche Handlung sowohl dem Grad der Möglichkeit der Gefahr als auch der Schwere des Schadens, der sich aus der Gefahr ergeben kann, entsprechen, damit die Handlung im Verhältnis zur Gefahr steht. Diese beiden Elemente müssen allerdings nicht immer zusammenkommen. So kann beispielsweise der Schaden, der aus dieser Gefahr entstehen kann, viel geringer sein als der Schaden, der durch die erforderliche Handlung verursacht wird, obwohl das Grad der Möglichkeit der Gefahr nicht unerheblich ist. Andererseits ist der Schaden, der durch die Gefahr entstehen kann, sehr groß, aber der Grad des Schadens, der durch die Gefahr verursacht wird, kann viel geringer sein. Zusammenfassend lässt sich sagen, dass die Feststellung der erforderlichen Handlung in Anbetracht den beiden Elementen getroffen werden sollte. Da die Gefahr jedoch in der Möglichkeit besteht, der Person einen ernsthaften Schaden zuzufügen, und der Schaden noch nicht eingetreten ist, ist es selten möglich, dass die erforderliche Handlung in einem angemessenen Verhältnis zu dem Schaden steht, der durch die Gefahr verursacht werden kann. Andererseits ist es eher möglich, dass die erforderliche Handlung im Verhältnis zum Grad der Möglichkeit der Gefahr steht.“

Dagegen kommt dieses Merkmal nach einem Teil der deutschen Strafrechtslehre ausschließlich für § 35 Abs. 1 Satz 2 StGB in Betracht.[47] Demnach soll hier kein krasses Missverhältnis zwischen der Gefahr und der Notstandshandlung bestehen.[48] Obwohl es strittig ist, ob eine Prüfung der Verhältnismäßigkeit hinsichtlich der Gefahr und der Handlung durchzuführen ist,[49] sollte dieses Erfordernis fallweise berücksichtigt werden, um offensichtliche Unverhältnismäßigkeiten zu vermeiden.

Nun kann der Schluss gezogen werden, dass die Verhältnismäßigkeit im türkischen Strafrecht als eine Interessenabwägungsklausel zusammen mit der Angemessenheit ausgelegt wird, da der Gesetzestext des Art. 25 Abs. 2 tStGB still darauf hinweist. Auf der Seite der deutschen Strafrechtslehre wird die Verhältnismäßigkeit hingegen in § 35 Abs. 1 Satz 2 StGB unter der Zumutbarkeit der Gefahrhinnahme eingeordnet. Infolgedessen besteht ein erheblicher Unterschied zwischen dem deutschen und türkischen Strafrecht. Denn das Merkmal der Verhältnismäßigkeit wird im deutschen Strafrecht im Rahmen des Entschuldigungsgrunds vorausgesetzt, während selbiges im türkischen Strafrecht im Rahmen des Rechtfertigungsgrunds verlangt wird.

Im Sinne des § 34 StGB wird die Abwägung der widerstreitenden Interessen unmittelbar vorausgesetzt, um den Notstand zu rechtfertigen.[50] § 35 StGB verlangt dagegen eine solche Abwägung nicht.[51] In Art. 25 Abs. 2 tStGB wird die

---

[47] Siehe dazu Fn. 646.

[48] Nach BGH „Sieht man dies anders, scheitert § 35 StGB jedenfalls daran, dass die Gefahr, nämlich die Fortdauer der künstlichen Ernährung, nach den Umständen von der in Gefahr befindlichen Person, Frau […], gemäß § 35 Abs. 1 S. 2 HS 1 StGB hinzunehmen war. Dies ergibt sich aus der Disproportionalität zwischen der drohenden Einbuße im Falle einer Fortdauer der künstlichen Ernährung, mithin einer vorsätzlichen Körperverletzung einerseits und den Folgen der Tat, nämlich dem durch das Abstellen der Nahrungszufuhr zu erwartenden Tod andererseits. Es handelt sich hierbei also um ein besonders krasses Missverhältnis zwischen drohender Einbuße und Folgen der Tat, das eine Entschuldigung ausschließ. *[…]*" BeckRS 2010, 6420 (6438); *Heinrich*, Strafrecht Allgemeiner Teil, Rn. 571.

[49] *Bock*, Strafrecht Allgemeiner Teil, S. 408; der Autor hält dieses Merkmal aus folgenden Gründen für unnötig: *„Einerseits lassen sich Zweifelsfälle unter § 35 I 2 StGB subsumieren, andererseits gehen auch die Vertreter des Verhältnismäßigkeitserfordernisses nur von einem Ausschluss krasser Missverhältnisse aus. Insbesondere können auch Tötungen entschuldigt sein."*

[50] Siehe dazu Fn. 651; diese Schlussfolgerung ergibt sich aus dem eindeutigen Wortlaut des Gesetzes (§ 34 StGB): *wenn bei Abwägung der widerstreitenden Interessen, namentlich der betroffenen Rechtsgüter und des Grades der ihnen drohenden Gefahren, das geschützte Interesse das beeinträchtigte wesentlich überwiegt.*

[51] *Kindhäuser/Zimmermann*, Strafrecht Allgemeiner Teil, § 17 Rn. 12.

Interessenabwägungsklausel zwar nicht ausdrücklich verlangt, aber im Rahmen der Verhältnismäßigkeit geprüft, wie dies bereits im obigen Absatz erwähnt wurde. In diesem Zusammenhang lässt kann theoretisch festgestellt werden, dass sich § 34 StGB und Art. 25 Abs. 2 tStGB in Bezug auf die Interessenabwägungsklausel ähneln, während sich § 35 StGB diesbezüglich unterscheidet.

Zur methodischen Vertiefung der Interessenabwägung gibt es erhebliche Unterschiede zwischen den beiden Rechtssystemen, wobei hier verschiedene Gesichtspunkte in Betracht kommen. So stellt sich etwa die Frage, wie die Abwägung der widerstreitenden Interessen durchzuführen ist. Insbesondere während im deutschen Strafrechtssystem diese Klausel aus vielen verschiedenen Schichten besteht,[52] wird im türkischen Strafrecht die Durchführung dieser Abwägung nach allgemeiner Auffassung dem Richter überlassen, so dass sie unter Berücksichtigung des konkreten Falles und der erhobenen Beweismittel erfolgt werden soll.[53] Unter diesem Gesichtspunkt reicht es daher nicht aus, eine solche Methode vorzustellen, sondern es sollten auch im türkischen Schrifttum zur Lösung dieser Frage aus verschiedenen Richtlinien wie im deutschen Strafrecht entwickelt bzw. festgelegt werden.

Die Angemessenheit ist zwar in der deutschen Strafrechtslehre in Hinblick auf ihre Notwendigkeit umstritten, wird aber in § 34 Satz 2 StGB ausdrücklich vorausgesetzt.[54] Demgegenüber findet diese Klausel in § 35 StGB keine Anwendung. Im tStGB wird die Angemessenheit für den Notstand mit dem Unterschied gefordert, dass der deutsche Gesetzgeber das Wort „angemessenes Mittel“ verwendet hat, während der türkische Gesetzgeber den Begriff „angemessenes Verhältnis“ in den Gesetzestext aufgenommen hat. Demnach wird es im deutschen Strafrecht vorausgesetzt, dass das verwendete Mittel angemessen sein muss,

---

52 Ein Beispiel hierfür: Nach der Klassifizierung von *Roxin* sollte die Abwägung der widerstreitenden Interessen unter Berücksichtigung der folgenden Gesichtspunkte erfolgen: „Strafrahmenvergleich“, „Wertgefälle der Rechtsgüter“, „Intensität der Rechtsgutsverletzung“, „Keine Abwägung von Leben gegen Leben“, „Grad der drohenden Gefahren“, „Autonomieprinzip“, „Gesetzliche Regelungen“, „Verschuldung der Notstandslage“, „Besondere Pflichtenstellungen“, „Tätigwerden auf der Seite des Unrechts“, „Individuelle Bedeutung des abgewendeten und des verursachten Schadens für die jeweils Betroffenen“, „Entstehung der Gefahr aus der Sphäre des Eingriffsopfers“; *Roxin/Greco*, Strafrecht Allgemeiner Teil, § 16 Rn. 26 ff.

53 4. CD, 13.10.2021, 5785/24353; *Artuk u. a.*, Ceza Hukuku, S. 589.

54 § 34 Satz 2 StGB lautet: *[...] Dies gilt jedoch nur, soweit die Tat ein angemessenes Mittel ist, die Gefahr abzuwenden.* Nach dem BGH sollten Interessenabwägung und Angemessenheit hinsichtlich des rechtfertigenden Notstands zusammen betrachtet werden; JR 1977, 26–27.

während im türkischen Strafrecht ein angemessenes Verhältnis zwischen dem verwendeten Mittel und dem verursachten Schaden gegeben sein muss.[55]

Wird die Regelung des § 34 Satz 2 StGB untersucht, so zeigt sich, dass mit der Angemessenheitsklausel beinahe derselbe Zweck wie bei der Interessenabwägung verfolgt wird.[56] In diesem Zusammenhang kann mit dem von einem Teil der deutschen Strafrechtslehre vertretenen Gedanken zu dem Schluss gelangt werden, dass die Angemessenheit eine besondere Rolle spielen kann, wenn es sich um die Achtung der Menschenwürde[57] und das Selbstbestimmungsprinzip handelt.[58] Allerdings ist die Wahrscheinlichkeit nicht hoch, dass bei der Interessenabwägung ein Interesse, dessen Rettung einen Verstoß gegen die Menschenrechte oder das Selbstbestimmungsprinzip zur Folge hat, gegenüber einem anderen Interesse, mit dem es in Konflikt steht, überwiegt.[59]

Im türkischen Strafrecht wird diese Klausel in Art. 25 Abs. 2 tStGB ähnlich vorgeschrieben, wonach eine Prüfung durchzuführen ist, ob ein Verhältnis zwischen dem bei der Notstandshandlung verwendeten Mittel und dem verursachten Schaden besteht. Dieses Verhältnis ist auch im türkischen Strafrecht Gegenstand der Angemessenheit.[60] Im deutschen Strafrecht stellt diese Klausel jedoch einen sekundären Bewertungspunkt dar, sodass erst nach der Interessenabwägung geprüft wird, ob die Notstandshandlung eine Verletzung gegen Menschenrechte und Selbstbestimmungsrecht bedeutet.[61]

Abschließend lässt sich Folgendes feststellen: Zwischen den Notstandsregelungen des § 34 Satz 2 StGB und Art. 25 Abs. 2 tStGB bestehen im Hinblick auf die Angemessenheitsklausel gewisse Ähnlichkeiten. Denn beide Vorschriften setzen für die Annahme eines Notstandes das Vorliegen der Angemessenheitsklausel voraus. Demnach werden die Angemessenheit und die Verhältnismäßigkeit im türkischen Strafrecht mit der Interessenabwägung zusammen ausgelegt. Im deutschen Strafrecht handelt es sich dagegen um eine stufenweise Bewertung.[62]

---

55 Obwohl die Ausdrücke in den Gesetzestexten unterschiedlich sind, haben beide Ausdrücke im Grunde die gleiche Funktion. Dass die Notstandshandlung angemessen ist, stellt für beide Vorschriften ein ausschlaggebendes Kriterium dar.

56 Siehe Neumann, in NK-StGB, § 34 Rn. 21.

57 Siehe dazu Fn. 726.

58 Siehe dazu Fn. 728.

59 *Roxin/Greco*, Strafrecht Allgemeiner Teil, § 16 Rn. 91.

60 *Artuk u. a.*, Ceza Hukuku Genel Hükümler, S. 588; ähnlich *Koca/Üzülmez*, Türk Ceza Hukuku Genel Hükümler, S. 354; eine Kritik daran siehe *Özbek u. a.*, Türk Ceza Hukuku Genel Hükümler, S. 418.

61 Bock, Strafrecht Allgemeiner Teil, S. 319 ff.; *Erb*, in MüKo-StGB, § 34 Rn. 243; *Rosenau*, in SK-StGB, § 34 Rn. 32.

62 Siehe dazu Fn. 722.

Die Zumutbarkeit als eine weitere Klausel wird im Sinne des § 35 StGB verlangt, findet jedoch in § 34 StGB keine Anwendung.[63] Darunter wird die Zumutbarkeit für den Täter verstanden, die Gefahr hinzunehmen.[64] Dieses Merkmal findet auch in Art. 25 Abs. 2 tStGB ähnliche Anwendung, worin vorausgesetzt wird, dass der Täter die Gefahrenlage nicht wissentlich verursachen muss.[65]

Im Rahmen des § 35 Abs. 1 Satz 2 StGB setzt das Gesetz bestimmte Umstände voraus, wonach zwei beispielhafte Konstellationen veranschaulicht werden können, was die Zumutbarkeit betrifft.[66] In den ersten beispielhaften Konstellationen geht es um die Situation, in der der Täter selbst die Gefahr verursacht hat, vor der er sich schützen will. Löst der Täter die notstandsrelevante Gefahr selbst aus, wird daher der Notstand ausgeschlossen. Die Auslegung des Satzes „die Gefahr selbst verursacht hat" ist jedoch hier umstritten, da nicht klar ist, auf welche Theorie sich dieser Kausalzusammenhang stützt.[67] Bei den anderen beispielhaften Konstellationen geht es um Situationen, in denen der Täter in einem besonderen Rechtsverhältnis steht.[68]

Im türkischen Strafrecht hat die Verursachung der Gefahr ebenso eine Bedeutung, wenn der Täter diese wissentlich herbeiführt.[69] Löst daher der Täter die

---

63 Siehe dazu Fn 730.

64 In einer Entscheidung der OLG Oldenburg wurde diese Klausel wie folgt dargelegt: „Die Annahme des LG, der Angekl. habe im ersten Fall (Pistole Walther) nach § 35 StGB ohne Schuld gehandelt, stützt sich auf eine lückenhafte Gesetzesanwendung und ist damit rechtsfehlerhaft. Zwar ist nach den getroffenen Feststellungen des LG gegen die Bejahung einer gegenwärtigen, nicht anders abwendbaren Gefahr für das Leben des Angekl. aus Rechtsgründen nichts zu erinnern. Das LG hat es aber unterlassen zu prüfen, ob ein entschuldigender Notstand nicht gleichwohl ausgeschlossen war, weil dem Angekl. nach den Umständen zuzumuten war, die Gefahr hinzunehmen (§ 35 I 2 StGB). Zu einer solchen Prüfung gab der Sachverhalt auch Anlaß. Denn der Angekl. hatte durch seinen festgestellten freiwilligen Einsatz als Informant des Verfassungsschutzes bei der Terrorismusbekämpfung die Gefahr für sein Leben selbst verursacht. Es liegt mithin ein Sachverhalt vor, wie ihn das Gesetz als Beispielsfall für die mögliche Zumutbarkeit einer Gefahr anführt. Das RevGer. kann die unterlassene Abwägung, die dem Tatrichter vorbehalten ist, nicht selbst vornehmen, selbst wenn weitere tatsächliche Feststellungen hierzu nicht zu erwarten sind." NJW 1988, 3217 (3217).

65 Art. 25 Abs. 2 tStGB lautet: *[...] die er nicht wissentlich verursacht hat und der auf andere Weise nicht zu begegnen ist [...].*

66 Siehe dazu Fn. 735.

67 Für die theoretischen Diskussionen darüber siehe *Rengier*, Strafrecht Allgemeiner Teil, § 26 Rn. 18 f.

68 Siehe dazu Fn. 736.

69 *Koca/Üzülmez*, Türk Ceza Hukuku Genel Hükümler, S. 352.

notstandsrelevante Gefahr selbst wissentlich aus, schließt dies den Notstand aus. Was unter dem Ausdruck „nicht wissentlich verursacht“ des Art. 25 Abs. 2 tStGB zu verstehen ist, bleibt jedoch unklar.[70]

Nach dem in § 35 Abs. 1 Satz 2 StGB vorgesehenen zweiten Regelbeispiel muss der Täter in keinem besonderen Rechtsverhältnis stehen, damit er vom Notstand profitieren kann.[71] Dieses Merkmal ist jedoch nicht ausdrücklich dem Wortlaut des Art. 25 Abs. 2 tStGB zu entnehmen, sondern wird nach der in der türkischen Lehre h. M. vertreten.[72] Dieser Umstand bildet einen weiteren Unterschied zwischen § 35 Abs. 1 Satz 2 StGB und Art. 25 Abs. 2 tStGB.

In diesem Zusammenhang unterscheiden sich beide Rechtssysteme hinsichtlich der subjektiven Zurechnung. Denn es spielt im deutschen Strafrecht keine Rolle, ob der Täter die Gefahr vorsätzlich oder fahrlässig herbeiführt.[73] Die Verursachung der Gefahr durch fahrlässiges Handeln ist aber im türkischen Strafrecht nicht unter Art. 25 Abs. 2 tStGB zu subsumieren, weil dieser voraussetzt, dass der Täter die Gefahr nicht wissentlich herbeiführt.[74]

Erfolgt eine rechtliche Betrachtung in Bezug auf die Zumutbarkeitsklausel, ist festzustellen, dass zwischen den Vorschriften § 35 Abs. 1 Satz 2 StGB und Art. 25 Abs. 2 tStGB eine gewisse Ähnlichkeit besteht. Denn beide Regelungen enthalten besondere Merkmalen, nämlich dass der Täter die Gefahr nicht verursacht haben muss und dass er nicht in einem besonderen Rechtsverhältnis stehen muss, welche von einem Rechtfertigungsgrund abweichen.

Im Falle der Notstandshilfe im Rahmen der Zumutbarkeitsklausel gibt es im Grunde zwischen den beiden Rechtssystemen keinen großen Unterschied. In den Konstellationen, in denen nicht der Täter, sondern eine in Gefahr geratene Person die Notstandslage herbeigeführt hat, wird der Täter nach h. M. in beiden

[70] *Tan*, Türk Ceza Kanunu Genel Hükümler, S. 880; der Gesetzgeber verwendet das Wort „wissentlich", um damit zu bestimmen, dass der Täter in dem Moment, als er die Gefahr herbeiführte, wissentlich gehandelt haben muss, um bestraft werden zu können. Bei einer vorsätzlichen oder bedingt vorsätzlichen Herbeiführung des Gefahrzustands ist daher die Existent eines Notstands nicht anzunehmen. Außerdem kann bei bewusster Fahrlässigkeit angenommen werden, dass der Täter die Gefahr vorausgesehen hat und dieses Voraussehen den Notstand ausschließt.

[71] Siehe zu den Diskussionen über den Umfang dieser Klausel *Bernsmann*, Zum Handeln von Hoheitsträgern aus der Sicht des „entschuldigenden Notstands“ (§ 35 StGB), in: FS Günter zum 70. Geburtstag, S. 23 (38 ff.).

[72] Siehe dazu Fn. 966.

[73] Siehe dazu Fn. 746.

[74] Siehe dazu Fn. 961 und 962.

Rechtssystemen entschuldigt.[75] Hingegen sind die anderen Fälle, in denen der Täter zwar die Gefahr selbst verursacht, aber die Notstandshandlung für andere ausgeführt hat, in beiden Rechtssystemen umstritten.[76] Die h. M. in beiden Strafrechtslehren ist jedoch der Ansicht, dass der Täter auch in diesem Fall exkulpiert wird.[77] Denn in solchen Fällen kommt keine Zumutbarkeit für den Täter in Betracht.[78]

Ein bemerkenswerter Punkt ist, dass die Notstandshilfe im deutschen Strafrecht im Rahmen des § 35 StGB nur für Personen gilt, die Angehörige des Täters sind oder ihm sonst nahestehen, während im türkischen Strafrecht eine Notstandshilfe für alle geleistet werden kann.[79] In dieser Hinsicht gibt es zwar, was die Art der Notstandshilfe betrifft, keinen offenkundigen Unterschied zwischen den beiden Rechtssystemen. Es handelt sich jedoch um einen Unterschied hinsichtlich des Personenkreises, gegen den die Notstandhilfe gerichtet ist.

2. Subjektive Voraussetzungen

Hinsichtlich der subjektiven Voraussetzungen des Notstands sind die Vorschriften des § 34 und § 35 StGB im deutschen Strafrecht separat zu behandeln. Denn im Rahmen des § 35 StGB besteht keine Diskussion über die Notwendigkeit des besonderen subjektiven Elements, nach dem der Täter in seiner Handlung einen Rettungszweck zu verfolgen hat.[80] Damit der Täter entschuldigt werden kann, ist daher dieser besondere Rettungswille erforderlich. Dagegen gibt es in der deutschen Strafrechtslehre keine Einigkeit darüber, ob ein besonderes subjektives Element im Rahmen des § 34 StGB vorausgesetzt wird.[81] Hierbei ist allerdings

---

[75] *Bock*, Strafrecht Allgemeiner Teil, S. 409; *Kangal*, Ceza Hukukunda Zorunluluk Durumu, S. 460; *Toroslu*, Ceza Hukukunda Zaruret Hali, S. 128.

[76] *Kangal*, Ceza Hukukunda Zorunluluk Durumu, S. 459 f.; *Zieschang*, in LK-StGB, § 35 Rn. 74.

[77] *Demirbaş*, Ceza Hukuku Genel Hükümler, S. 336; *Zieschang*, in LK-StGB, § 35 Rn. 74.

[78] *Demirbaş*, Ceza Hukuku Genel Hükümler, S. 336; *Zieschang*, in LK-StGB, § 35 Rn. 73.

[79] In § 35 Abs. 1 StGB wird diese Einschränkung für den Betroffenenkreis wie folgt definiert: *[...] um die Gefahr von sich, einem Angehörigen oder einer anderen ihm nahestehenden Person abzuwenden, [...].* Dagegen findet sich die Formulierung in Art. 25 Abs. 2 tStGB *[...] wenn er Taten in der Notwendigkeit begeht, sich oder einen anderen aus einer schweren und tatsächlich bestehenden Gefahr zu retten, die einem eigenen Recht oder dem Recht des anderen droht [...].* Für die Übersetzung siehe *Tellenbach*, Das türkische Strafgesetzbuch: Türk Ceza Kanunu Art. 25 Abs. 2.

[80] Siehe dazu Fn. 807.

[81] Siehe dazu Fn. 792.

fraglich, ob der Täter nach § 34 StGB gerechtfertigt ist, auch wenn seine Handlung keinen Rettungswillen hat.[82]

Vor allem muss der Täter in beiden Notstandsformen eine bloße Kenntnis von der Notstandlage haben.[83] Nach einer Ansicht lässt sich der Unterschied zu § 34 StGB dadurch erklären, dass bei § 35 StGB der erforderliche seelische Motivationsdruck nur durch das Vorliegen der Absicht zur Gefahrenabwendung angenommen werden kann.[84] Ein besonderer Rettungswille ist daher nach § 34 StGB nicht erforderlich. Auf der anderen Seite kann jedoch argumentiert werden, dass die Erforderlichkeit des Willens zur Gefahrenabwendung auch bei § 34 StGB gegeben sein muss.[85]

Im türkischen Strafrecht wurde im Rahmen des Notstands die Erforderlichkeit einer besonderen subjektiven Voraussetzung nicht deutlich erwähnt. Es kann allerdings davon ausgegangen werden, dass im Rahmen des Art. 25 Abs. 2 tStGB ein besonderer Rettungswille erforderlich ist, welchen der Täter während der Notstandshandlung haben muss.[86] In dieser Hinsicht ähneln sich die Vorschriften des § 35 StGB und des Art. 25 Abs. 2 tStGB, weil im Rahmen des § 34 StGB das Erfordernis des Bestehens eines besonderen Rettungswillens strittig ist.

Für beide Vorschriften, § 35 StGB und Art. 25 Abs. 2 tStGB, ist ein edler Antrieb zum Rettungsmotiv jedoch nicht unbedingt erforderlich bzw. muss dieser nicht das einzige Motiv des Täters sein.[87] Der Täter kann daher auch einen anderen prävalenten Zweck verfolgen, soweit er zumindest einen Rettungswillen hat.[88] Insofern ähneln sich beide Vorschriften.

---

82 Siehe dazu Fn. 793.

83 Siehe dazu Fn. 794 und 808.

84 Siehe dazu Fn. 809.

85 NStZ 1998, 173 (173); nach hiesiger Ansicht kann diese Meinung zurecht vertreten werden, weil beide Vorschriften (§ 34 und § 35 StGB) denselben Ausdruck „*[...] von sich oder [...] abzuwenden [...]*“ verwenden. Denn es liegt nicht nahe, aus diesem klaren Gesetzeswortlaut in Bezug auf den Rettungswillen derart unterschiedliche Bedeutungen abzuleiten; siehe dazu auch Fn. 814.

86 Dies ergibt sich aus dem Gesetzestext des Art. 25 Abs. 2 tStGB: *[...] wenn er Taten in der Notwendigkeit begeht, sich oder einen anderen aus einer schweren und tatsächlich bestehenden Gefahr zu retten, die einem eigenen Recht oder dem Recht des anderen droht, [...].* Die gleiche Schlussfolgerung lässt sich aus dem Begründungssatz des Art. 25 Abs. 2 tStGB ziehen, wonach sich der Täter im Falle einer Notstandslage nicht strafbar macht, wenn er gehandelt hat, um die Gefahr von sich oder einem anderen abzuwenden.

87 Siehe dazu Fn. 810.

88 Siehe dazu Fn. 811.

Im Falle des Fehlens des subjektiven Elements wird der Täter sowohl nach § 35 StGB als auch nach Art. 25 Abs. 2 tStGB nicht entschuldigt; er ist dann wegen der vollendeten Tat zu bestrafen. Wenn es um das fehlende subjektive Element im Rahmen des § 34 StGB geht, wirft dies die kontrovers diskutierte Frage auf, welche Konsequenzen sich aus dem Fehlen dieses ergeben und ob der Täter aufgrund einer vollendeten oder versuchten Tat bestraft werden soll. Insoweit unterscheidet sich § 34 StGB strukturell von § 35 StGB und Art. 25 Abs. 2 tStGB.

IV. Putativnotstand

Eine der praktischen Folge der Unterscheidung zwischen den Rechtfertigungs- und Entschuldigungsgründen tritt im Falle eines Irrtums über das Vorliegen tatsächlicher Umstände der Notstandslage in Erscheinung. Insbesondere wurden in den rechtlichen Diskussionen in der deutschen Strafrechtslehre verschiedene Theorien entwickelt.[89] Diese Theorien sind mit dem herrschenden dreistufigen Verbrechensaufbau vereinbar und versuchen den Begriff des Irrtums im Hinblick auf das Vorliegen der tatsächlichen Umstände der rechtfertigten- und entschuldigten Notstandslage zu erklären.

Der Hauptdiskussionspunkt dieser Theorien liegt darin, ob der Irrtum über das Vorliegen der tatsächlichen Umstände der rechtfertigenden Notstandslage im Rahmen des Unrechts der Tat oder im Rahmen der Schuld bewertet wird. Abhängig von den jeweiligen Standpunkten wird das Ergebnis unterschiedlich ausfallen. Entweder entfällt durch diesen Irrtum der Vorsatz des Täters, der eines der subjektiven Elemente des Tatbestands ist, wodurch die fahrlässige Haftung unberührt bleibt. Alternativ wird der Irrtum auf der Ebene der Schuld bewertet, sodass im Falle seines Vorliegens die Schuld des Täters ausgeschlossen wird.[90]

In § 34 StGB besteht keine spezielle Irrtumsregelung für den rechtfertigenden Notstand.[91] Deswegen gelten die allgemeinen Irrtumsregelungen dort, wo der Erlaubnistatbestandsirrtum zur Anwendung kommt.[92] Umstritten ist allerdings, wie

---

89 Diese Theorien sind: Vorsatztheorie, Schuldtheorie, Lehre von den negativen Tatbestandsmerkmalen, strenge Schuldtheorie, eingeschränkte Schuldtheorie; eine ausführlicher Übersicht dieser Theorien siehe *Heuchemer*, JuS 2012, 795 (797–799).

90 Siehe zu den ausführlichen Diskussionen darüber bereits oben C. IV.

91 Siehe dazu Fn. 815.

92 Allerdings wird der Erlaubnistatbestandsirrtum in Betracht gezogen, wenn nach der Vorstellung des Täters Umstände gegeben sind, die bei ihrem tatsächlichen Vorliegen die Voraussetzungen der Rechtfertigung erfüllen und insofern die Rechtswidrigkeit der Tat entfallen lassen würden. Ansonsten kommt ein Verbotsirrtum in Betracht, wenn sich der Täter den Sachverhalt richtig vorstellt, aber über die Grenzen der

mit einem solchen Erlaubnistatbestandsirrtum umzugehen ist. Nach h. M. und der Rechtsprechung, die die eingeschränkte Schuldtheorie vertreten, findet im Falle eines Irrtums über den Sachverhalt eine analoge Anwendung des § 16 StGB.[93] Die Anhänger der strengen Schuldtheorie argumentieren jedoch dagegen, dass bei einem Irrtum über den Sachverhalt § 17 StGB zur Anwendung komme.[94]

In § 35 Abs. 2 StGB wird eine eigenständige Irrtumsregelung normiert, die von den Vorschriften der §§ 16, 17 StGB abweicht.[95] Hierbei handelt es sich jedoch um eine irrige Annahme des Vorliegens der tatsächlichen Umstände der Notstandslage.[96] Der in § 35 Abs. 2 StGB geregelte Irrtum muss somit unvermeidbar sein, da ansonsten der Täter zu bestrafen ist, wobei in diesem Fall eine obligatorische Strafmilderung nach § 49 Abs. 1 StGB infrage kommt.

Diese Irrtumsart ist weder ein Erlaubnistatumstandsirrtum nach § 16 StGB, weil der Täter hierbei den Tatbestand vorsätzlich verwirklicht, noch ein Verbotsirrtum. Es liegt daher vielmehr ein Irrtum *sui generis* vor, mit einem gewissen Bezug zur Regelung des Verbotsirrtums nach § 17 StGB.[97] Deshalb können im Falle eines Irrtums im Rahmen des § 35 Abs. 2 StGB die in § 17 StGB festgelegten allgemeinen Regeln über den Verbotsirrtum angewendet werden,[98] allerdings mit dem Unterschied, nach dem die Strafrahmenmilderung bei § 17 StGB fakultativ und bei § 35 Abs. 2 StGB obligatorisch ist.[99]

Auf der Seite des türkischen Strafrechts werden Erlaubnistatbestands- und Entschuldigungsirrtum in Art. 30 Abs. 3 tStGB gemeinsam normiert.[100] Dies

---

objektiven Voraussetzungen zu den Rechtfertigungsgründen hinausgeht, soweit dieser Irrtum unvermeidbar ist; siehe dazu bereits oben C. IV.

93 Siehe dazu Fn. 822.

94 nach dieser strengeren Schuldtheorie entfällt der Vorsatz des Täters, wenn ein Irrtum über die objektiven Voraussetzungen der Rechtfertigungsgründe auftritt. In einem solchen Fall bleibt allerdings die Strafbarkeit wegen der Fahrlässigkeit unberührt.

95 § 35 Abs. 2 lautet: *Nimmt der Täter bei Begehung der Tat irrig Umstände an, welche ihn nach Absatz 1 entschuldigen würden, so wird er nur dann bestraft, wenn er den Irrtum vermeiden konnte. Die Strafe ist nach § 49 Abs. 1 zu mildern.*

96 Siehe dazu Fn. 825.

97 *Rosenau*, in SK-StGB, § 35 Rn. 23.

98 Siehe dazu Fn. 840.

99 Das ergibt sich aus den abweichenden Formulierungen des Gesetzestextes der § 17 und § 35 Abs. 2 StGB; siehe dazu auch Fn. 842.

100 Art. 30 Abs. 3 tStGB lautet: *Demjenigen, der sich in Bezug auf die Verwirklichung von Voraussetzungen, welche die strafrechtliche Verantwortlichkeit aufheben oder mildern, in einem unvermeidbaren Irrtum befindet, kommt dieser Irrtum zugute.* Für die Übersetzung siehe *Tellenbach*, Das türkische Strafgesetzbuch: Türk Ceza Kanunu Art. 30 Abs. 3.

bedeutet, dass sich in beiden Fällen die gleichen rechtlichen Voraussetzungen und Ergebnisse finden.[101] Nach der in Art. 30 Abs. 3 tStGB geregelten Irrtumsart kommt dem Täter sein Irrtum zugute, soweit dieser unvermeidbar ist. Demnach wird der Täter bestraft, sobald er sich in einer vermeidbaren Irrtumslage befindet. Die ihm zu verhängende Strafe sollte jedoch nach der im Schrifttum vertretenen Ansicht gem. Art. 61 Art. 1 Buch. f tStGB[102] gemildert werden.[103] Dabei ist offensichtlich, dass diese Milderung fakultativ ist, da der Gesetzgeber keine eindeutige Regelung im Rahmen des Notstands vorgeschrieben hat.

Werden die Vorschriften zum Irrtum im deutschen und türkischen Strafrecht zusammen betrachtet, ist zu argumentieren, dass die in § 35 Abs. 2 StGB und in Art. 30 Abs. 3 tStGB geregelten Irrtumsarten einander in Hinblick auf Inhalt und Form ähnlich sind. Im Gegensatz dazu unterscheidet sich die Irrtumsart des § 34 StGB, die sich auf eine analoge Anwendung des § 16 Abs. 1 Satz 1 StGB gestützt, grundlegend. Denn es geht in diesem Fall um einen Erlaubnistatbestandsirrtum, der an sich eine eigene Irrtumskategorie darstellt.

Ein Unterschied zwischen § 35 Abs. 2 StGB und Art. 30 Abs. 3 tStGB liegt darin, dass die Strafmilderung, die für § 35 Abs. 2 StGB vorgesehen wurde, obligatorisch ist, während eine solche bei Art. 30 Abs. 3 tStGB fakultativ ist. An dieser Stelle ist es besonders wichtig zu betonen, dass die Strafmilderung im Zusammenhang mit dem Putativnotstand in § 35 Abs. 2 StGB ausdrücklich geregelt wird. Im Gegensatz dazu ist diese Strafmilderung gem. Art. 61 Abs. 1 tStGB nicht unmittelbar auf den Putativnotstand zurückzuführen, sondern wird durch den Richter bei der Strafzumessung berücksichtigt.

Beide Rechtssysteme sehen eine besondere, eindeutige Irrtumsnorm für den entschuldigenden Notstand vor; dagegen liegt keine klare Irrtumsnorm für jene Fälle vor, in denen es sich um einen rechtfertigenden Notstand handelt. Deshalb wird bis heute eine kontroverse Diskussion darüber geführt, wie bei einem Erlaubnistatbestandsirrtum zu handeln ist.

---

[101] Ähnlich *Keçelioğlu*, TBBD 2010, 299 (314).

[102] Art. 61 Abs. 1 tStGB lautet wie folgt: *Der Richter bestimmt die Grundstrafe im konkreten Fall zwischen der Unter- und der Obergrenze der Strafe, die in dem gesetzlichen Straftatbestand vorgesehen hat. Dabei berücksichtigt er […]*. Für die Übersetzung siehe *Tellenbach*, Das türkische Strafgesetzbuch: Türk Ceza Kanunu Art. 61 Abs. 1.

[103] *Özgenç*, Türk Ceza Kanunu Gazi Şerhi, S. 425.

V. Rechtsfolgen

Im deutschen Strafrecht gibt es keine Problematik in Hinsicht auf Rechtsfolgen des Notstands, weil der Gesetzgeber diesen in zwei verschiedenen Formen als rechtfertigender und entschuldigender Notstand separat geregelt. Somit treten je nach der Art des Notstands verschiedene Rechtsfolgen ein.

Im Rahmen des rechtfertigenden Notstands handelt der Täter gerechtfertigt, wenn im Einzelfall alle Voraussetzungen des § 34 StGB erfüllt sind. Das Verhalten des Täters ist deshalb nicht strafbar, weil im Deliktsaufbau die Rechtwidrigkeitsebene fehlt.[104] Kommt eine rechtfertigende Notstandslage zustande, ist der Täter gem. § 267 Abs. 5 StPO freizusprechen.[105] Diese Rechtsfolgen gelten im Übrigen auch für den Beteiligten, da in einem solchen Fall bereits die Haupttat gerechtfertigt ist.[106]

Im Rahmen des entschuldigenden Notstands schließt die Schuld des Täters aus, wenn im Einzelfall alle Voraussetzungen des § 35 StGB erfüllt sind und wenn ihm nach § 35 Abs. 1 Satz 2 StGB nicht zugemutet werden konnte, die Gefahr hinzunehmen.[107] Deshalb macht sich der Notstandstäter trotz des Vorliegens einer rechtswidrigen Tat nicht strafbar und wird gem. § 267 Abs. 5 StPO freigesprochen. Zudem bestimmt § 35 Abs. 1 Satz 2 StGB eine fakultative Strafmilderung nach § 49 Abs. 1 StGB, wenn die Hinnahme der Gefahr nach § 35 Abs. 1 Satz 2 StGB zumutbar ist.[108]

Im Unterschied zum rechtfertigenden Notstand ist die Teilnahme an einer nach § 35 StGB zu entschuldigenden Notstandshandlung möglich, da in einem solchen Fall die Haupttat des Täters stets rechtswidrig bleibt.[109] Eine Entschuldigung wird in diesem Sinne gem. § 29 StGB für jeden Teilnehmer gesondert festgestellt.[110] Ein weiterer Unterschied zwischen § 34 und § 35 StGB liegt darin, dass in § 35 StGB auch ein Notwehrrecht gegen den Notstandstäter verübt werden kann.[111]

---

[104] Siehe dazu Fn. 844.

[105] *Roxin/Greco*, Strafrecht Allgemeiner Teil, § 14 Rn. 107.

[106] Siehe dazu Fn. 846.

[107] Siehe dazu Fn. 847.

[108] Siehe dazu Fn. 855.

[109] *Müssig*, in MüKo-StGB, § 35 Rn. 86; eine abweichende Auffassung wird hierfür in der Lehre vertreten, die davon ausgeht, dass der Gesetzgeber darauf verzichtet hat, die Einhaltung seiner Norm durch die Strafe zu gewährleisten; siehe *Roxin/Greco*, Strafrecht Allgemeiner Teil, § 22 Rn. 66.

[110] Siehe dazu Fn. 854.

[111] Siehe dazu Fn. 849.

Dagegen ist das Notwehrrecht im Rahmen des § 34 StGB nicht möglich, weil dabei die Voraussetzung eines rechtswidrigen Angriffs nicht erfüllt ist.[112]

Auf der Seite des türkischen Strafrechts kommt es bei den Rechtsfolgen des Notstands ausschließlich darauf an, wie der Notstand rechtlich beschrieben wird. Dies liegt daran, dass es hinsichtlich des sachlichen Urteils eine wesentliche Unterscheidung zwischen dem Rechtfertigungs- und Entschuldigungsgrund gibt.[113] Demnach entscheidet das Gericht im Falle eines Rechtfertigungsgrunds beim Sachurteil in der Sache auf Freispruch, wohingegen im Falle eines Entschuldigungsgrunds gem. Art. 223 Abs. 3 Buchst. b tStPO von einer Bestrafung abzusehen ist.[114]

Da nach der herrschenden und hiesigen Meinung die in Art. 25 Abs. 2 tStGB geregelte Notstandsform einen Entschuldigungsgrund darstellt, wird hier die Rechtsfolge des Notstands aufgrund dieser Annahme angeführt.[115] Demnach entfällt die Schuld des Täters, wenn im Einzelfall alle Voraussetzungen des Art. 25 Abs. 2 tStGB erfüllt sind.[116]

In diesem Fall ist jedoch für den Täter eine Maßregel der Besserung und Sicherung anzuordnen, da die begangene Straftat stets rechtswidrig bleibt.[117] Zudem kann das Notstandsopfer gegen den Täter das Notwehrrecht geltend machen.[118] Darüber hinaus ist auch die Teilnahme an einer entschuldigenden Notstandshandlung möglich, weil eine rechtswidrige Tat vorhanden ist.[119] Nehmen allerdings mehrere Personen an einer Tat teil, kommt die Regelung des Art. 25 Abs. 2 tStGB nur für den Täter oder Teilnehmer in Betracht, der diese Voraussetzungen in seiner Person erfüllt.[120]

---

112 Siehe dazu Fn. 845.

113 Siehe 13. CD, 11.11.2014, 9942/31481; *Hakeri*, Ceza Hukuku Genel Hükümler, S. 383.

114 Siehe dazu Fn. 993.

115 Diese Annahme ergibt sich aus der ausdrücklichen Vorschrift zur Rechtsfolge des Notstands in Art. 223 Abs. 3 tStPO, wonach *[...] im Falle des Notstands von Strafe gegen den Angeklagten abgesehen wird.* Für die Übersetzung siehe *Arslan,* Die türkische Strafprozessordnung: Ceza Muhakemesi Kanunu, Art. 223 Abs. 3 Buchst. b.

116 Siehe *Keçelioğlu*, TBBD 2010, 299 (318).

117 Siehe dazu Fn. 997.

118 Siehe dazu Fn. 998.

119 Siehe dazu Fn. 999.

120 Siehe dazu Fn. 1000.

VI. Zusammenfassung und Bewertung

In diesem Abschnitt wird die rechtliche Einordnung und Begründung des Notstands in beiden Rechtssystemen zusammenfassend erläutert, wobei sowohl ähnliche als auch abweichende Merkmale offengelegt werden. Zusätzlich werden auch persönliche Bewertungen vorgenommen.

1. Zum rechtlichen Wesen

Im Hinblick auf das rechtliche Wesen des Notstands ist im deutschen Strafrecht offensichtlich, dass dieser nach der systematischen Einordnung im StGB sowohl einen Rechtfertigungsgrund nach § 34 StGB als auch einen Entschuldigungsgrund nach § 35 StGB darstellt. Der deutsche Gesetzgeber hat insofern absichtlich diese Entscheidung getroffen, um eine rechtliche Diskussion über die Rechtsnatur des Notstands auszuschließen.

Im türkischen Strafrecht ist es hingegen kompliziert, das rechtliche Wesen des Notstands zu bestimmen. Denn der Gesetzgeber hat dazu keine unterschiedlichen Vorschriften gebildet, sondern lediglich einen Artikel (Art. 25 Abs. 2 tStGB) geschaffen. Folglich müsste die Rechtsnatur des Notstands nach dem Inhalt dieses Artikels bestimmt werden, wobei keine genügenden Hinweise darauf gegeben werden, ob der Notstand einen Rechtfertigungs- oder Entschuldigungsgrund darstellt.

In dieser Hinsicht wird der Notstand nach der in der türkischen Strafrechtslehre h. M. und nach der Rechtsprechung als ein Entschuldigungsgrund angenommen.[121] Dies ergibt sich daraus, dass sowohl in den materiellen Voraussetzungen des Art. 25 Abs. 2 tStGB als auch in deren Begründungssatz sowie der Regelung des Art. 223 Abs. 3 Buchst. b tStPO auf einen entschuldigenden Notstand hingewiesen wird; darüber hinaus deuten auch einige Merkmale darauf hin, welche in Art. 25 Abs. 2 tStGB ausdrücklich vorgeschrieben werden.[122]

Nach dem ersten dieser Merkmale muss der Täter die Gefahr nicht wissentlich verursachen.[123] Da dieses Merkmal im deutschen Recht ein Indikator für die Entschuldigung des Täters ist, sollte es auch hier im Rahmen der Schuld berücksichtigt werden.[124] Nach einem anderen Merkmal, das im Gesetzestext des Art. 25

---

[121] Siehe dazu Fn. 892.

[122] Diese Merkmale betreffen insbesondere die Zumutbarkeitsklausel.

[123] Siehe dazu Fn. 959.

[124] Diese Tatsache ist als Entschuldigungsklausel im Gesetzestext des § 35 StGB wie folgt geregelt: *[...] Dies gilt nicht, soweit dem Täter nach den Umständen, namentlich weil er die Gefahr selbst verursacht hat oder [...].*

Abs. 2 tStGB nicht ausdrücklich geregelt wird, muss der Täter in keinem besonderen Rechtsverhältnis stehen.[125] Auch dieses Merkmal bezieht sich auf den entschuldigenden Notstand aufgrund seines schuldrelevanten Charakters.[126] Obwohl dieses nicht ausdrücklich im Gesetzestext enthalten ist, deutet das Merkmal insofern auf den entschuldigenden Notstand hin, dass der Täter in seiner Tat einen besonderen, subjektiven Wille haben muss.[127]

Im Gegensatz dazu weisen aber auch einige Merkmale des Art. 25 Abs. 2 tStGB darauf hin, dass der Notstand als ein Rechtfertigungsgrund eingestuft wird. Eines dieser Merkmale ist, dass alle Rechtsgüter für den Notstand relevant sind.[128] Dieses Merkmal wird im deutschen Strafrecht als ein Rechtsfertigungsgrund angesehen.[129] Ähnlich verhält es sich mit dem betreffenden Personenkreis.[130] Demnach umfasst Art. 25 Abs. 2 tStGB alle Personen, für die die Notstandshandlung durchgeführt werden. Dass alle Rechtsgüter geschützt sind und zugunsten jeder Person die Notstandshandlung begangen werden kann, ist ein Indiz für die Tatsache, dass der Notstand einen Rechtfertigungsgrund darstellt.

Als ein weiteres Merkmal spielt der Ausdruck im Gesetzeswortlaut des Art. 25 Abs. 2 tStGB bei der Auslegung des Gesetzestextes eine signifikante Rolle.[131] Es ist es jedoch als ein wesentlicher Indikator für einen Rechtfertigungsgrund, wenn es als eine Interessenabwägungsklausel ausgelegt wird.[132]

---

125 Siehe dazu Fn. 966.

126 Diese Tatsache ist als Entschuldigungsklausel im Gesetzestext des § 35 StGB wie folgt geregelt: *[...] oder weil er in einem besonderen Rechtsverhältnis stand [...].*

127 Diese Tatsache ist als Entschuldigungsklausel im Gesetzestext des § 35 StGB wie folgt geregelt: *[...] eine rechtswidrige Tat begeht, um die Gefahr von sich, einem Angehörigen oder einer anderen ihm nahestehenden Person abzuwenden, [...].*

128 Siehe dazu Fn. 923.

129 Diese Tatsache ist als Rechtfertigungsklausel im Gesetzestext des § 34 StGB wie folgt geregelt: *[...] nicht anders abwendbaren Gefahr für Leben, Leib, Freiheit, Ehre, Eigentum oder ein anderes Rechtsgut eine Tat begeh [...].*

130 Siehe dazu Fn. 924; diese Tatsache ist als Rechtfertigungsklausel im Gesetzestext des § 34 StGB wie folgt geregelt: *[...] um die Gefahr von sich oder einem anderen abzuwenden [...].*

131 Wobei dieser lautet: *[...] dass zwischen der Schwere der Gefahr und dem Gut sowie dem verwendeten Mittel ein angemessenes Verhältnis besteht. [...].* Für die Übersetzung siehe *Tellenbach*, Das türkische Strafgesetzbuch: Türk Ceza Kanunu Art. 25 Abs. 2.

132 Dieser Begriff ist als Rechtfertigungsklausel im Gesetzestext des § 34 StGB wie folgt geregelt: *[...] wenn bei Abwägung der widerstreitenden Interessen, namentlich der betroffenen Rechtsgüter und des Grades der ihnen drohenden Gefahren, das geschützte Interesse das beeinträchtigte wesentlich überwiegt [...].*

In diesem Zusammenhang wurden die oben genannten Merkmale, die in zwei separaten Paragrafen des § 34 und § 35 StGB geregelt sind, im türkischen Strafrecht in einem Artikel (in Art. 25 Abs. 2 tStGB) zusammengefasst. Bei einer Betrachtung der Besonderheiten der strafrechtlichen Notstandsvorschrift im tStGB im Vergleich zu den § 34 und § 35 StGB kann daher festgestellt werden, dass Art. 25 Abs. 2 des tStGB teilweise die Voraussetzungen der § 34 und § 35 StGB in sich vereint.[133]

Vor dem Hintergrund der genannten Anmerkungen kann für den Notstand zu dem Schluss gelangt werden, dass die Vorschrift des Art. 25 Abs. 2 tStGB im Vergleich zum deutschen Strafrecht zu kompliziert ist und zudem keinen eindeutigen Hinweis auf die rechtliche Natur des Notstands enthält. Aus rechtlicher Sicht ist die im tStGB geregelte Notstandsregelung ebenso nicht vertretbar, weil es nicht überzeugend erscheint, eine Norm durch die Zusammenlegung verschiedener Notstandsmerkmale zu schaffen.

2. Zu den Ähnlichkeiten

In diesem Abschnitt wird auf die Ähnlichkeiten der Notstandselemente des deutschen sowie türkischen Rechtssystems zusammenfassend eingegangen, ohne dabei einen internen Vergleich der deutschen strafrechtsrelevanten Notstandsnormen (§ 34 und § 35 StGB) zu berücksichtigen.

In Hinsicht auf die Gefahrenlage ähneln sich die Merkmale der hier zu vergleichenden Regelungen (§ 34 und § 35 StGB und Art. 25 Abs. 2 tStGB), welche die Gegenwärtigkeit der Gefahr bzgl. des künftigen Eintritts der Gefahr und den Ursprung der Gefahr zum Gegenstand haben. Diese Ähnlichkeit zeigt sich ebenso darin, dass die Beurteilung des Vorliegens einer Gefahr durch eine *ex ante*-Betrachtung vorgenommen werden soll.

Bei den Rechtsgütern, gegen die eine Gefahr gerichtet ist, sind § 34 StGB und Art. 25 Abs. 2 tStGB zueinander ähnlich. Denn beide Vorschriften enthalten ähnliche Tatbestände, sodass der Notstand für alle Rechtsgüter in Frage kommt.

Auf den Personenkreis, für den eine Gefahr droht, beschränkt sich weder § 34 StGB noch Art. 25 Abs. 2 tStGB. In diesem Zusammenhang kann der Notstandstäter nach beiden Vorschriften eine Notstandshandlung für alle Personen durchführen, ohne dass eine Einschränkung auf einen bestimmten Personenkreis besteht.

---

133 *Özaydın*, Notwehr und Notstand im deutsch-türkischen Rechtsvergleich, S. 239.

Im Angesicht der Notstandshandlung gilt das Prinzip der Erforderlichkeit für alle notstandsrelevanten Regelungen. Die Beurteilung dieses Elements erfolgt sowohl im deutschen als auch im türkischen Strafrecht durch eine *ex ante*-Betrachtung.

Bezüglich der Klausel ist jedoch schwer festzustellen, welche Merkmale der betreffenden Vorschriften in beiden Rechtssystemen übereinstimmen. In dieser Hinsicht kann ein angemessener Weg darin gesehen werden, dass das Verhältnis zwischen diesen Vorschriften getrennt betrachtet wird.

Die Interessenabwägungsklausel spielt eine bedeutsame Rolle für das Verhältnis zwischen § 34 StGB und Art. 25 Abs. 2 tStGB. Denn wie bereits oben erklärt wurde,[134] wird die Interessenabwägungsklausel in Art. 25 Abs. 2 tStGB nicht eindeutig erwähnt. Dieses Merkmal wird in der türkischen Strafrechtsehre als eine Erscheinungsform der Verhältnismäßigkeit angenommen.[135] Im Sinne des § 34 StGB wird die Abwägung der widerstreitenden Interessen unmittelbar vorausgesetzt. Demnach muss nach beiden Vorschriften ein Gleichgewicht zwischen den gefährdeten und den geschützten Interessen bestehen. Was die Interessenabwägung anbelangt, besteht daher eine erhebliche Ähnlichkeit zwischen § 34 StGB und Art. 25 Abs. 2 tStGB.

Im Sinne der Angemessenheitsklausel gibt es gewisse Ähnlichkeiten zwischen den Notstandsregelungen des § 34 Satz 2 StGB und Art. 25 Abs. 2 tStGB, da beide Vorschriften für die Annahme eines Notstandes das Vorliegen der Angemessenheit voraussetzen.[136]

In Hinblick auf die Zumutbarkeit setzt das Gesetz im Rahmen des § 35 Abs. 1 Satz 2 StGB bestimmte Umstände voraus, sodass zwei beispielhafte Konstellationen veranschaulicht werden können, was die Zumutbarkeit betrifft.[137] Auch das

---

134 Siehe dazu bereits oben D. VI.

135 Siehe dazu Fn. 943.

136 Die Angemessenheit wird in beiden Rechtsystemen mit dem Unterschied geregelt, dass der deutsche Gesetzgeber das Wort „angemessenes Mittel" im Gesetzestext verwendet hat, während der türkische Gesetzgeber den Begriff „angemessenes Verhältnis" in den Gesetzestext aufgenommen hat; für die Übersetzung siehe *Tellenbach*, Das türkische Strafgesetzbuch: Türk Ceza Kanunu Art. 25 Abs. 2; demnach wird im deutschen Strafrecht vorausgesetzt, dass das verwendete Mittel angemessen sein muss, während im türkischen Strafrecht ein angemessenes Verhältnis zwischen dem verwendeten Mittel und dem verursachten Schaden bestehen muss.

137 In der ersten beispielhaften Konstellation geht es um eine Situation, in der der Täter selbst die Gefahr verursacht hat, vor der er sich schützen will. Wenn der Täter die notstandsrelevante Gefahr selbst auslöst, schließt dies den Notstand aus. Bei anderen beispielhaften Konstellation geht es um eine Situation, in der der Täter in einem besonderen Rechtsverhältnis steht; siehe dazu bereits oben C. III. 2. c. iii.

tStGB hat eine solche Klausel vorgesehen, wonach die Gefahr vom Täter nicht wissentlich herbeigeführt werden darf. Das Merkmal, dass der Täter in keinem besonderen Rechtsverhältnis stehen muss, wird zwar in Art. 25 Abs. 2 tStGB nicht ausdrücklich vorgeschrieben, ist jedoch nach h. L. trotzdem anzunehmen.[138] Hinsichtlich der Zumutbarkeit besteht somit eine große Ähnlichkeit zwischen § 35 Abs. 1 Satz 2 StGB und Art. 25 Abs. 2 tStGB.

Im Hinblick auf die subjektiven Voraussetzungen des Notstands ähneln sich die Vorschriften des § 35 StGB und des Art. 25 Abs. 2 tStGB, da beide Vorschriften einen besonderen Rettungswillen in Bezug auf den Notstand voraussetzen, damit der Täter von einer Notstandslage profitieren kann.[139] Außerdem sind Inhalt und Umfang der subjektiven Voraussetzung des Notstands in beiden Vorschriften ähnlich.[140] Es besteht in der deutschen Strafrechtslehre zwar keine Einigkeit darüber, ob ein besonderes subjektives Element im Rahmen des § 34 StGB vorausgesetzt wird,[141] allerdings muss der Täter nach einem Teil der Strafrechtslehre und der hiesigen Ansicht bei der Begehung der Tat einen Rettungswillen haben.[142]

Im Lichte der genannten Betrachtungen kann daher zu dem Schluss gelangt werden, dass sich alle Vorschriften (die § 34 und § 35 StGB und Art. 25 Abs. 2 tStGB) hinsichtlich der Erforderlichkeit des subjektiven Elements ähnlich sind.

Bezüglich der Notstandshilfe ähneln sich § 34 StGB und Art. 25 Abs. 2 tStGB wiederum darin, dass es in beiden Vorschriften möglich ist, eine Notstandshandlung für alle Personen zu begehen.

Im Angesicht der Rechtsfolgen einer Notstandshandlung ähneln sich § 35 StGB und Art. 25 Abs. 2 tStGB, wenn der Notstand im türkischen Strafrecht als ein Entschuldigungsgrund angenommen wird.[143] Auf der Basis dieser Annahme wird

---

138 Siehe dazu Fn. 966.

139 Im türkischen Strafrecht wird zwar die Erforderlichkeit einer besonderen, subjektiven Voraussetzung nicht deutlich erwähnt, allerdings ist dafür nach hiesiger Ansicht dennach ein besonderer Rettungswille erforderlich; zur Begründung siehe dazu bereits oben D. III. 3.

140 Für § 35 StGB und Art. 25 Abs. 2 tStGB ist ein edler Antrieb zum Rettungsmotiv nicht zwingend erforderlich bzw. muss dieser nicht das einzige Motiv des Täters sein. Der Täter kann daher einen anderen vorherrschenden Zweck verfolgen, solange er zumindest einen Rettungswillen hat.

141 Siehe dazu Fn. 792.

142 Siehe dazu auch Fn. 795.

143 Diese Annahme ergibt sich aus der ausdrücklichen Vorschrift zur Rechtsfolge des Notstands in Art. 223 Abs. 3 tStPO, wonach *[...] im Falle des Notstands von Strafe gegen den Angeklagten abgesehen wird.*" Für die Übersetzung siehe *Artuk u. a.*, Ceza

die Schuld des Täters ausgeschlossen, wenn es sich um einen entschuldigenden Notstand handelt, sodass dieser nicht strafbar ist.

Beim Putativnotstand werden die Vorschriften zu den Irrtumsregeln im deutschen und türkischen Strafrecht gemeinsam betrachtet; dementsprechend kann argumentiert werden, dass die Irrtumsarten in § 35 Abs. 2 StGB und in Art. 30 Abs. 3 tStGB inhaltlich ähnlich sind.[144]

3. Zu den Unterscheidungen

In diesem Abschnitt werden abweichende Notstandselemente der beiden Rechtssysteme behandelt, ohne dabei einen internen Vergleich der deutschen strafrechtsrelevanten Notstandsnormen (§ 34 und § 35 StGB) zu berücksichtigen.

§ 35 StGB und Art. 25 Abs. 2 tStGB unterscheiden sich hinsichtlich der Rechtsgüter, auf die sich die Notstandshandlung bezieht. § 35 StGB setzt voraus, dass ausschließlich bestimmte Rechtsgüter für den Notstand in Betracht kommen können,[145] während in Art. 25 Abs. 2 tStGB alle Rechtsgüter relevant sind.

Im deutschen Strafrecht gilt die Notstandshandlung nach § 35 StGB lediglich für eine beschränkte Anzahl an Personen. Dazu zu zählen etwa die eigene Person des Täters, dessen Angehörige oder andere ihm nahestehende Personen. Demgegenüber darf die Notstandshandlung im türkischen Strafrecht nach Art. 25 Abs. 2 tStGB für jede Person begangen werden.

In Bezug auf die Beurteilung des persönlichen Ausgangspunkts des Gefahrenurteils gibt es Unterschiede zwischen den Rechtssystemen. Im deutschen Strafrecht

---

Hukuku Genel Hükümler, S. 580; *Hakeri*, Ceza Hukuku Genel Hükümler, S. 282 f.; *Sözüer*, HPD 2006, 230 (231 f.).

144 Denn in beiden Fällen gilt, dass wenn sich der Täter über die tatsächlichen Umstände des entschuldigenden Notstands irrt und seinen Irrtum nicht vermeiden kann, wird die Schuld des Täters ausgeschlossen und er nicht für seine Handlung bestraft; § 35 Abs. 2 StGB lautet: *Nimmt der Täter bei Begehung der Tat irrig Umstände an, welche ihn nach Absatz 1 entschuldigen würden, so wird er nur dann bestraft, wenn er den Irrtum vermeiden konnte. Die Strafe ist dann nach § 49 Abs. 1 zu mildern.“* Art. 30 Abs. 3 tStGB schreibt vor: *Demjenigen, der sich in Bezug auf die Verwirklichung von Voraussetzungen, welche die strafrechtliche Verantwortlichkeit aufheben oder mildern, in einem unvermeidbaren Irrtum befindet, kommt dieser Irrtum zugute.* Für die Übersetzung siehe *Tellenbach*, Das türkische Strafgesetzbuch: Türk Ceza Kanunu Art. 30 Abs. 3.

145 Die in § 35 StGB genannten Rechtsgüter sind Leben, Leib oder Freiheit.

kommen dabei drei Szenarien in Betracht.[146] Im türkischen Strafrecht gibt es hingegen keine allgemeine Formel, sondern wird diese Beurteilung nach allgemeiner Auffassung dem Richter überlassen, der alle Umstände des Einzelfalls berücksichtigt.[147]

Im Sinne der Zumutbarkeitsklausel unterscheiden sich § 35 StGB und Art. 25 Abs. 2 tStGB hinsichtlich der subjektiven Zurechnung.[148] Zudem wird das Merkmal, dass der Täter während der Notstandslage in keinem besonderen Rechtsverhältnis stehen muss, ausdrücklich in § 35 Abs. 1 Satz 2 StGB geregelt. Im Gegensatz dazu ist dieses Merkmal nicht im Sinne des Art. 25 Abs. 2 tStGB vorgeschrieben.[149]

Die Angemessenheitsklausel wird jedoch im türkischen Strafrecht dennoch mit der Verhältnismäßigkeit gemeinsam im Rahmen der Interessenabwägung bewertet, während sie im deutschen Strafrecht in § 34 StGB einen sekundären Bewertungspunkt bildet, der erst nach der Interessenabwägung in Betracht kommt.

Im Hinblick auf die Interessenabwägung stellt sich die Frage in Bezug auf die Unterscheidung, wie diese Abwägung in beiden Rechtssystemen durchzuführen ist. Im deutschen Strafrecht wurden dafür verschiedene Gesichtspunkte entwickelt. Im türkischen Strafrecht gibt es demgegenüber einige Abwägungsgesichtspunkte, wonach die Interessenabwägung nach einer umfassenderen Beurteilung aller Umstände unter Berücksichtigung des konkreten Falls und der erhaltenen Beweismittel vom Richter durchgeführt werden soll.

Betreffend das subjektive Merkmal des Notstands kann davon ausgegangen werden, dass keine Unterschiede zwischen den §§ 34, 35 StGB und Art. 25 Abs. 2 tStGB gegeben sind, wenngleich die Notwendigkeit des subjektiven Elements in § 34 StGB umstritten ist. Nach einem Teil des deutschen Strafrechts und nach der hier vertretenen Ansicht setzt daher § 34 StGB ebenso einen besonderen Rettungswillen voraus.[150] Wird hingegen angenommen, dass § 34 StGB kein

---

146 Die Perspektiven sind: Ein Dritter aus dem Verkehrskreis des Handelnden, ein sachverständiger Beurteiler und das gesamte menschliche Erfahrungswissen; siehe dazu bereits oben C. III. 2. a.

147 *Koca/Üzülmez*, Türk Ceza Hukuku Genel Hükümler, S. 351.

148 Denn es spielt im deutschen Strafrecht keine Rolle, ob der Täter die Gefahr vorsätzlich oder fahrlässig herbeigeführt hat. Im türkischen Strafrecht kann die fahrlässige Herbeiführung der Gefahr jedoch nicht unter Art. 25 abs. 2 tStGB fallen, denn dies setzt voraus, dass der Täter die Gefahr nicht wissentlich herbeigeführt hat.

149 Dieses Merkmal wird jedoch nach der herrschenden türkischen Lehre angenommen, auch wenn dies nicht im Gesetzestext in Art. 25 abs. 2 tStGB steht; siehe dazu Fn. 1006.

150 Siehe dazu Fn. 1095.

besonderes subjektives Element verlangt, weicht dieser damit von den anderen Vorschriften ab.

Bezüglich der Notstandshilfe bestehen die Unterschiede zwischen § 35 StGB und Art. 25 Abs. 2 tStGB vor allem darin, dass in ersterem die Notstandshilfe nur für Personen gilt, die Angehörige des Täters sind oder diesem sonst nahestehen. Dagegen kann im türkischen Strafrecht eine Notstandshilfe für alle geleistet werden.

In diesem Sinne ist hier eine binäre bzw. mehrdimensionale Unterscheidung in Bezug auf die Rechtsfolge des Notstands zu treffen. Als erste Dimension des Unterschieds können die Vorschriften § 34 StGB und Art. 25 Abs. 2 tStGB angeführt werden. In § 34 StGB ist der Notstand ein Rechtfertigungsgrund, während er in Art. 25 Abs. 2 tStGB einen Entschuldigungsgrund darstelle. Eine weiter Unterscheidung besteht zwischen § 35 StGB und Art. 25 Abs. 2 tStGB in Bezug auf ein sachliches Urteil.[151]

Hinsichtlich des Putativnotstands liegt der Unterschied zwischen § 35 Abs. 2 StGB und Art. 30 Abs. 3 tStGB darin, dass die Strafmilderung in § 35 Abs. 2 StGB obligatorisch ist, während jene in Art. 30 Abs. 3 tStGB fakultativ ist.[152] Zudem unterscheidet sich die Irrtumsart des § 34 StGB, die sich auf eine analoge Anwendung des § 16 Abs. 1 Satz 1 StGB stützt, grundlegend von § 35 Abs. 2 StGB und Art. 30 Abs. 3 tStGB, da es sich bei jenem in § 34 StGB um einen Erlaubnistatbestandsirrtum handelt.

VII. Ein Vergleich des übergesetzlichen Notstands als eine Sonderform in beiden strafrechtlichen System

1. Vorbemerkungen und Ratio des übergesetzlichen Notstands

Der übergesetzliche Notstand stellt eine höchst ungewöhnliche Situation dar und weicht vom normalen Notstand in erheblicher Weise hinsichtlich der Voraussetzungen ab.[153] Es handelt sich demnach hier um einen Begriff im Strafrecht, der sich auf eine Situation bezieht, in der ein Täter eine Straftat begeht, um eine

---

151 Demnach wird der Täter wegen des entschuldigenden Notstands im deutschen Strafrecht gem. § 267 Abs. 5 StPO freigesprochen, während im türkischen Strafrecht im Falle eines Entschuldigungsgrunds von einer Bestrafung abzusehen ist.

152 Bei dieser Gelegenheit ist festzuhalten, dass die Strafmilderung ausdrücklich in § 35 Abs. 2 StGB geregelt ist, während diese nach Art. 61 Abs. 1 tStGB nicht unmittelbar auf einen Putativnotstand zurückzuführen ist und vom Richter bei der Urteilsverkündung berücksichtigt wird.

153 *Rosenau*, in SK-StGB, Vor §§ 32 Rn. 67.

größere Gefahr, die durch eine unmittelbar bestehende Handlung oder Unterlassung einer anderen verursacht worden ist, abzuwenden.[154]

Vor dem Hintergrund dieser Notstandsart kommen zunächst Euthanasiefälle in Betracht, in denen er mit negativen historischen Fällen verbunden ist, welche zwischen 1933 und 1945 von der deutschen Regierung im Rahmen eines ‚Eugenik-Programms' stattfanden. Dieses bezog sich vornehmlich auf die Ärzte, die während des Nationalsozialismus an der Euthanasie von kranken und behinderten Menschen beteiligt waren.[155]

Der Kernanwendungsbereich des übergesetzlichen Notstands bezieht sich auf das Recht auf Leben in quantitativer Hinsicht. Hierbei geht es allgemein ausgedrückt um die Tötung von Menschen, um eine größere Anzahl an Menschen zu retten.[156] Der Täter muss sich demnach zwischen zwei Situationen entscheiden, sodass er entweder an dem Todeseintritt durch eine vorsätzlich begangene Tat oder durch Unterlassen mitwirkt.[157] Seine Untätigkeit hätte jedenfalls den Tod vieler Menschen zur Folge, die er wohl hätte retten können, zulasten einer geringeren Anzahl an menschlichem Leben. Ob diese psychische Belastung mit dem Motiv, sich selbst oder nahestehende Personen am Leben zu halten, gleichgesetzt werden kann, lässt sich jedoch nicht mit mathematischer Genauigkeit feststellen.[158]

2. Rechtliche Natur und dessen Begründung

Im Schrifttum wird teilweise die Ansicht vertreten, dass der übergesetzliche Notstand einen Rechtfertigungsgrund darstellt, insbesondere in Fällen der Tötung von Personen, die hoffnungslos verloren sind, d. h. es liegt eine Gefahrengemeinschaft mit einseitig verteilten Rettungschancen vor.[159] Nach h. M. kommt ein Rückgriff auf § 34 StGB von vornherein nicht in Betracht, da diese Situation

---

154 *Kaspar*, Strafrecht Allgemeiner Teil, § 5 Rn. 404; *Rengier*, Strafrecht Allgemeiner Teil, § 26 Rn. 40; *Bechtel*, JuS 2021, 401 (401); *Bosch*, Jura 2015, 347 (347 f.).

155 Während des Zweiten Weltkriegs wurden Tausende von Patienten in Kliniken und anderen Einrichtungen getötet, die als ‚unwertes Leben' betrachtet wurden. Die Ärzte, die an diesen Tötungen beteiligt waren, wurden oft als ‚Euthanasieärzte' bezeichnet; *Kaspar*, Strafrecht Allgemeiner Teil, § 5 Rn. 405; *Koch*, JA 2005, 745 (746).

156 *Kaspar*, Strafrecht Allgemeiner Teil, § 5 Rn. 406.

157 *Rönnau*, in LK-StGB, Vor §§ 32 Rn. 367 in Fn. 1820.

158 *Bechtel*, JuS 2021, 401 (405).

159 Mit unterschiedlichen Begründungen und teilweise mit Einschränkungen siehe *Mitsch*, „Nantucket Sleighride" – Der Tod des Matrosen Owen Coffin, in: FS Weber zum 70. Geburstag, S. 49 (65 ff.); *Otto*, Jura 2005, 470 (477 f.).

nicht als ein Rechtsfertigungsgrund angesehen werden kann.[160] In diesem Zusammenhang geht es hier darum, eine Wahl zu treffen, oder noch präziser eine ‚Schicksalsbestimmung'.[161]

Nach h. M. ist der übergesetzliche Notstand ein Entschuldigungsgrund,[162] der seine Begründung erst in der Lehre der doppelten Schuldminderung findet.[163] Das Zusammenkommen der Unrechts- und Schuldminderung führt dann nach h. M. zu einer doppelten Schuldminderung, sodass der Schuldvorwurf geringer wird und die Tat insgesamt als entschuldbar erscheint.[164]

Eine andere bemerkenswerte Ansicht, die grundlegend von *Roxin*[165] und *Jakobs*[166] vertreten wird, geht die Straffreiheit in Fällen der Entschuldigung in erster Linie darauf zurück, dass bei den erfassten Konfliktsituationen kein Strafbedürfnis besteht.[167] Demnach versucht diese Ansicht, die Begründung des übergesetzlichen Notstands durch den Präventionsgrundsatz zu erklären.

---

160 *Rengier*, Strafrecht Allgemeiner Teil, § 19 Rn. 32 ff.; *Rönnau*, in LK-StGB, Vor §§ 32 Rn. 362; *Roxin*, ZIS 2011, 552 (552).

161 *Küper*, JuS 1981, 785 (792 f.).

162 *Duttge*, in HK-StGB, § 35 Rn. 23; *Kühl*, Strafrecht Allgemeiner Teil, § 12 Rn. 96 f.; *Roxin/Greco*, Strafrecht Allgemeiner Teil, § 22 Rn. 146 ff.; *Rönnau*, in LK-StGB, Vor §§ 32 Rn. 359; *Jäger*, ZStW 2003, 765 (785).

163 In dieser Hinsicht gestaltet sich die Situation komplizierter, wenn es um die Minderung von Schuld aufgrund des akuten Drucks geht, sich selbst oder Angehörigen helfen zu müssen. Bei einem fehlenden persönlichen Risikobezug besteht dagegen das übergeordnete moralische Dilemma, helfend einzugreifen und sich damit zwangsläufig an der Tötung eines oder weniger Menschen zu beteiligen oder passiv zu bleiben und einen quantitativ größeren Schaden zuzulassen. In beiden Fällen besteht daher die Gefahr einer erheblichen Belastung des eigenen Gewissens in Form von Mitschuld am Tod von Menschen; *Bechtel*, JuS 2021, 401 (405).

164 *Gropp/Sinn*, Strafrecht Allgemeiner Teil, § 6 Rn. 193; *Rengier*, Strafrecht Allgemeiner Teil, § 26 Rn. 42; *Rönnau*, JuS 2016, 786 (788).

165 Siehe *Roxin/Greco*, Strafrecht Allgemeiner Teil, § 22 Rn. 148.

166 Siehe *Jakobs,* Strafrecht Allgemeiner Teil, § 20 Rn. 4.

167 Nach *Roxin* ist die Notstandssituation von vornherein kaum zur Nachahmung geeignet, weshalb ein Strafbedürfnis schon unter dem Gesichtspunkt der negativen Generalprävention zu verneinen sei; auch der Notstandstäter selbst bedürfe keiner präventiven Maßnahme. *Jakobs* nimmt innerhalb des präventionsorientierten Erklärungsmodells noch einmal eine radikalere Sichtweise ein und stellt allein den Aspekt der positiven Generalprävention in den Vordergrund: In den von der Vorschrift des § 35 erfassten Fällen wird schlicht keine Notwendigkeit der „Stabilisierung des durch das deliktische Verhalten gestörten Ordnungsvertrauens" gesehen; *Roxin/Greco*, Strafrecht Allgemeiner Teil, § 22 Rn. 6; *Jakobs*, Schuld und Prävention, S. 31 f.

Darüber hinaus wird in der Lehre auch die abweichende Meinung vertreten, dass übergesetzlicher Notstand nicht im Rahmen des Entschuldigungsgrunds, sondern mit einer anderen Unterteilung der Schuld zu begründen ist.[168] Zum Beispiel erklärte *Eb. Schmidt* den übergesetzlichen Notstand als Schuldausschließungsgrund,[169] während *Schünemann* ihn als Strafmilderungsgrund begründet.[170] Der BGH hat den übergesetzlichen Notstand jedenfalls in einer Entscheidung als Strafausschließungsgrund angenommen[171] und in einer weiteren Entscheidungen im Rahmen des Verbotsirrtums bewertet.[172]

3. Mögliche Konstellationen zum übergesetzlichen Notstand

Der übergesetzliche Notstand erfasst jene Konstellationen, in denen der Täter durch sein Handeln vorsätzlich und rechtswidrig einem oder mehreren Menschen das Leben nimmt, um eine höhere Anzahl von Leben retten zu können.[173] Hierbei sollte es sich jedoch um eine ungewöhnliche Situation handeln, wie beispielsweise die Rettung zahlreicher Menschen, die auf Kosten einer Einzelperson oder einer kleinen Gruppe erfolgt.[174] In diesem Zusammenhang kommen zwei verschiedene Möglichkeit in Betracht.

Die erste Konstellation stellt eine ‚Gefahrengemeinschaft' dar, in der sich die betroffenen Personen in einer gemeinsamen Gefahr befinden. Um einen Teil dieser gefährdeten Personen zu retten, werden mindestens einige von ihnen durch die Handlung des Täters geopfert. Andernfalls würden alle Personen ihr Leben verlieren.[175] Genau dieser Anwendungsbereich des übergesetzlichen Notstands soll sich auf Konstellationen erstrecken, in denen eine gleichmäßige Risikoverteilung

---

168 *Bechtel*, JuS 2021, 401 (403 f.).

169 Siehe zu detaillierten Angaben *Schmidhäuser*, SJZ 1949, 559–570).

170 *Schünemann*, Rechtsfreier Raum und eigenverantwortliche Entscheidung, S. 145 (154).

171 NJW 1989, 912 (913).

172 NJW 1953, 513 (513).

173 *Gropp/Sinn*, Strafrecht Allgemeiner Teil, § 6 Rn. 187; einige Beispiele dafür: Der Abschuss eines Flugzeugs, das von Terroristen entführt wurde, um es in einem überfüllten Fußballstadion zum Absturz zu bringen; die Trennung von zwei siamesischen Zwillingen, wenn beide eine gleiche Überlebenschance haben, aber beide nicht weiter zusammenleben können; der Bergsteigerfall, wo ein Bergsteiger, der sicher steht, einige seiner Kollegen von einem Seil trennen muss, damit nicht alle in die Tiefe fallen; *Sternberg-Lieben,* in SSK-StGB, Vor §§ 32 Rn. 117; *Rönnau*, JuS 2017, 113 (113 f.).

174 *Rengier*, Strafrecht Allgemeiner Teil, § 26 Rn. 42.

175 *Kaspar*, Strafrecht Allgemeiner Teil, § 5 Rn. 407; *Bechtel*, JuS 2021, 401 (405).

besteht.[176] Das bedeutet, dass die Rettungschancen für alle Beteiligten von vornherein gleichermaßen gut oder schlecht sind, jedoch eine Rettung aller Betroffenen nicht möglich ist. Maßgebend ist dabei, dass sowohl die Opfer als auch die Geretteten zunächst der gleichen Gefahr ausgesetzt waren.[177]

Der übergesetzliche Notstand wird in der h. L. lediglich in Fällen der Gefahrengemeinschaft angenommen.[178] Als Beispiele gelten ein Flugzeug, das von Terroristen entführt und abgeschossen wird, da es in einem vollbesetzten Fußballstadion zum Absturz gebracht werden sollte;[179] die angeklagten ‚Euthanasie-Ärzte' hatten im Dritten Reich eine bestimmte Anzahl von Geisteskranken in die Gaskammer geschickt, um eine höhere Anzahl derselben retten zu können.[180] Ansonsten spielt der Täter, der in einen Geschehensablauf eingreift, lediglich mit dem Schicksal der Opfer, die zunächst keiner Gefahr ausgesetzt werden.[181]

Im Falle des übergesetzlichen Notstands könnte es ausreichen, wenn eine Gleichwertigkeit des geschützten Interesses vorliegt, sofern den Täter nur eine besondere seelische Konfliktlage leitet.[182] Das bedeutet, dass der Täter in einer extremen psychischen Notlage handelt, in der er vor die Wahl gestellt wird, entweder das Leben einiger zu opfern, um andere zu retten, oder allen Beteiligten den sicheren Tod zu überlassen.[183]

Darüber hinaus werden auch weitere Konstellationen, in denen der Täter mit seiner Tat unschuldige Menschen erstmals in Gefahr bringt, im Rahmen des übergesetzlichen Notstands betrachtet.[184] Diese Konstellationen werden daher mit dem Begriff der, fehlende Gefahrengemeinschaft' bezeichnet.[185] Im Unterschied zur Gruppe der sog. Gefahrengemeinschaft werden in diesem Fall Unbeteiligte

---

176 *Bechtel*, JuS 2021, 401 (405 f.).

177 *Rengier*, Strafrecht Allgemeiner Teil, § 26 Rn. 44; ähnlich *Bechtel*, JuS 2021, 401 (405).

178 *Kaspar*, Strafrecht Allgemeiner Teil, § 5 Rn. 407; *Rengier*, Strafrecht Allgemeiner Teil, § 26 Rn. 44; *Roxin/Greco*, Strafrecht Allgemeiner Teil, § 22 Rn. 146 ff.

179 Für das Beispiel siehe *Bechtel*, JuS 2021, 405 f.

180 NJW 1953, 513 (513).

181 *Jäger*, ZStW 2003, 765 (779).

182 *Rönnau*, in LK-StGB, Vor §§ 32 Rn. 369.

183 Siehe *Kühl*, Strafrecht Allgemeiner Teil, § 12 Rn. 100.

184 Erstmals hat *Welzel* diese Konstellation zutage gebracht und das Szenario des ‚Weichensteller-Falls' wie folgt formuliert: Ein Güterzug droht aufgrund falscher Weicheinstellung in einen vollbesetzten stationären Personenzug zu laufen. Ein Weichensteller erkennt die Gefahr und lenkt den Güterzug auf ein Abstellgleis, wodurch er in eine Gruppe von Gleisarbeitern kracht, die infolgedessen alle sterben; *Welzel*, ZStW 1951, 47 (51).

185 Siehe zur Anwendung dieses Begriffs *Bechtel*, JuS 2021, 401 (406).

geopfert, die ohne das Handeln des Täters überhaupt nicht mit der Gefahr konfrontiert worden wären.[186] Hierbei stellt sich jedoch die Frage, ob der übergesetzliche Notstand ebenso in einem solchen Fall zugelassen werden kann.[187] Hierzu werden in der Lehre hauptsächlich zwei Meinungen vertreten.[188]

Die erste Ansicht lehnt den übergesetzlichen Notstand im Falle fehlender Gefahrengemeinschaft ab.[189] Der Grund dafür ist, dass jedes Leben vor dem Recht den gleichen Wert hat, weshalb der Täter nicht mit dem Schicksal der Menschen spielen darf, welche zuvor nicht in Gefahr standen.[190] Der Eintritt einer solchen Situation führt daher nicht zur Entschuldigung des Täters, auch wenn er eine größere Anzahl von Leben gerettet hat.[191]

Nach der herrschenden Ansicht sollte übergesetzlicher Notstand auch im Falle einer fehlenden Gefahrengemeinschaft bejaht werden.[192] Denn diese Ansicht begründet ihre Stellung vor allem mit der konkreten Situation des Weichenstellers.[193] Der Täter handelt nämlich auch in diesem Fall unter besonderem Motivationsdruck.[194] Aufgrund des außergewöhnlichen Charakters dieses Entschuldigungsgrunds muss wohl auch diese Reduzierung des Bösen im Ergebnis gefordert werden, d. h. es ist nicht ausreichend, sich mit einer Äquivalenz zu begnügen oder ganz auf eine Verringerung zu verzichten.[195]

Die Frage, ob sich der Täter während einer Notstandslage für das kleinere Übel entscheiden muss, stellt jedoch zweifellos einen bemerkenswerten Punkt dar.[196] Der Täter sollte daher im Falle eines übergesetzlichen Notstands auf eine Weise agieren, dass er eine möglichst geringe Anzahl von Menschen dem Tod überlässt, um eine größere Anzahl an Menschenleben zu retten.[197] Diese Ansicht setzt somit

---

186 *Rönnau*, in LK-StGB, Vor §§ 32 Rn. 357.

187 *Kaspar*, Strafrecht Allgemeiner Teil, § 5 Rn. 409.

188 *Rengier*, Strafrecht Allgemeiner Teil, § 26 Rn. 45; *Bechtel*, JuS 2021, 401 (405 f.).

189 *Roxin/Greco*, Strafrecht Allgemeiner Teil, § 22 Rn. 163 ff.; *Wessels u. a.*, Strafrecht Allgemeiner Teil, Rn. 721; *Jäger*, ZStW 2003, 765 (779 f.).

190 *Wessels u. a.*, Strafrecht Allgemeiner Teil, Rn. 721.

191 *Heinrich*, Strafrecht Allgemeiner Teil, Rn. 596; ähnlich *Jäger*, ZStW 2003, 765 (778 f.).

192 *Kühl*, Strafrecht Allgemeiner Teil, § 12 Rn. 92 ff.; *Rengier*, Strafrecht Allgemeiner Teil, § 26 Rn. 45; *Sternberg-Lieben*, in SSK-StGB, Vor §§ 32 Rn. 117a.

193 *Kühl*, Strafrecht Allgemeiner Teil, § 12 Rn. 104 f.; *Roxin/Greco*, Strafrecht Allgemeiner Teil, § 22 Rn. 161; *Stratenwerth/Kuhlen*, Strafrecht Allgemeiner Teil, § 10 Rn. 127.

194 *Sternberg-Lieben*, in SSK-StGB, Vor §§ 32 Rn. 117a.

195 Siehe *Bechtel*, JuS 2021, 401 (406).

196 *Wessels u. a.*, Strafrecht Allgemeiner Teil, Rn. 718.

197 *Rengier*, Strafrecht Allgemeiner Teil, § 26 Rn. 33.

nach dem überwiegenden Teil der Lehre voraus, dass der Täter das ‚kleinere Übel' nach einer allgemeinen, ethischen Betrachtung gewählt hat.[198]

4. Anwendungsbereich im deutschen Strafrecht

a. Rechtliche Grundlagen

Der übergesetzliche Notstand wird zwar im deutschen Strafrecht nicht gesetzlich geregelt, stellt aber wie bereits oben erwähnt[199] nach h. M. einen eigenständigen, ungeschriebenen Entschuldigungsgrund dar.[200] Darüber hinaus wird dieser von einer Mindermeinung in der Lehre als ein Rechtfertigungsgrund oder in andere Weise als der Entschuldigungsgrund begründet.[201] Da in dieser Arbeit der übergesetzliche Notstand auch als ein Entschuldigungsgrund angesehen wird, werden hier andere abweichende Meinungen nicht mehr erwähnt.[202]

Der Gesetzgeber wollte jedenfalls diese Notstandsart bewusst nicht in einer Vorschrift regeln und hat mithin den Weg der Analogie über § 35 StGB angedeutet.[203] Somit ist der Auslegungsraum darauf ausgerichtet, dass ein ausgewogenes Verhältnis zwischen individueller Handlungsfreiheit und staatlicher Strafbedrohung vorliegt.[204] Zudem hat die höchstrichterliche Rechtsprechung den übergesetzlichen Notstand bisher weder ausdrücklich anerkannt noch deren Voraussetzungen präzisiert.[205]

Da der übergesetzliche Notstand als ein ungeschriebener Entschuldigungsgrund gilt, folgt dessen Entwicklung freilich innerhalb Grenzen, die sich aus § 35 Abs. 1

---

198 *Rengier*, Strafrecht Allgemeiner Teil, § 26 Rn. 33; *Bechtel*, JuS 2021, 401 (406).

199 Siehe dazu Fn. 1173.

200 *Kühl*, Strafrecht Allgemeiner Teil, § 12 Rn. 96 f.; *Rönnau,* in LK-StGB, Vor §§ 32 Rn. 359; *Roxin/Greco*, Strafrecht Allgemeiner Teil, § 22 Rn. 146 ff.

201 Siehe zur ausführlichen Begründungen *Roxin/Greco*, Strafrecht Allgemeiner Teil, § 22 Rn. 146.

202 Diese Ansichten sind bereits oben dargestellt worden; siehe dazu E.VII. 2.

203 Für den Begriff ‚Rechtsergänzung' und wie die Lücken im positiven Recht als Mängel definiert, die eine rechtsergänzende richterliche Entscheidung erfordern, wobei zwischen gewollten und ungewollten Lücken unterschieden wird. Siehe *Engisch*, Einführung in das juristische Denken, S. 197.

204 *Bechtel*, JuS 2021, 401 (407).

205 *Sternberg-Lieben*, in SSK-StGB, Vor §§ 32 Rn. 115; *Rönnau*, JuS. 2017, 113 (115), das BVerfG hat sogar einen Abschuss eines entführten Flugzeugs mit der rechtfertigenden Ermächtigungsnorm des § 14 Abs. 3 Luftsicherheitsgesetz a. F. aufgrund der Verletzung von Art. 2 Abs. 1 i. V. m. 1 Abs. 1 GG für verfassungswidrig erklärt und dabei die Frage eines übergesetzlichen Entschuldigungsgrunds ausdrücklich offengelassen; BVerfGE 115, 118 (157).

Satz 1 StGB und § 34 StGB entwickelt haben.[206] Aus diesem Grund ist sein Anwendungsbereich in der Realität erheblich begrenzt.[207] Dennoch sollten seine Rechtsgrundlage und die materiellen Voraussetzungen präzise festgelegt werden, um im Falle eines übergesetzlichen Notstands die richtige Anwendung sicherzustellen.

b. Voraussetzungen

i. Vorbemerkungen

Der übergesetzliche Notstand fällt nicht unter § 34 StGB, da hier keine Möglichkeit besteht, eine Abwägung des menschlichen Leben durchzuführen.[208] In ähnlicher Weise wird der übergesetzliche Notstand auch nicht im Rahmen des § 35 StGB bewertet, weil dort das Merkmal vorausgesetzt wird, dass der Täter eine Tat begeht, um die Gefahr von sich, einem Angehörigen oder einer anderen ihm nahestehenden Person abzuwenden.[209] Daher kommt eine Anwendung letztendlich nur in Betracht, wenn die Vorschriften der § 34 und § 35 StGB nicht explizit herangezogen werden können.[210]

Im Hinblick auf die Voraussetzungen des übergesetzlichen Notstands kann nach der Literatur eine analoge Anwendung des § 35 StGB angenommen werden.[211] Nach der h. M. gelten daher alle Voraussetzungen und einige Einschränkungen des § 35 StGB auch für den übergesetzlichen entschuldigenden Notstand.[212] Darüber hinaus enthält der übergesetzliche Notstand noch weitere eigenartige Voraussetzungen, wie z. B. ausschließlich das Recht auf Leben und die Auswahl des kleineren Übels.[213]

---

206 *Rengier*, Strafrecht Allgemeiner Teil, § 26 Rn. 40.

207 Zu dem aktuellen Anwendungsbereich des übergesetzlichen Notstands siehe *Bechtel*, JuS 2021, 401 (406).

208 *Bechtel*, JuS 2021, 401 (401 f.).

209 *Rosenau*, in SK-StGB, § 35 Rn. 9.

210 *Kaspar*, Strafrecht Allgemeiner Teil, § 5 Rn. 406.

211 *Gropp/Sinn,* Strafrecht Allgemeiner Teil, § 6 Rn. 193; *Rönnau*, in LK-StGB, Vor §§ 32 Rn. 359.

212 *Kühl*, Strafrecht Allgemeiner Teil, § 12 Rn. 93; *Zieschang*, in LK-StGB, § 35 Rn. 125; *Rönnau*, JuS. 2017, 113 (116).

213 *Rengier*, Strafrecht Allgemeiner Teil, S. 26 Rn. 44.

ii. Objektive Voraussetzungen

Da die Voraussetzungen des übergesetzlichen Notstands mit § 35 StGB in engem Zusammenhang stehen,[214] werden in diesem Abschnitt ausschließlich besondere Merkmale erwähnt, welche von § 35 StGB offensichtlich abweichen.

In Bezug auf die Notstandslage besteht die erste Abweichung vor allem bei Rechtsgütern, die einer gegenwärtigen Gefahr ausgesetzt werden. Demnach kann ausschließlich für den übergesetzlichen Notstand das Recht auf Leben in Betracht kommen.[215] Alle anderen Rechtsgüter, die im § 35 StGB als Leib oder Freiheit aufgezählt werden, gelten nicht für den übergesetzlichen Notstand.[216] Dieser setzt daher unbedingt eine gegenwärtige Lebensgefahr voraus.[217]

Anders als § 35 StGB bestehen im übergesetzlichen Notstand für den Personenkreis keine Einschränkungen.[218] Das heißt, die Personen, die sich in Gefahr befinden, müssen nicht dem Täter nahestehende Personen sein. Der Täter muss sich jedoch zumindest in eine vergleichbaren, psychischen Konfliktsituation befinden.[219] Diese Situation muss mit dem Fall, wo eine Sympathieperson des Täters in Gefahr steht, vergleichbar sein. Die Logik dieser Begründung liegt darin, dass die Erfahrung einer vergleichbaren psychischen Konfliktsituation dem Täter ermöglichen würde, die potenzielle Gefahr besser zu verstehen und somit angemessene Entscheidungen zu treffen.

Auf der Seite der Notstandshandlung müssen die Umstände, in denen sich der Täter befindet, außerhalb des Umfangs der § 34 und § 35 StGB bleiben.[220] Außerdem ist eine Notstandshandlung nur dann für den übergesetzlichen Notstand relevant, wenn die begangene Tat das einzige Mittel zur Abwendung einer unmittelbaren Lebensgefahr darstellt und keine anderen, weniger einschneidenden

---

214 *Kaspar*, Strafrecht Allgemeiner Teil, § 5 Rn. 404.

215 *Bechtel*, JuS 2021, 401 (407).

216 *Rengier*, Strafrecht Allgemeiner Teil, § 26 Rn. 43.

217 In diesem Zusammenhang ist insbesondere auf folgende Diskussion hinzuweisen: Während in diesem Fall eine Gefahrengemeinschaft fast von allen Ansichten der Lehre bejaht wird, da die objektive Voraussetzung der Notstandshandlung vollständig erfüllt wird, ist dies bei der fehlenden Gefahrengemeinschaft umstritten. So wird etwa der übergesetzliche Notstand mit der Begründung abgelehnt, dass die Voraussetzungen im Fall des Eintretens der fehlenden Gefahrengemeinschaft nicht erfüllt werden; für detaillierte Informationen siehe bereits oben D. VII. 3.

218 *Rengier*, Strafrecht Allgemeiner Teil, § 26 Rn. 42.

219 *Baumann u. a.*, Strafrecht Allgemeiner Teil, § 18 Rn. 49.

220 *Kindhäuser/Zimmermann,* Strafrecht Allgemeiner Teil, § 21 Rn. 14.; auch *Wessels u. a.*, Strafrecht, Allgemeiner Teil, Rn. 716.

Möglichkeiten zur Verfügung stehen.[221] Für den übergesetzlichen Notstand ist allerdings noch eine weitere Voraussetzung erforderlich, wonach der Täter bei der Ausführung seiner Handlung die geringeren, unabwehrbaren Schäden auswählen muss.[222]

Die in § 35 Abs. 1 Satz 2 StGB angeführten Einschränkungen gelten zugleich für eine Konstellation des übergesetzlichen Notstands.[223] Das heißt, wenn der Täter selbst die in § 35 Abs. 1 Satz 2 StGB aufgeführten Voraussetzungen vollständig erfüllt, kann er von den Folgen des übergesetzlichen Notstands nicht profitieren.

iii. Subjektive Voraussetzungen

Die subjektiven Voraussetzungen des übergesetzlichen Notstands, bei dessen Vorliegen der Täter exkulpiert wird, sind mit den Voraussetzungen gemäß § 35 StGB identisch.[224] Demnach muss der Täter, wie bei § 35 StGB, mit dem Willen zur Gefahrenabwehr handeln.[225] In diesem Punkt besteht somit kein Unterschied zwischen dem in § 35 StGB vorgeschriebenen Notstand und dem übergesetzlichen Notstand.

iv. Irrtum

Wie zu handeln ist, wenn sich der Täter über die sachlichen Voraussetzungen des übergesetzlichen Notstands irrt, ist hingegen fraglich.[226] Nach *Roxin* ist in einem solchen Fall § 35 Abs. 2 StGB analog anzuwenden.[227] Das heißt, der Täter wird nur dann nicht bestraft, wenn dieser Irrtum unvermeidbar ist.[228]

5. Im Hinblick auf das türkische Strafrecht

In der türkischen Strafrechtslehre gibt es keine besondere Auseinandersetzung mit dem Thema des übergesetzlichen Notstands. Denn die materiellen Voraussetzungen des Art. 25 Abs. 2 tStGB ermöglichen es, dass in beliebigen Fällen, der übergesetzliche Notstand Anwendung findet, sofern die entsprechenden

---

221 *Rengier*, Strafrecht Allgemeiner Teil, § 26 Rn. 43.

222 *Roxin/Greco*, Strafrecht Allgemeiner Teil, § 22 Rn. 161.

223 *Wessels u. a.*, Strafrecht Allgemeiner Teil, Rn. 717.

224 *Rönnau*, JuS 2017, 113 (116).

225 *Wessels u. a.*, Strafrecht Allgemeiner Teil, Rn. 723.

226 *Schaffstein*, NStZ 1989, 153 (154).

227 *Roxin/Greco*, Strafrecht Allgemeiner Teil, § 22 Rn. 153; ähnlich *Rosenau*, in SK-StGB, § 35 Rn. 24; auch schon *Sternberg-Lieben*, in LK-StGB, Vor §§ 32 Rn. 373.

228 Siehe zur Vermeidbarkeit eines Irrtums bereits oben C. IV.

Voraussetzungen vorliegen.[229] Der Anwendungsbereich des übergesetzlichen Notstands hängt jedoch davon ab, unter welchem Gesichtspunkt der Notstand bezeichnet wird bzw. ob dieser einen Rechtfertigungs- oder Entschuldigungsgrund darstellt.

Werden die materiellen Merkmale des Notstands im türkischen Strafrecht einzeln behandelt, kann zu weiteren Erkenntnissen in Bezug auf die Anwendbarkeit des übergesetzlichen Notstands gelangt werden. Denn die restriktiven Merkmale der in § 35 StGB geregelten Voraussetzungen liegen in Art. 25 Abs. 2 tStGB nicht vor.[230]

Hinsichtlich der Gefahr sind alle Rechtsgüter nach Art. 25 Abs. 2 tStGB für den Notstand relevant.[231] Desgleichen besteht in diesem Sinne keine Einschränkung bezüglich der Rechtsgüter für die Anwendung des übergesetzlichen Notstands. Dasselbe gilt auch für den Personenkreis, zu dessen Gunsten die Notstandshandlung begangen werden darf.[232] In dieser Hinsicht gibt es auch in Bezug auf den Anwendungsbereich des übergesetzlichen Notstands keine Einschränkungen. Unumstritten ist zudem, dass eine Notstandshandlung beim übergesetzlichen Notstand nur dann relevant ist, wenn diese nach den Umständen erforderlich erscheint.[233]

Problematisch ist hingegen in diesem Zusammenhang das Vorhandensein der Klausel, die darauf hinweist, dass es sich um einen Rechtfertigungsgrund handelt, wonach zwischen der Schwere der Gefahr und dem Gut sowie dem verwendeten Mittel ein angemessenes Verhältnis besteht.[234] Denn diese Klausel wird nach der in der türkischen Strafrechtslehre h. M. als eine der Interessenabwägung angesehen.[235] Wird jedoch dieses Merkmal als eine Interessenabwägungsklausel

---

[229] Siehe zu diesen Voraussetzungen bereits oben D. III.

[230] Der Vergleich zwischen beiden Rechtssystemen zu diesem Thema wird im nächsten Abschnitt ausführlich dargelegt.

[231] Dies ergibt sich aus dem Gesetzeswortlaut des Art. 25 Abs. 2 tStGB: *Ein Täter wird nicht bestraft, wenn er Taten in der Notwendigkeit begeht, sich oder einen anderen aus einer schweren und tatsächlich bestehenden Gefahr zu retten, die einem eigenen Recht oder dem Recht des anderen droht, [...].* Für die Übersetzung siehe *Tellenbach*, Das türkische Strafgesetzbuch: Türk Ceza Kanunu, Art. 25 Abs. 2.

[232] Art. 25 Abs. 2 tStGB ermöglicht es, die Notstandshandlung für alle zu führen; siehe *Artuk u. a.*, Ceza Hukuku Genel Hükümler, S. 586.

[233] Siehe dazu bereits oben D. III. 2. b.

[234] Dies ergibt sich auch aus dem Gesetzeswortlaut des Art. 25 Abs. 2 tStGB: *[...] Dies gilt unter der Voraussetzung, dass zwischen der Schwere der Gefahr und dem Gut sowie dem verwendeten Mittel ein angemessenes Verhältnis besteht.* Für die Übersetzung siehe *Tellenbach*, Das türkische Strafgesetzbuch: Türk Ceza Kanunu, Art. 25 Abs. 2.

[235] Siehe dazu Fn. 943.

angenommen, kann die Existenz des übergesetzlichen Notstands nicht in Frage gestellt werden, da es diese Klausel nicht gestattet, eine Abwägung von Leben gegen Leben durchzuführen.[236]

Im türkischen Strafrecht wird für die Anwendung des übergesetzlichen Notstands keine andere Vorschrift benötigt, da die Notstandsvorschrift des Art. 25 Abs. 2 tStGB auch solche Notstandsfälle umfasst. Eine Ausnahme bildet jedoch der Fall, in dem die als Interessenabwägung ausgelegte Klausel den Notstand als Rechtsfertigungsgrund identifiziert. Falls diese Ausnahme ausgeschlossen ist, bedarf es im türkischen Strafrecht für den übergesetzlichen Notstand keiner zusätzlichen Vorschrift oder einer Auffassung der Rechtsprechung oder Strafrechtslehre. Denn die geltende Bestimmung (Art. 25 Abs. 2 tStGB) erfasst bereits Fälle, in denen der Täter vorsätzlich und rechtswidrig das Leben eines oder mehrerer Menschen nimmt, um eine größere Zahl von Menschen zu retten.

6. Vergleich der Anwendbarkeit des übergesetzlichen Notstands im deutschen und türkischen Strafrecht

Im deutschen Strafrecht ergibt sich der übergesetzliche Notstand grundsätzlich aus dem Anwendungsbereich des § 35 StGB, wo er jedoch mit gewissen Einschränkungen versehen ist.[237] Die erste dieser Beschränkungen bezieht sich auf jene Rechtsgüter, die sich auf das Recht auf Leben beziehen.[238] Ein anderes Merkmal setzt voraus, dass der Täter bei der Ausführung seiner Handlung in Bezug auf unabwehrbare Schäden das kleinere Übel auswählen muss.[239] Zudem gilt die Einschränkung aus § 35 Abs. 1 StGB nicht für den übergesetzlichen Notstand, wonach der Täter die Notstandshandlung nur vornehmen darf, um eine Gefahr von sich, einem Angehörigen oder einer anderen ihm nahestehenden Person abzuwenden.[240]

Es ist jedoch zu beachten, dass der deutsche Gesetzgeber bei der Aufnahme dieser Einschränkung, die auf einen bestimmten Personenkreis hinweist, beabsichtigen könnte, den Anwendungsbereich des entschuldigenden Notstands zu begrenzen.[241] Die Argumentation gegen die Anerkennung des übergesetzlichen Notstands könnte daher darauf basieren, dass die Ausdehnung dieses Notstands die ursprüngliche Intention des Gesetzgebers untergräbt.

---

236 Zur Begründung, weshalb der übergesetzliche Notstand kein Rechtfertigungsgrund sein kann, siehe oben: E. VII. 2.

237 Siehe dazu Fn. 1217.

238 *Kindhäuser/Zimmermann*, Strafrecht Allgemeiner Teil, § 21 Rn. 14.

239 Siehe dazu Fn. 1207.

240 Siehe dazu Fn. 1229.

241 *Roxin/Greco*, Strafrecht Allgemeiner Teil, § 22 Rn. 30.

Die Annahme des Gegenteils, nämlich die Anerkennung des übergesetzlichen Notstands, könnte jedoch zu der problematischen Konsequenz führen, dass der Täter gewissermaßen über das Schicksal anderer bestimmen kann, selbst wenn durch sein Handeln potenziell mehr Menschen gerettet werden könnten.[242] Dies stellt eine Herausforderung für die Gerechtigkeit und den Schutz der Gesellschaft dar und könnte demnach als unerwünschte Konsequenz der Ausdehnung des Notstandsrechts betrachtet werden.

Dass sich der Täter bei der Ausführung seiner Handlung für das kleinere Übel entscheiden muss, stellt ein weiteres Merkmal dar, das im deutschen Strafrecht für die Anwendung des übergesetzlichen Notstands erforderlich ist.[243] Einen vergleichbaren Inhalt hat Art. 25 Abs. 2 tStGB, nach dem zwischen der Schwere der Gefahr und dem Gut sowie dem verwendeten Mittel ein angemessenes Verhältnis bestehen muss.[244]

Im türkischen Strafrecht bedarf die Anwendung des übergesetzlichen Notstands keiner weiteren Vorschrift – anders als im deutschen Strafrecht, wo eine konstituierende Auseinandersetzung der Lehre mit dem Thema besteht. Dies liegt daran, dass die bestehende Regelung des Art. 25 Abs. 2 tStGB den übergesetzlichen Notstand bereits vollständig umfasst. Denn die Einschränkung in § 35 Abs. 1 StGB, nach der die Notstandshandlung nur ausgeführt werden kann, um die Gefahr von sich, einem Angehörigen oder einer anderen ihm nahestehenden Person abzuwenden, gilt nicht für Art. 25 Abs. 2 tStGB, d. h., eine Notstandshandlung darf nach Art. 25 Abs. 2 tStGB für jede Person begangen werden.

Zusammenfassend lässt sich festhalten, dass einige besondere Merkmale des § 35 StGB im deutschen Strafrecht die unmittelbare Anwendung des übergesetzlichen Notstands einschränken. Der deutsche Gesetzgeber hat dies jedoch nach h. M. dennoch bewusst so gewollt und dessen Anwendungsbereich der Lehre und Praxis überlassen.[245] Andererseits bedarf es im türkischen Strafrecht keiner separaten Berücksichtigung des übergesetzlichen Notstands, da in der entsprechenden Vorschrift des tStGB kein besonderes Merkmal festgelegt ist, das zu einer Einschränkung des Anwendungsbereichs des übergesetzlichen Notstands führt.[246]

---

242 *Bechtel*, JuS 2021, 401 (402).

243 Siehe *Rönnau*, JuS 2017, 113 (116).

244 Dies ergibt sich auch aus dem Gesetzeswortlaut des Art. 25 Abs. 2 tStGB: *[...] Dies gilt unter der Voraussetzung, dass zwischen der Schwere der Gefahr und dem Gut sowie dem verwendeten Mittel ein angemessenes Verhältnis besteht*. Für die Übersetzung siehe *Tellenbach*, Das türkische Strafgesetzbuch: Türk Ceza Kanunu, Art. 25 Abs. 2.

245 Siehe dazu Fn. 1214.

246 Zu den Begründungen siehe bereits oben E. VII. 5.

F. Schlussbetrachtungen

I. Vorbemerkungen

Die beiden Strafrechtssysteme (deutsches und türkisches) gehen von einem dreigliedrigen Verbrechensbegriff aus, der aus Tatbestandsmäßigkeit, Rechtswidrigkeit und Schuld besteht.[1] Die Tatbestandsmäßigkeit im Strafrecht bezieht sich auf die grundlegenden Voraussetzungen, die erfüllt sein müssen, damit eine Handlung als strafbare Tat angesehen werden kann; diese wird immer in den objektiven und subjektiven Tatbestand unterteilt. Die Rechtswidrigkeit betrifft das Unrecht einer Handlung, während es sich bei der Schuld um die subjektive Vorwerfbarkeit in Bezug auf den Täter handelt;[2] d. h. die Schuld umfasst die persönliche Vorwerfbarkeit den Bezug auf den Täter wegen seiner tatbestandsmäßigen und rechtswidrigen Tat.[3]

Rechtfertigungsgründe im Strafrecht bezeichnen Ausnahmesituationen, in denen eine Handlung trotz Tatbestandserfüllung nicht unter Strafe gestellt wird. Diese rechtfertigen die im Normalfall rechtswidrige Tat, indem sie den Unrechtsgehalt der betreffenden Handlung abdecken. Rechtfertigungsgründe können aus verschiedenen Rechtsquellen stammen.[4] Dagegen führen die Entschuldigungsgründe im Strafrecht zum Verzicht auf den strafrechtlichen Schuldvorwurf, wenn ein normgemäßes Verhalten vom Täter nicht erwartet werden kann.[5] Entschuldigungsgründe schließen daher die Schuld des Täters aus, sodass dieser nicht mit einer Strafe belegt wird, wenngleich seine Handlung stets rechtswidrig bleibt.

Zwischen deutschem und türkischem Strafrecht gibt es bezüglich der Rechtswidrigkeit und Schuld keinen erheblichen Unterschied. Der Hauptunterschied liegt somit darin, welche Gründe als Rechtfertigung oder Entschuldigung anerkannt werden. Im deutschen Strafrecht werden Rechtfertigungsgründe wie „Notwehr“ (§ 32 StGB), „rechtfertigender Notstand“ (§ 34 StGB) und „Einwilligung“ anerkannt.[6] Im türkischen Strafrecht werden wie „Notwehr“ (Art. 25 Abs. 1 tStGB), „Einwilligung des Berechtigten“ (Art. 26 Abs. 2 tStGB), „Gesetzliche Vorschrift und Anordnung eines Vorgesetzten“ (Art. 24 Abs. 1, tStGB) sowie „Ausübung

---

1 Siehe dazu Fn. 263.
2 Siehe dazu Fn. 28.
3 Siehe dazu Fn. 29.
4 Siehe dazu Fn. 132.
5 Siehe dazu Fn. 195.
6 Siehe dazu bereits oben: A. IV. 2. a.

eines Rechts“ (Art. 26 Abs. 1 tStGB) als Rechtfertigungsgründe anerkannt.[7] Die in diesem Absatz aufgeführten Rechtfertigungsgründe sind nur als Beispiele zu verstehen, da es in beiden Rechtssystemen keine bestimmte Anzahl von Rechtfertigungsgründen gibt.

Die Anzahl der Entschuldigungsgründe ist für beide Strafrechtssysteme abschließend bestimmt.[8] Im StGB machen „entschuldigender Notstand“ (§ 35 StGB) und „Notwehrexzess“ (§ 33 StGB) die geregelten Entschuldigungsgründe aus.[9] Der Unterschied zwischen beiden Rechtssystemen liegt bei den Entschuldigungsgründen darin, dass im türkischen Strafrecht zusätzlich mit der „gesetzlichen Vorschrift und der Anordnung eines Vorgesetzten“ (Art. 24 Abs. 2, 3, 4 tStGB) sowie der „Gewalt, Einschüchterung und Drohung“ (Art. 28 tStGB) zwei weitere Entschuldigungsgründe geregelt sind;[10] „Notstand“ (Art. 25 Abs. 2 tStGB) und „Überschreitung von Grenzen“ (Art. 27 Abs. 2 tStGB) werden ebenso vom tStGB wie im deutschen Strafrecht als Entschuldigungsgründe normiert.[11] Im deutschen Strafrecht wird der übergesetzliche Notstand von der Strafrechtslehre als ein ungeschriebenes Entschuldigungsgrund angenommen,[12] während dieser im türkischen Strafrecht im Rahmen des Notstandsregelung (Art. 25 Abs. 2 tStGB) bewertet wird.[13]

Darüber hinaus gibt es weitere Unterschiede hinsichtlich der Rechtsfolge.[14] Im türkischen Strafrecht wird der Täter freigesprochen, wenn ein Rechtfertigungsgrund vorliegt. Dagegen wird das Absehen von Strafe für den Täter beschlossen, wenn ein Entschuldigungsgrund auftritt. Im deutschen Strafrecht wird ein Freispruch als Sachurteil ausgesprochen, unabhängig davon, ob es sich im Einzelfall um einen Rechtfertigungs- oder Entschuldigungsgrund handelt.

Ein strafrechtsrelevanter Notstand tritt auf, wenn sich eine Person in einer unmittelbaren Gefahr befindet und keine andere Möglichkeit gegeben ist, die Gefahr

---

7 Siehe dazu bereits oben: A. IV. 3. b; in beiden Rechtsystemen gibt es keine Einschränkung der Anzahl der Rechtfertigungsgründe. Deswegen liegen im Strafrecht oder in anderen Rechtsgebieten viele Rechtfertigungsgründe vor, wobei nicht alle diese Rechtfertigungsgründe gesetzlich geregelt sind; siehe dazu Fn. 132 und 228.

8 Siehe dazu Fn. 200 und 247.

9 Siehe dazu Fn. 202.

10 Siehe dazu Fn. 249; in der türkischen Strafrechtslehre ist jedoch die rechtliche Natur von Gewalt, Einschüchterung und Drohung (Art. 28 tStGB) sowie Notstand (Art. 25 Abs. 2 tStGB) umstritten und unklar, ob diese Normen tatsächlich als ein Entschuldigungsgrund eingestuft werden können.

11 Siehe dazu Fn. 249.

12 Siehe dazu Fn. 1211.

13 Siehe dazu Fn. 1240.

14 Siehe dazu bereits oben E. V.

auf eine zulässige Weise abzuwenden. In einem solchen Fall kann die betreffende Person unter bestimmten Bedingungen handeln, um sich selbst oder andere zu schützen, auch wenn dies normalerweise gegen geltendes Recht verstoßen würde.

Hinsichtlich der gesetzlichen Vorschriften wird im StGB der Notstand in zwei verschiedenen Paragrafen mit unterschiedlicher rechtlicher Natur geregelt, nämlich als ein Rechtfertigungsgrund in § 34 StGB und ein Entschuldigungsgrund in § 35 StGB.[15] Dagegen findet der Notstand seine Anwendung im türkischen Strafrecht lediglich als Einzelnorm in Art. 25 Abs. 2 tStGB, dessen rechtliche Natur darüber hinaus überaus kompliziert ist.[16]

II. Zur Begründung

Wie der Notstand rechtlich begründet werden kann, stellt noch eine offene Frage dar. Zunächst muss daher eine rechtliche Klassifizierung in diesem Zusammenhang vorgenommen werden. So stehen etwa hier die Einheits- und Differenzierungstheorien im Vordergrund.[17] Die Einheitstheorien kategorisieren den Notstand entweder als einen Rechtsfertigungs- oder Entschuldigungsgrund, während die Differenzierungstheorien eine Einstufung des Notstands sowohl als einen Rechtfertigungsgrund als auch einen Entschuldigungsgrund für angemessen halten.

Nach hier vertretener Ansicht sind die Differenzierungstheorien zutreffend, denn die Unterscheidung zwischen Rechtfertigungs- und Entschuldigungsgründen im Notstand ermöglicht eine genauere rechtliche Analyse. Indem die unterschiedlichen rechtlichen Konsequenzen für Taten im Notstand differenziert werden, wäre zu argumentieren, dass dies eine präzisere und gerechtere Anwendung des Rechts ermöglicht. Dagegen bietet die Einheitstheorie eine eingeschränkte Begründungs- und Anwendungsmöglichkeit zum Notstand, indem dieser ausschließlich in einer Form präzisiert werden kann. Nach der Differenzierungstheorie ist ferner die Rechtsnatur des Notstands unstrittig, da sie beide Formen des Notstands umgefasst, während diese nach der Einheitstheorie umstritten ist.[18]

---

15 Siehe dazu Fn. 4.

16 Siehe dazu Fn. 19.

17 Siehe dazu bereits oben B. II. 1. b. und c.

18 *Zieschang*, in LK-StGB, § 34 Rn. 2; es ist angemessen, dass der Gesetzgeber die Differenzierungstheorie berücksichtigt, um die Einhaltung gesetzlicher Vorschriften sicherzustellen. Die Notstandsregelungen im BGB begründen die Pflicht zur Gesetzeskonformität, wobei das Opfer den vom Täter verursachten Schaden tragen muss. Hierbei erfolgt eine Abwägung zwischen zwei Interessen, bei der das geringwertige Interesse geopfert wird, um das überwiegende Interesse zu wahren, was jedoch keine Rechtswidrigkeit darstellt. In Fällen, in denen eine solche Abwägung nicht möglich

Für den rechtfertigenden Notstand wird die Kombination der Zweck- und Kollisionstheorie, insbesondere die Interessenabwägungstheorie, als entscheidend erachtet. Dabei spielt die Solidarität nach dem Modell von *Engländer*, gestützt auf die Sozialvertragslehre von *Hobbes*, eine entscheidende Rolle.[19] In diesem Sinne hat das Denken von *Hegel,* das die Bedrohung des Lebens durch Verletzungen zu einer endlosen Einschränkung der Freiheit und zur völligen Rechtlosigkeit führt, eine große Bedeutung. Denn grundlegende Rechte wie Leben, Leib und Freiheit sichern gewissermaßen andere Rechtsgüter wie Eigentum ab, sodass ihre Verteidigung auf Kosten von Verletzung der geringeren Rechtsgüter nicht als rechtswidrig angesehen wird.[20] Hingegen erweist sich der utilitaristische Ansatz als weniger überzeugend, da er Schwierigkeiten bei der Erklärung der Beschränkung der Freiheitssphäre unbeteiligter Dritter aufweist.[21]

Der entschuldigende Notstand basiert nicht nur auf der Handlung des Täters, sondern auch auf dem entstandenen Schaden für unbeteiligte Dritte. Die Geschädigten werden verletzt, weshalb der Notstand auch aus ihren Perspektiven betrachtet werden sollte. Obwohl beim entschuldigenden Notstand die Geschädigten nicht am Schaden oder an der Gefahr beteiligt sind, kann der Täter dennoch aus Billigkeitsgründen nicht bestraft werden.[22] Der entschuldigende Notstand weist deshalb auf die Schuldhaftigkeit des Täters hin, nicht jedoch auf die Rechtswidrigkeit der Handlung.

Der entschuldigende Notstand basiert auf psychologischen und präventiven Theorien und berücksichtigt die Unzumutbarkeitsklausel.[23] Der Täter handelt daher in einer Notstandslage, in der er selbst gefährdet ist bzw. sein eigenes Rechtsgut verletzt wird. Aufgrund der beeinträchtigten Willensfreiheit wird vom Täter nicht erwartet, dass er rational handelt. Es muss jedoch zusätzlich geprüft werden, ob dem Täter ein normgemäßes Handeln zugemutet werden kann. In einer Notsituation ist es daher unangemessen, den Täter zu bestrafen, weil der Zweck der Strafe nicht erfüllt worden ist. In diesem Kontext sollte die präventive Notwendigkeit sowohl im Generellen als auch im Speziellen in jedem Fall berücksichtigt werden.

---

ist, liegt hingegen keine Rechtmäßigkeit vor. Stattdessen bewertet der Gesetzgeber hier die Situation des Täters im Rahmen der Schuld und entschuldigt ihn unter der Erfüllung bestimmter Voraussetzungen. In diesem Fall bleibt daher die Tat zwar rechtswidrig, der Täter wird jedoch exkulpiert.

19 Siehe dazu bereits oben B. II. 2. b. ii.

20 Siehe dazu bereits oben B. II. 1. e.

21 Siehe dazu bereits oben B. II. 4.

22 Zum Billigkeitsprinzip siehe Fn. 333.

23 Siehe dazu bereits oben B. II. 3. c.

Der übergesetzliche Notstand wird nach der in der deutschen Strafrechtslehre h. M. durch die doppelte Schuldminderungslehre begründet. Demnach findet dieser dann Anwendung, wenn die Lebensgefahr unmittelbar besteht. Ebenso ist er in Fällen anwendbar, in denen zwar keine unmittelbare persönliche Gefahr für den Täter vorliegt, aber ein besonderer psychischer Motivationsdruck besteht, der das Handeln als menschlich verständlich erscheinen lässt und es daher als entschuldbar betrachtet werden kann.[24]

Da das türkische Strafrecht diese speziellen Merkmale des übergesetzlichen Notstands bereits in Art. 25 Abs. 2 tStGB regelt, ist keine zusätzliche Begründung außerhalb des entschuldigenden Notstands erforderlich.

III. Zu den materiellen Voraussetzungen

Im deutschen Strafrecht wird der Notstand als rechtfertigender und entschuldigender Notstand in den § 34 und § 35 StGB getrennt geregelt. Beide Notstandsarten setzen eine gegenwärtige Gefahr für ein Rechtsgut voraus, welche nicht anders abwendbar ist und daher eine Handlung zur Abwendung dieser Gefahr erforderlich ist.[25] Der rechtfertigende Notstand gilt dabei für alle Rechtsgüter, während der entschuldigende Notstand ausschließlich für Leben, Leib und Freiheit infrage kommt und nur für die handelnde Person selbst oder ihr nahestehende Personen geltend gemacht werden kann. Ein weiterer Unterschied besteht darin, dass im rechtfertigenden Notstand eine Interessenabwägung zwischen den betroffenen Rechtsgütern notwendig ist, während im entschuldigenden Notstand keine derartige Abwägung stattfindet, sondern eine Unzumutbarkeit der Gefahrenhinnahme verlangt wird. Zusätzlich wird im § 35 StGB ein besonderer Rettungswille als subjektives Merkmal gefordert, während dies für § 34 StGB in der Lehre umstritten ist.[26]

Im türkischen Strafrecht wird der Notstand als Einzelnorm in Art. 25 Abs. 2 tStGB geregelt. Demnach verlangt dieser vorrangig das Vorliegen einer schweren und tatsächlich bestehenden Gefahr für alle Rechtsgüter. Der Täter handelt, um sich selbst oder einen anderen vor dieser Gefahr zu retten, unter der Voraussetzung, dass er die betreffende Gefahr nicht selbst wissentlich verursacht hat. Dabei ist auch erforderlich, dass er in keinem besonderen Rechtsverhältnis steht. Es wird außerdem verlangt, dass zwischen der Schwere der Gefahr und dem

---

24 Siehe dazu bereits oben E. VII. 2.

25 Siehe dazu bereits oben C. III. 2. a und b.

26 Siehe dazu bereits oben C. VI.

geschützten Gut sowie dem eingesetzten Mittel ein angemessenes Verhältnis besteht.[27]

Art. 25 Abs. 2 tStGB ist aufgrund der komplexen Struktur wesentlich komplizierter gestaltet, da dieser sowohl den rechtfertigenden als auch den entschuldigenden Notstand zum Gegenstand hat. Das Hauptproblem besteht daher nach hiesiger Ansicht insbesondere darin, dass der Notstand sowohl als Entschuldigungsgrund als auch als Rechtfertigungsgrund betrachtet werden kann. Allerdings gibt es verschiedene Merkmale, die auf die jeweilige Art des Notstands hinweisen. Zum Beispiel betrifft die Merkmale auf den rechtfertigenden Notstand, bei denen alle Rechtsgüter für den Notstand relevant sind, sodass die Notstandshandlung zugunsten aller Personen begangen werden kann und eine Abwägung, bei der das Interesse am Schutz Vorrang vor dem beeinträchtigten Interesse hat, stattfinden muss.[28] Dagegen beziehen sich die Merkmale auf den entschuldigenden Notstand, wenn der Täter die Gefahr nicht wissentlich verursacht und in keinem besonderen Rechtsverhältnis steht. Zudem muss er einen besonderen Rettungswillen haben. Obwohl es praktisch gesehen keine Auswirkung auf die Straffreiheit des Täters hat, sind Differenzierungen in Bezug auf Teilnahmeregeln, das Ausüben des Notwehrrechts und das Sachurteil dennoch relevant.[29]

Neben den formal geregelten Notstandssituationen kann der übergesetzliche Notstand in einigen besonderen Fällen in Betracht kommen, etwa wenn es sich um höchst ungewöhnliche Situationen handelt.[30] Denn es gibt Merkmale, die zwar nicht in den Anwendungsbereich der § 34 und § 35 StGB fallen, aber aus Gründen der Billigkeit der Täter dennoch entschuldigt wird. Dabei weicht der übergesetzliche Notstand von den Voraussetzungen des normalen Notstands etwas ab.[31]

Der übergesetzliche Notstand umfasst somit hauptsächlich zwei Konstellationen, nämlich die Gefahrengemeinschaft und die fehlende Gefahrengemeinschaft,[32] wobei die zweite Variante in der Strafrechtslehre umstritten ist.[33] Für einen gänzlichen Ausschluss der Fälle fehlender Gefahrengemeinschaft gibt es jedoch keine hinreichend überzeugenden Argumente. Sowohl die Minderung des Unrechts als

---

27 Siehe dazu bereits oben D. III. 2. c.

28 Der Gesetzestext des Art. 25 Abs. 2 tStGB; *[...] dies gilt unter der Voraussetzung, dass zwischen der Schwere der Gefahr und dem Gut sowie dem verwendeten Mittel ein angemessenes Verhältnis besteht*, wird als eine Interessenabwägungsklausel ausgelegt.

29 Siehe dazu bereits oben D. V.

30 Siehe dazu Fn. 1164.

31 Siehe dazu bereits oben E. VII. 4. b.

32 Siehe dazu bereits oben E. VII. 3.

33 Siehe dazu Fn. 1198.

auch die Schuldminderung sollten daher gleichermaßen für beide Situationen gelten.

Um im deutschen Strafrecht den übergesetzlichen Notstand anwenden zu können, müssen neben den Voraussetzungen des § 35 StGB zwei weitere besondere Bedingungen erfüllt sein, welche in der Lehre als notwendig erachtet werden.[34] Die erste Voraussetzung ist das Recht auf Leben, das in dieser Situation vorliegen muss. Die zweite Voraussetzung besagt, dass der Täter das kleinere Übel wählen muss.[35]

Im türkischen Strafrecht kann der übergesetzliche Notstand Anwendung finden, ohne dass eine dafür bestimmte Vorschrift oder eine Entscheidung in der Rechtsprechung vorliegt. Denn diese besonderen Merkmale des übergesetzlichen Notstands werden im türkischen Strafrecht bereits von Art. 25 Abs. 2 tStGB geregelt, weil es dort keine Einschränkung in Bezug auf die Rechtsgüter und den Personenkreis gibt.[36]

IV. Abschließende Bemerkungen

Die vorliegende Arbeit zeigt, dass Vergleich der Strafrechtssysteme Deutschlands und der Türkei in Bezug auf den Notstand durchaus von Bedeutung ist. Aus der Untersuchung der materiellen Voraussetzungen der Notstandsregelungen ergibt sich, dass zum einen der Notstand in beiden Strafrechtssystemen bestimmte Gemeinsamkeiten aufweist, aber zum anderen auch deutliche Unterschiede bestehen.[37] Trotzdem ist davon auszugehen, dass der Einfluss des deutschen Strafrechts hinsichtlich der Aufstellung der Notstandsregelung im türkischen Strafrecht besonders deutlich hervortritt. Denn die Merkmale, die im StGB in zwei Paragrafen (§ 34 und § 35 StGB) geregelt sind, werden im tStGB (Art. 25 Abs. 2) als Einzelnorm vorgeschrieben, indem die im StGB vorgeschriebenen Merkmale einfach zusammengefasst wurden.

Die zweiteilige Einordnung des Notstands als Rechtfertigungs- und Entschuldigungsgrund im deutschen Recht ist nach der hier vertretenen Ansicht angemessen. Wie bereits erwähnt sollte der Notstand nach der Differenzierungstheorie sowohl als Rechtsfertigungs- als auch als Entschuldigungsgrund eingestuft werden. Die komplexe Struktur von Art. 25 Abs. 2 tStGB führt jedoch in der Anwendung der Notstandsregel zu einer gewissen Unklarheit und Kompliziertheit. In diesem Zusammenhang wäre es daher in Bezug auf das türkische Strafrecht

[34] Siehe dazu Fn. 1224.

[35] Siehe dazu Fn. 1233.

[36] Siehe dazu bereits oben E. VII. 6.

[37] Siehe dazu bereits oben E. VI. 2 und 3.

vorteilhafter, wie im deutschen Strafrecht, den Notstand als Rechtfertigungs- und Entschuldigungsgrund in zwei separaten Artikeln zu regeln.

Darüber hinaus könnte es für türkischen Strafrecht auch sinnvoll sein, den rechtfertigenden Notstand und die Notwehr in einem gemeinsamen Artikel zu behandeln, während der entschuldigende Notstand in einem anderen Artikel geregelt wird. Auf diese Weise würde der rechtfertigende Notstand zusammen mit der Notwehr als Rechtfertigungsgrund vorgeschrieben sein, während der entschuldigende Notstand, der sich davon grundlegend unterscheidet, in einem eigenen Artikel geregelt wird. Dies könnte dazu beitragen, die Verwirrung über die rechtliche Natur des Notstands zu vermeiden.

Im Rahmen des Putativnotstands sieht jedes der beiden Rechtssysteme eine spezielle und klare Irrtumsnorm für den entschuldigenden Notstand vor. Allerdings fehlt im deutschen Strafrecht eine eindeutige Irrtumsnorm für Fälle, in denen es sich um einen rechtfertigenden Notstand handelt. In Anbetracht der Notwendigkeit, im türkischen Recht wie im deutschen Recht eine Unterscheidung zwischen rechtfertigendem und entschuldigendem Notstand vorzunehmen, wäre es daher sinnvoll, eine einheitliche Irrtumsregelung für den Erlaubnistatbestand zu implementieren, wie sie in den Vorschriften des entschuldigenden Notstands sowohl im deutschen als auch im türkischen Recht vorkommt. Damit würde keine Diskussion mehr darüber bestehen, wie zu handeln wäre, wenn eine irrige Annahme des Vorliegens der tatsächlichen Umstände einer rechtfertigenden Notstandslage einträte.

In der Lehre wird eine Diskussion darüber geführt, ob der übergesetzliche Notstand in der Praxis anerkannt wird und, falls ja, wie dies rechtlich zu begründen ist. Grundsätzlich kommen dafür zwei Konstellationen in Betracht, nämlich ‚die Gefahrengemeinschaft‘ und ‚die fehlende Gefahrengemeinschaft‘. Nach der zutreffenden h. M. ist die Annahme eines übergesetzlichen Notstands im Falle der Gefahrengemeinschaft vertretbar, sofern der Täter im konkreten Fall für das kleinere Übel entschieden hat. Der Grund dafür liegt darin, dass es plausibel erscheint, einige Menschen aufzuopfern, um davon eine höhere Anzahl zu retten, wenn sich mehrere Menschen gemeinsam in einer Gefahrenlage befinden, in der alle gleichzeitig ihr Leben verlieren könnten.

Die andere Variante des übergesetzlichen Notstands, nämlich die fehlende Gefahrengemeinschaft, ist jedoch nicht anzunehmen. In diesen Fällen handelt es sich um Situationen, in denen der Täter durch seine Tat unschuldige Menschen erstmals in Gefahr bringt. Bei Annahme eines solchen Art übergesetzlichen Notstands würde es dem Täter gewissermaßen erlauben, über das Schicksal anderer zu bestimmen, selbst wenn durch sein Handeln mehr Menschen gerettet werden könnten.

Literaturverzeichnis

Deutschsprachige Quellen

Adam, Jürgen/Schmidt, Karsten/Schumacher Jörg, Nulla poena sine culpa – Was besagt das verfassungsrechtliche Schuldprinzip?, NStZ 2017, 7–13 (zit.: *Adam u. a.*, NStZ 2017).

Allfeld, Philipp, Lehrbuch des deutschen Strafrechts: Allgemeiner Teil, 9 Aufl., Leipzig 1934 (zit.: *Allfeld*, Lehrbuch des deutschen Strafrechts).

Arslan, Mehmet, Die türkische Strafprozessordnung = Ceza Muhakemesi Kanunu, Berlin, Freiburg im Breisgau 2017 (zit.: *Arslan,* Die türkische Strafprozessordnung: Ceza Muhakemesi Kanunu).

Baumann, Jürgen/Weber, Ulrich/Mitsch, Wolfgang/Eisele, Jörg, Strafrecht Allgemeiner Teil, 13. Aufl., Bielefeld 2021 (zit.: *Baumann u. a.*, Strafrecht Allgemeiner Teil).

Bechtel, Alexander, Der übergesetzliche entschuldigende Notstand, JuS 2021, 401–407 (zit.: *Bechtel*, JuS 2021).

Behrends, Okko, Corpus iuris civilis: Text und Übersetzung auf der Grundlage der von Theodor Mommsen und Paul Krüger besorgten Textausgaben, Heidelberg 1990 (zit.: *Behrends*, Corpus iuris civilis).

Bernsmann, Klaus, Entschuldigung durch Notstand: Studien zu §35 StGB, Köln 1989 (zit.: *Bernsmann*, Entschuldigung durch Notstand).

– Zum Handeln von Hoheitsträgern aus der Sicht des „entschuldigenden Notstands" (§ 35 StGB), in: *Blau, Günter/Schwind, Hans-Dieter (Hrsg.)*, Festschrift für Günter Blau zum 70. Geburtstag, Berlin, New York 1985, 23–49 (zit.: *Bernsmann*, Zum Handeln von Hoheitsträgern aus der Sicht des „entschuldigenden Notstands" (§ 35 StGB), in: FS Günter zum 70. Geburtstag).

Bock, Dennis, Strafrecht Allgemeiner Teil, 2. Aufl., Berlin, Heidelberg 2021 (zit.: *Bock*, Strafrecht Allgemeiner Teil).

Bockelmann, Paul, Hegels Notstandslehre, Berlin 1935 (zit.: *Bockelmann*, Hegels Notstandslehre).

Bosch, Nikolaus, Grundprobleme des entschuldigenden Notstands (§ 35 StGB), Jura 2015, 347–355 (zit.: *Bosch*, Jura 2015).

Breuer, Moritz, Die Actio illicita in causa – Darstellung und Meinungsstand, BRJ 2008, 5–8 (zit.: *Breuer*, BRJ 1/2008).

Bung, Jochen, Das Straftatsystem in Hegels Grundlinien der Philosophie des Rechts, in: *Rostalski, Frauke (Hrsg)*, Grundlagen und Konzepte des Strafrechts: Zur Leistungsfähigkeit von Straftatsystemen, Baden-Baden 2021, 39–56 (zit.: *Bung*, Das Straftatsystem in Hegels Grundlinien der Philosophie des Rechts).

Buonicore, Bruno Tadeu, Freiheit und Schuld als Anerkennung: Die Entwicklung des strafrechtlichen Schuldbegriffs im demokratischen und sozialen Rechtsstaat, Frankfurt am Main 2020 (zit.: *Buonicore*, Freiheit und Schuld als Anerkennung).

Dağaşan, Zekai, Das Ansehen des Staates im türkischen und deutschen Strafrecht, Berlin 2015 (zit.: *Dağaşan*, Das Ansehen des Staates im türkischen und deutschen Strafrecht).

Dannecker, Gerhard, Der Allgemeine Teil eines europäischen Strafrechts als Herausforderung für die Strafrechtswissenschaft, in: Festschrift für Hans Joachim Hirsch zum 70.Geburtstag, Berlin, New York 1991, 141–174 (zit.: *Dannecker*, Der Allgemeine Teil eines europäischen Strafrechts als Herausforderung für die Strafrechtswissenschaft in: FS Hans Joachim Hirsch zum 70. Geburtstag).

Dohna, Alexander zu, Die Rechtswidrigkeit als allgemeingültiges Merkmal im Tatbestande strafbarer Handlungen, Halle an der Saale 1905 (zit.: *Graf zu Dohna*, Die Rechtswidrigkeit als allgemeingültiges Merkmal im Tatbestande strafbarer Handlungen).

Ebert, Udo, Strafrecht Allgemeiner Teil, 3. Aufl., Heidelberg 2001 (zit.: *Ebert*, Strafrecht Allgemeiner Teil).

Engisch, Karl, Einführung in das juristische Denken, 12. Aufl., Stuttgart 2018 (zit.: *Engisch*, Einführung in das juristische Denken).

Engländer, Armin, Der entgrenzte Notstand – zur Anwendbarkeit des § 34 StGB bei sogenannten Klimaprotesten, JZ 2023, 255-260 (zit.: *Engländer,* JZ 2023).

– Grund und Grenzen der Nothilfe, Tübingen 2008 (zit.: *Engländer,* Grund und Grenzen der Nothilfe).

Eser, Albin, Die Unterscheidung von Rechtfertigung und Entschuldigung: Ein Schlüsselproblem des Verbrechensbegriffes, in: *Lahti, Raimo (Hrsg.)*, Strafrechtstheorie im Umbruch finnische und vergleichende Perspektiven, Helsinki 1992, 301–317 (zit.: *Eser,* Die Unterscheidung von Rechtfertigung und Entschuldigung).

Etzel, Jochen, Notstand und Pflichtenkollision im amerikanischen Strafrecht, Freiburg im Breisgau 1993 (zit.: *Etzel*, Notstand und Pflichtenkollision im amerikanischen Strafrecht).

Freund, Georg/Rostalski, Frauke, Strafrecht Allgemeiner Teil: Personale Straftatlehre, 3. Aufl., Berlin, Heidelberg 2019 (zit.: *Freund/Rostalski*, Strafrecht Allgemeiner Teil).

Frey, Dieter/Schmalzried, Lisa Katharin, Die Vertragstheorie, in: *Frey, Dieter/Schmalzried, Lisa Katharin (Hrsg.)* Philosophie der Führung: Gute Führungslernen von Kant, Aristoteles, Popper & Co., Berlin, Heidelberg 2013, 189–208 (zit.: *Frey/Schmalzried*, Die Vertragstheorie).

Frisch, Wolfgang, Grund- und Grenzprobleme des sog. subjektiven Rechtfertigungselements, in: Festschrift für Karl Lackner zum 70. Geburtstag, Berlin 1987, 113–148 (zit.: *Frisch*, Grund- und Grenzprobleme des sog. subjektiven Rechtfertigungselements, in: FS Karl Lackner zum 70. Geburtstag).

– Unrecht und Schuld im Verbrechensbegriff und in der Strafzumessung, in: Grundfragen staatlichen Strafens: Festschrift für Heinz Müller-Dietz zum 70. Geburtstag, München 2001, 237–259 (zit.: *Frisch*, Unrecht und Schuld im Verbrechensbegriff und in der Strafzumessung, in: FS Heinz Müller-Dietz zum 70. Geburtstag).

– Zugleich zu Notstand und unterlassener Hilfeleistung, GA 2016, 121–137 (zit.: *Frisch*, GA 2016).

Frister, Helmut, Strafrecht Allgemeiner Teil, 10. Aufl., München 2023 (zit.: *Frister*, Strafrecht Allgemeiner Teil).

Gallas, Wilhelm, Der dogmatische Teil des Alternativ-Entwurfs, ZStW 1968, 1–33 (zit.: *Gallas*, ZStW 1968).

Gimbernat, Ordeig, Der Notstand: Ein Rechtswidrigkeitsproblem, in: Festschrift für Hans Welzel zum 70. Geburtstag, Berlin, Boston 1974, 485–498 (zit.: *Gimbernat,* Der Notstand: Ein Rechtswidrigkeitsproblem, in: Festschrift für Hans Welzel zum 70. Geburtstag).

Goldschmidt, James, Der Notstand: Ein Schuldproblem, Wien 1913 (zit.: *Goldschmidt*, Der Notstand).

Greco, Luís, Zur Unterscheidung von Unrecht und Schuld, GA 2009, 636–650 (zit.: *Greco*, GA 2009).

Gropp/Sinn, Walter/Sinn, Arndt, Strafrecht Allgemeiner Teil, 5. Aufl., Berlin, Heidelberg 2020 (zit.: *Gropp/Sinn*, Strafrecht Allgemeiner Teil).

Hefermehl, Hendrik, Der verursachte entschuldigende Notstand, Tübingen 1980 (zit.: *Hefermehl,* Der verursachte entschuldigende Notstand).

Hegel, Georg Wilhelm Friedrich, Grundlinien der Philosophie des Rechts: Mit Hegels eigenhändigen Randbemerkungen in seinem Handexemplar der Rechtsphilosophie, 5. Aufl., Hamburg 1995 (zit.: *Hegel*, Grundlinien der Philosophie des Rechts).

Heinrich, Bernd, Strafrecht Allgemeiner Teil, 7. Aufl., Stuttgart 2022 (zit.: *Heinrich,* Strafrecht Allgemeiner Teil).

Hellmann, Uwe, Die Anwendbarkeit der zivilrechtlichen Rechtfertigungsgründe im Strafrecht, Köln 1987 (zit.: *Hellmann*, Die Anwendbarkeit der zivilrechtlichen Rechtfertigungsgründe im Strafrecht).

Helmers, Gunnar, Möglichkeit und Inhalt eines Notstandsrechts: Eine grundlegende Untersuchung. Zugleich ein Beitrag zur kantischen Rechtsphilosophie, Berlin 2016 (zit.: *Helmers*, Möglichkeit und Inhalt eines Notstandsrechts).

Henkel, Heinrich, Der Notstand nach gegenwärtigem und künftigem Recht, München 1932 (zit.: *Henkel*, Der Notstand nach gegenwärtigem und künftigem Recht).

Heuchemer, Michael, Die Behandlung des Erlaubnistatbestandsirrtums in der Klausur, JuS 2012, 795–799 (zit.: *Heuchemer*, JuS 2012).

Hippel, Robert von, Deutsches Strafrecht, Bd. 2, Berlin 1930 (zit.: *Hippel,* Deutsches Strafrecht).

– Lehrbuch des Strafrechts, Berlin 1932 (zit.: *Hippel*, Lehrbuch des Strafrechts).

Hirsch, Hans Joachim, Das Schuldprinzip und seine Funktion im Strafrecht, ZStW 1994, 746–765 (zit.: *Hirsch*, ZStW 1994).

Horter, Tillmann/Zimmermann, Till, Die Rechtfertigung der Verwirklichung von Straftatbeständen zum Schutz des Klimas durch die allgemeinen Notrechte (Teil 1), GA 2023, 440–456 (zit.: *Horter/Zimmermann,* GA 2023).

Hörnle, Tatjana, Der entschuldigende Notstand (§35 StGB), JuS 2009, 873–880 (zit.: *Hörnle*, JuS 2009).

Isfen, Sabit Osman, Das Schuldprinzip im Strafrecht: Unter besonderer Berücksichtigung des türkischen Rechts, München 2008 (zit.: *Isfen*, Das Schuldprinzip im Strafrecht).

Jäger, Christian, Die Abwägbarkeit menschlichen Lebens im Spannungsfeld von Strafrechtsdogmatik und Rechtsphilosophie, ZStW 2003, 765–790 (zit.: *Jäger*, ZStW 2003).

– Examens-Repetitorium Strafrecht Allgemeiner Teil, 10. Aufl., Heidelberg 2021 (zit.: *Jäger,* Examens-Repetitorium Strafrecht Allgemeiner Teil).

Jakobs, Günther, Schuld und Prävention, Tübingen 1976 (zit.: *Jakobs*, Schuld und Prävention).

– Strafrecht Allgemeiner Teil: Die Grundlagen und die Zurechnungslehre, 2. Aufl., Berlin, New York 1991 (zit.: *Jakobs,* Strafrecht Allgemeiner Teil).

Janka, Karl, Der strafrechtliche Notstand, Erlangen 1878 (zit.: *Janka,* Der strafrechtliche Notstand).

Jescheck, Hans-Heinrich/Weigend, Thomas, Lehrbuch des Strafrechts: Allgemeiner Teil, 5. Aufl., Berlin 1996 (zit.: *Jescheck/Weigend*, Lehrbuch des Strafrechts: Allgemeiner Teil).

Kant, Immanuel, Die Metaphysik der Sitten, in: *Wilhelm, Weischedel (Hrsg.)*, Werke in zehn Bänden, Bd. 7, Darmstadt 1983 (zit.: *Kant*, Die Metaphysik der Sitten).

Kaspar, Johannes, Strafrecht Allgemeiner Teil: Einführung, 4. Aufl., Baden-Baden 2023 (zit.: *Kaspar*, Strafrecht Allgemeiner Teil).

Kaufmann, Armin, Die Dogmatik der Unterlassungsdelikte, Göttingen 1959 (zit.: *Kaufmann*, Die Dogmatik der Unterlassungsdelikte).

Kersting, Wolfgang, Das starke Gesetz der Schuldigkeit und das Schwächere der Gütigkeit. Kant und die Pflichtenlehre des 18. Jahrhunderts." StL 1982, 184-220 (zit.: *Kersting*, StL 2005).

Kindhäuser, Urs/Zimmermann, Till, Strafrecht Allgemeiner Teil, 10. Aufl., Baden-Baden 2022 (zit.: *Kindhäuser/Zimmermann*, Strafrecht Allgemeiner Teil).

Koch, Arnd, Tötung Unschuldiger als straflose Rettungshandlung?, JA 2005, 745–749 (zit.: *Koch*, JA 2005).

Kohler, Josef, Rechts- und Wirtschaftsphilosophie, ARPh 1916, 393–398 (zit.: *Josef,* ARPh 1916).

Köhler, Michael, Strafrecht Allgemeiner Teil, Berlin, Heidelberg 1997 (zit.: *Köhler*, Strafrecht Allgemeiner Teil).

Köksal, Mehmet, Türkisches Zivilgesetzbuch: Einführungsgesetz zum Türkischen Zivilgesetzbuch und Vorschriften zum Grunderwerb für Ausländer, İstanbul 2016 (zit.: *Köksal*, Türkisches Zivilgesetzbuch).

Krey, Volker/Esser, Robert, Deutsches Strafrecht Allgemeiner Teil, 7. Aufl., Stuttgart 2022 (zit.: *Krey/Esser*, Deutsches Strafrecht Allgemeiner Teil).

Kühl, Kristian, Freiheitliche Rechtsphilosophie, Baden-Baden 2008 (zit.: *Kühl,* Freiheitliche Rechtsphilosophie).

– Strafrecht Allgemeiner Teil, 8. Aufl., München 2017 (zit.: *Kühl*, Strafrecht Allgemeiner Teil).

Küper, Wilfried, Art. Notstand I (strafrechtlich), in: *Erler, Adalbert (Hrsg.)*, Handwörterbuch zur deutschen Rechtsgeschichte, Berlin 1984, 1064–1072 (zit.: *Küper*, Art. Notstand I (strafrechtlich)).

– Der entschuldigende Notstand – ein Rechtfertigungsgrund? – Bemerkungen zur kriminalpolitischen „Einheitstheorie“ Gimbernat Ordeigs, JZ 1983, 88–95 (zit.: *Küper*, JZ 1983).

– Grundsatzfragen der Differenzierung zwischen Rechtfertigung und Entschuldigung, Jura 1987, 81–92 (zit.: *Küper*, Jura 1987).

– Von Kant zu Hegel - Das Legitimationsproblem des rechtfertigenden Notstandes und die freiheitsphilosophischen Notrechtslehren, JZ 2005, 105–115 (zit.: *Küper*, JZ 2005).

– Tötungsverbot und Lebensnotstand: Zur Problematik der Kollision „Leben gegen Leben“, JuS 1981, 785–794 (zit.: *Küper*, JuS 1981).

Kutalia, Lasha-Giorgi, Handlungslehre: Strafrechtliche Konzeption, Göttingen 2011 (zit.: *Kutalia*, Handlungslehre).

Leite, Alaor, Notstand und Strafe: Grundlinien einer Revision des Schuldbegriffs, Berlin 2019 (zit.: *Leite*, Notstand und Strafe).

Lenckner, Theodor, Der Grundsatz der Güterabwägung als Grundlage der Rechtfertigung, GA 1985, 295–313 (zit.: *Lenckner*, GA 1985).

– Der rechtfertigende Notstand: Zur Problematik der Notstandsregelung im Entwurf eines Strafgesetzbuches, Tübingen 1965 (zit.: *Lenckner,* Der rechtfertigende Notstand).

Lesch, Heiko, Unrecht und Schuld im Strafrecht, JA 2002, 602–610 (zit.: *Lesch*, JA 2002).

Liszt, Franz von, Lehrbuch des deutschen Strafrechts, 7. Aufl., Berlin, Leipzig 2018 – Reprint von 1908 (zit.: *Liszt,* Lehrbuch des deutschen Strafrechts).

Maurach Reinhart, Kritik der Notstandslehre, Berlin 1935 (zit.: *Maurach*, Kritik der Notstandslehre).

Maurach, Reinhart/Zipf, Heinz, Strafrecht - Allgemeiner Teil: Teilband 1: Grundlehren des Strafrechts und Aufbau der Straftat, 8. Aufl., Heidelberg 1992 (zit.: *Maurach/Zipf*, Strafrecht Allgemeiner Teil).

Mayer, Max Ernst, Der allgemeine Teil des deutschen Strafrechts, Heidelberg 1915 (zit.: *Mayer*, Der allgemeine Teil des deutschen Strafrechts).

Mezger, Edmund, Strafrecht: Ein Lehrbuch, 3. Aufl., Berlin, München 1949 (zit.: *Mezger*, Strafrecht).

Mitsch, Wolfgang, „Nantucket Sleighride" – Der Tod des Matrosen Owen Coffin, in: Festschrift für Ulrich Weber zum 70. Geburtstag, Bielefeld 2004, 49–67 (zit.: *Mitsch*, „Nantucket Sleighride" – Der Tod des Matrosen Owen Coffin, in: FS Weber zum 70. Geburstag).

– Recht der Ordnungswidrigkeiten, 2. Aufl., Berlin 2005 (zit.: *Mitsch*, Recht der Ordnungswidrigkeiten).

– Strafbarer Arbeitnehmerwiderstand gegen Arbeitsplatzabbau – Dargestellt am Beispiel des »Bossnapping«, JR 2013, 351–357 (zit.: *Mitsch*, JR 2013).

– Teilweise gerechtfertigte Tötung mehrerer Menschen, GA 2016, 472–482 (zit.: *Mitsch*, GA 2016).

Murmann, Uwe, Grundkurs Strafrecht Allgemeiner, Tötungsdelikte, Körperverletzungsdelikte, 7. Aufl., München 2022 (zit.: *Murmann*, Grundkurs Strafrecht Allgemeiner Teil).

Otto, Harro, Die strafrechtliche Beurteilung der Kollision rechtlich gleichrangiger Interessen, Jura 2005, 470–480 (zit.: *Otto*, Jura 2005).

– Grundkurs Strafrecht: Allgemeine Strafrechtslehre, 6. Aufl., Berlin 2020 (zit.: *Otto*, Grundkurs Strafrecht).

– Personales Unrecht, Schuld und Strafe, ZStW 1975, 539–597 (zit.: *Otto*, ZStW 1975).

– Rechtsgutsbegriff und BVerfGE 120, 224, JA 2016, 361–373 (zit.: *Otto*, JA 2016).

Özaydin, Özdem, Notwehr und Notstand im deutsch-türkischen Rechtsvergleich: Unter Berücksichtigung französischer und italienischer Rechtstraditionen, Baden-Baden 2013 (zit.: *Özaydin,* Notwehr und Notstand im deutsch-türkischen Rechtsvergleich).

Pawlik, Michael, Eine Theorie des entschuldigenden Notstandes: Rechtsphilosophische Grundlagen und dogmatische Ausgestaltung, JRE 2003, 287–315 (zit.: *Pawlik*, JRE 2003).

– Der rechtfertigende Notstand: Zugleich ein Beitrag zum Problem strafrechtlicher Solidaritätspflichten, Berlin, Boston 2012 (zit.: *Pawlik*, Der rechtfertigende Notstand).

Puppe, Ingeborg, Der Aufbau des Verbrechens, in: Festschrift für Harro Otto zum 70. Geburtstag, Köln, Berlin, München 2007, 389–402 (zit.: *Puppe*, Der Aufbau des Verbrechens, in: FS Harro Otto zum 70. Geburtstag).

Rengier, Rudolf, Strafrecht Allgemeiner Teil, 15. Aufl., München 2023 (zit.: *Rengier*, Strafrecht Allgemeiner Teil).

Renzikowski, Joachim, Entschuldigung im Notstand, JRE 2003, 269–285 (zit.: *Renzikowski*, JRE 2003).

– Notstand und Notwehr, Berlin 1994 (zit.: *Renzikowski*, Notstand und Notwehr).

Rönnau, Thomas, Grundwissen-Strafrecht: Entschuldigender Notstand, JuS 2016, 786–790 (zit.: *Rönnau*, JuS 2016).

– Übergesetzlicher entschuldigender Notstand (analog § 35 StGB), JuS 2017, 113–116 (zit.: *Rönnau*, JuS 2017).

Roxin, Claus, Der Abschuss gekaperter Flugzeuge zur Rettung von Menschenleben, ZIS 2011, 552–563 (zit.: *Roxin*, ZIS 2011).

Roxin, Claus/Greco, Luís, Strafrecht Allgemeiner Teil, 5. Aufl., München 2020 (zit.: *Roxin/Greco*, Strafrecht Allgemeiner Teil).

Rudolphi, Hans Joachim, Ist die Teilnahme an einer Notstandstat i. S. der §§ 52, 53 Abs. 3 und 54 StGB strafbar?, ZStW 1966, 67–99 (zit.: *Rudolphi*, ZStW 1966).

Sánchez, Jesús-María Silva, Zur Verhältnismäßigkeitsproblematik im entschuldigenden Notstand, JRE 2005, 681–696 (zit.: *Sánchez*, JRE 2005).

Schaffstein, Friedrich, Der Täter hinter dem Täter bei vermeidbarem Verbotsirrtum und verminderter Schuldfähigkeit des Tatmittlers - Zugleich eine Besprechung von BGH–4 StR 352/88, NStZ 1989, 153–158 (zit.: *Schaffstein*, NStZ 1989).

Schapp, Jan, Rechtfertigung und Recht, in: *Kreuzer, Siegfried/Lüpke, Johannes von (Hrsg.)*, Gerechtigkeit, Glauben und Erfahren: Beiträge zur Rechtfertigungslehre, Wuppertal 2002, 81–107 (zit.: *Schapp*, Rechtfertigung und Recht).

Scheffler, Uwe, Der Erlaubnistatbestandsirrtum und seine Umkehrung, das Fehlen subjektiver Rechtfertigungselemente, Jura 1993, 617–625 (zit.: *Scheffler*, Jura 1993).

Schild, Wolfgang, Hegels Lehre vom Notrecht, in: *Hösle, Vittorio (Hrsg.),* Die Rechtsphilosophie des deutschen Idealismus 1989, 146–161 (zit.: *Schild*, Hegels Lehre vom Notrecht).

Schmid, Christian, Das Verhältnis von Tatbestand und Rechtswidrigkeit aus rechtstheoretischer Sicht, Berlin 2002 (zit.: *Schmid*, Das Verhältnis von Tatbestand und Rechtswidrigkeit aus rechtstheoretischer Sicht).

Schmidhäuser, Eberhard, Der Unrechtstatbestand, in: Festschrift für Karl Engisch zum 70. Geburstag, Frankfurt am Main 1969, 433–455 (zit.: *Schmidhäuser*, Der Unrechtstatbestand, in: FS Karl Engisch zum 70. Geburtstag).

– Zur Tötung von Geisteskranken aufgrund des Hitlerlasses v. 1939 und zur Frage des ärztlichen Widerstandes gegen ein solches Massenverbrechen, SJZ 1949, 559–572 (zit.: *Schmidhäuser*, SJZ 1949).

Schmidt, Eberhard, Das Reichsgericht und der „übergesetzliche Notstand.", ZStW 1929, 350–411 (zit.: *Schmidt*, ZStW 1929).

Schölderle, Thomas, Fehlperzeptionen der staatsphilosophischen Vertragstheorie, ZfP 2011, 51–72 (zit.: *Schölderle*, ZfP 2011).

Schünemann, Bernd, Einführung in das strafrechtliche Systemdenken, in: *Roxin, Claus/Schünemann, Bernd/Achenbach, Hans (Hrsg.),* Grundfragen des modernen Strafrechtssystems, Berlin, New York 1984, 1–68 (zit.: *Schünemann*, Einführung in das strafrechtliche Systemdenken).

– Rechtsfreier Raum und eigenverantwortliche Entscheidung, in: *Hassemer, Winfried/Neumann, Ulfrid/Schroth, Nina (Hrsg.),* Verantwortetes Recht -Gedächtnisschrift für Arthur Kaufmann, ARSP-Beiheft 100, 2005, 145–156 (zit.: *Schünemann*, Rechtsfreier Raum und eigenverantwortliche Entscheidung).

Schünemann, Bernd/Greco, Luís, Der Erlaubnistatbestandsirrtum und das Strafrechtssystem oder: Das Peter-Prinzip in der Strafrechtsdogmatik?, GA 2006, 777–792 (zit.: *Schünemann/Greco*, GA 2006).

Sebott, Reinhold, Das kirchliche Strafrecht: Kommentar zu den Kanones 1311–1399 des Codex luris canonici, Frankfurt am Main 1992 (zit.: *Sebott*, Das kirchliche Strafrecht).

Siegert, Karl, Notstand und Putativnotstand, Tübingen 1931 (zit.: *Siegert*, Notstand und Putativnotstand).

Stratenwerth, Günter/Kuhlen, Lothar, Strafrecht Allgemeiner Teil: Die Straftat, 6. Aufl., München 2011 (zit.: *Stratenwerth/Kuhlen*, Strafrecht Allgemeiner Teil).

Streng, Franz, Wie weit reicht das Koinzidenzprinzip? Aspekte des Zusammenhangs von Tätbestandsmäßigkeit, Rechtswidrigkeit und Schuld, in: Festschrift für Werner Beulke zum 70. Geburtstag, Heidelberg 2015, 313–325 (zit.: *Streng,* Wie weit reicht das Koinzidenzprinzip?, in: FS Werner Beulke zum 70. Geburtstag).

Talas, Serdar/Wania, Florian, Die Unterscheidung von Rechtfertigungs- und Entschuldigungsgründen im deutschen und türkischen Strafrecht, in: *Gropp, Walter/Öztürk, Bahri/ Sözüer, Adem/ Wörner, Liane (Hrsg.),* Die Entwicklung von Rechtssystemen in ihrer gesellschaftlichen Verankerung: Forschungsband zum deutschen und türkischen Strafrecht und Strafprozessrecht, Baden-Baden 2014, 415–439 (zit.: *Talas/Wania*, Die Unterscheidung von Rechtfertigungs- und Entschuldigungs-gründen im deutschen und türkischen Strafrecht).

Tellenbach, Silvia, Das türkische Strafgesetzbuch: Türk Ceza Kanunu, 2. Aufl., Freiburg im Breisgau, Berlin 2021 (zit.: *Tellenbach*, Das türkische Strafgesetzbuch: Türk Ceza Kanunu).

Timpe, Gerhard, Strafmilderungen des Allgemeinen Teils des StGB und das Doppelwertungsverbot, Berlin 1983 (zit.: *Timpe*, Strafmilderungen des Allgemeinen Teils des StGB und das Doppelwertungsverbot).

Tsilimpari, Maria, Die Regelung des Notstands im deutschen und im englischen Recht, Dissertation, Freiburg im Breisgau 2020 (zit.: *Tsilimpari*, Die Regelung des Notstands im deutschen und im englischen Recht).

Vinciguerra, Sergio, Ein neues Strafrecht an der Schwelle zum 20. Jahrhundert: Der Codice Zanardelli Vergleichspunkte mit dem Gesetzbuch von 1859, in: Strafgesetzbuch für das Königreich Italien: („Codice Zarnadelli") 1889, Berlin, Münster 2014, VII–XXXII (zit.: *Vinciguerra*, Ein neues Strafrecht an der Schwelle zum 20. Jahrhundert).

Walter, Tonio/Schwabenbauer, Peter, Eine folgenreiche Schwangerschaft, JA 2012, 504–510 (zit.: *Walter/Schwabenbauer*, JA 2012).

Watzek, Jens, Rechtfertigung und Entschuldigung im englischen Strafrecht: Eine Strukturanalyse der allgemeinen Strafbarkeitsvoraussetzungen aus deutscher Perspektive, Freiburg im Breisgau 1997 (zit.: *Watzek*, Rechtfertigung und Entschuldigung im englischen Strafrecht).

Welzel, Hans, Zum Notstandsproblem, ZStW 1951, 47–56 (zit.: *Welzel*, ZStW 1951).

Wessels, Johannes/Beulke, Werner/Satzger, Helmut, Strafrecht Allgemeiner Teil: Die Straftat und ihr Aufbau, 53. Aufl., Heidelberg 2023 (zit.: *Wessels u. a.*, Strafrecht Allgemeiner Teil).

Wilenmann, Javier, Die Unabwägbarkeit des Lebens beim rechtfertigenden Notstand, ZStW 2015, 888–912 (zit.: *Wilenmann*, ZStW 2015).

Willaschek, Marcus, Der Begriff der Willensfreiheit im deutschen Strafrecht, in: Lebenswelt und Wissenschaft, Hamburg 2011, 1185–1203 (zit.: *Willaschek*, Der Begriff der Willensfreiheit im deutschen Strafrecht).

Wortmann, Lars, Inhalt und Bedeutung der „Unzumutbarkeit normgemäßen Verhaltens" im Strafrecht, Baden-Baden 2002 (zit.: *Wortmann*, Inhalt und Bedeutung der „Unzumutbarkeit normgemäßen Verhaltens" im Strafrecht).

Zieschang, Frank, Der rechtfertigende und der entschuldigende Notstand, JA 2007, 679–685 (zit.: *Zieschang*, JA 2007).

– Die deutsche Strafrechtsentwicklung zwischen 1945 und 1975 am Beispiel der Vorschriften über den Notstand, in: *Hilgendorf, Eric/Weitzel, Jürgen (Hrsg.)*, Der Strafgedanke in seiner historischen Entwicklung, Berlin 2007, 173–190 (zit.: *Zieschang*, Die deutsche Strafrechtsentwicklung zwischen 1945 und 1975 am Beispiel der Vorschriften über den Notstand).

– Strafrecht Allgemeiner Teil, 7. Aufl., Stuttgart, München, Hannover, Berlin, Weimar, Dresden 2023 (zit.: *Zieschang*, Strafrecht Allgemeiner Teil).

Fremdsprachige Quellen

Akça, Ismail, Türk Ceza Hukukunda Zorunluluk Hali (Notstand im türkischen Strafrecht), Magisterarbeit, Ankara 2016 (zit.: *Akça*, Türk Ceza Hukukunda Zorunluluk Hali).

Akdağ Yüksel, Hale, TCK' da Düzenlenen Kusurluluğu Kaldıran ve Azaltan Nedenler (Die im tStGB geregelten Gründe, welche die Schuld des Täters aufheben oder mildern), Dissertation, Ankara 2018 (zit.: *Akdağ Yüksel*, TCK'da Düzenlenen Kusurluluğu Kaldıran ve Azaltan Nedenler).

Akgündüz, Ahmet, Mukayeseli İslâm ve Osmanlı Hukuku Külliyatı (Eine vergleichende Sammlung des islamischen und ottomanischen Rechts), Diyarbakir 1986 (zit.: *Akgündüz*, Mukayeseli İslâm ve Osmanlı Hukuku Külliyatı).

Alan, Esra/Egemenoğlu, Alaaddin/Yılmaz, Erkam, Gerekçeli Ceza Mevzuatı (Strafrechtsrelevante Gesetze mit Begründung), 2. Aufl., Ankara 2020 (zit.: *Alan u. a.*, Gerekçeli Ceza Mevzuatı).

Artuk, M.Emin/Gökcen, Ahmet/Alşahin, M. Emin/ Çakır, Kerim, Ceza Hukuku Genel Hükümler (Strafrecht Allgemeiner Teil), 15. Aufl., Ankara 2021 (zit.: *Artuk u. a.*, Ceza Hukuku Genel Hükümler).

Bekar, Elif, Türk ve Amerikan Ceza Hukukunda Zorunluluk Hali (Notstand im türkischen und amerikanischen Strafrecht), Sıhhiye, Ankara 2013 (zit.: *Bekar*, Türk ve Amerikan Hukukunda Zorunluluk Hali).

Bilmen, Ömer Nasuhi, Hukuk-i İslamiyye ve Istılahat-i Fıkhiye Kamusu (Wörterbuch zum islamischen Recht und Reform der Jurisprudenz), İstanbul 1949 (zit.: *Bilmen*, Hukuk-i İslamiyye ve Istılahat-i Fıkhiye Kamusu).

Demirbaş, Timur, Ceza Hukuku Genel Hükümler (Strafrecht Allgemeiner Teil), 18. Aufl., Ankara 2023 (zit.: *Demirbaş*, Ceza Hukuku Genel Hükümler).

Doğan, Koray, Ceza Muhakemesinde Hüküm (Urteil im Strafprozessrecht), CHD 2008, 171–201 (zit.: *Doğan*, CHD 2008).

Dönmezer, Sulhi/Erman, Sahir, Nazari ve Tatbiki Ceza Hukuku (Theoretisches und Praktisches Strafrecht), 10. Aufl., Istanbul 1994 (zit.: *Dönmezer/Erman*, Nazari ve Tatbiki Ceza Hukuku).

Dülger, Murat Volkan, Hukuka Uygunluk Nedenleri ile Mazeret Nedenleri Arasındaki Ayrımın Tarihçesi, Niteliği ve Gerekliliği Üzerine Karşılaştırmalı Bir Deneme (Eine vergleichende Abhandlung über die Geschichte, die Besonderheiten und die Notwendigkeit der Trennung von Rechtfertigungs- und Entschuldigungsgrund), CHD 2014, 121–180 (zit.: *Dülger*, CHD 2014).

Dursun, Selman/Bozbayındır, Ali Emrah, Ceza Hukukunda Hukuka Uygunluk Nedenlerinin Manevi Unsurları Meselesi (Die Frage der subjektiven Merkmale der strafrechtlichen Rechtfertigungsgründe), İÜHFM 2015, 63–90 (zit.: *Dursun/Bozbayındır*, İÜHFM 2015).

Erdin, Selim, Hukuka Uygunluk Sebeplerinde Subjektif Unsur Sorunu (Problem des subjektiven Merkmals bei Rechtfertigungsgründen), Ankara 2021 (zit.: *Erdin*, Hukuka Uygunluk Sebeplerinde Subjektif Unsur Sorunu).

Foriers, Paul, De l'état de nécessité en droit pénal (Notstand im Strafrecht), Brüssel 1951 (zit.: *Foriers*, De l'état de nécessité en droit pénal).

Hakeri, Hakan, Ceza Hukuku Genel Hükümler (Strafrecht Allgemeiner Teil), 27. Aufl., Ankara 2022 (zit.: *Hakeri*, Ceza Hukuku Genel Hükümler).

İçel, Kayıhan, Ceza Hukuku Genel Hükümler (Strafrecht Allgemeiner Teil), 4. Aufl., Istanbul 2017 (zit.: *İçel*, Ceza Hukuku Genel Hükümler).

İçel, Kayıhan/Sokullu-Akıncı, Füsun/Özgenç, İzzet/Sözüer, Adem/Mahmutoğlu, Fatih Selami/Ünver, Yener, İçel Suç Teorisi (İçel Straftheorie), 2. Aufl., İstanbul 2000 (zit.: *İçel u. a.*, İçel Suç Teorisi).

Kangal, Zeynel Temel, Ceza Hukukunda Zorunluluk Durumu (Notstand im Strafrecht), Ankara 2010 (zit.: *Kangal*, Ceza Hukukunda Zorunluluk Durumu).

Keçelioğlu, Elvan, Kusurluluğu Ortadan Kaldıran Sebeplerle Hukuka Uygunluk Sebepleri Arasındaki Ayrımın TCK'nın Uygulanması Bakımından Pratik Sonuçları (Die praktischen Folgen der Abgrenzung zwischen den Schuldausschließungs- und Rechtfertigungsgründe in Bezug auf die Anwendung des tStGB), TBBD 2010, 299–321 (zit.: *Keçelioğlu*, TBBD 2010).

Koca, Mahmut/Üzülmez, İlhan, Hukuka Uygunluk Sebeplerinde Sınırın Aşılması (TCK. M. 27) (Überschreitung der Grenze bei den Rechtfertigungsgründen (Art. 27 tStGB)), EBYÜHFD 2007, 39–53 (zit.: *Koca/Üzülmez*, EBYÜHFD 2007).

– Türk Ceza Hukuku Genel Hükümler (Türkisches Strafrecht Allgemeiner Teil), 16. Aufl., Ankara 2023 (zit.: *Koca/Üzülmez*, Türk Ceza Hukuku Genel Hükümler).

Meraklı, Serkan, Mazeret Sebeplerinin Türk Ceza Kanunu Bakımından Değerlendirilmesi (Bewertung der Entschuldigugnsgründe im Rahmen des tStGB), CHD 2010, 261–302 (zit.: *Meraklı*, CHD 2010).

Önder, Ayhan, Ceza Hukuku Dersleri (Lehrbuch des Strafrechts), İstanbul 1992 (zit.: *Önder*, Ceza Hukuku Dersleri).

Önok, R. Murat/Önay, Işık, Hukuk Düzeninin Birliği İlkesi Çerçevesinde Zorunluluk Hâlinin Hukukî Niteliği (Die rechtliche Natur des Notstands im Lichte der Rechtseinheinheitsprinzipien), İÜHFM 2019, 847–895 (zit.: *Önok/Önay*, İÜHFM 2019).

Özbek, Veli Özer/Doğan, Koray, Zorunluluk Halinin TCK (m. 25/2) Hukuki Niteliği (Die rechtliche Natur des Notstands, Art. 25 Abs. 2 tStGB), DEÜHFD 2007, 195–222 (zit.: *Özbek/Doğan*, DEÜHFD 2007).

Özbek, Veli Özer/Doğan, Koray/Meraklı, Serkan/Bacaksiz, Pınar/Başbüyük, İsa, Türk Ceza Hukuku Genel Hükümler (Türkisches Strafrecht Allgemeiner Teil), 14. Aufl., Ankara 2023 (zit.: *Özbek u. a.*, Türk Ceza Hukuku Genel Hükümler).

Özgenç, İzzet, Türk Ceza Kanunu Gazi Şerhi: Genel Hükümler (Gazi Kommentar zum tStGB: Allgemeiner Teil), 3. Aufl., Ankara 2006 (zit.: *Özgenç*, Türk Ceza Kanunu Gazi Şerhi).

– Türk Ceza Hukuku Genel Hükümler (Türkisches Strafrecht Allgemeiner Teil), 19. Aufl., Ankara 2023 (zit.: *Özgenç*, Türk Ceza Hukuku Genel Hükümler).

Öztürk, Bahri/Erdem, Mustafa, Uygulamalı Ceza Hukuku ve Güvenlik Tedbirleri Hukuku (Praxis des Strafrechts und das Recht der Sicherheitsmaßnahmen), 23. Aufl., Ankara 2023 (zit.: *Öztürk/Erdem*, Uygulamalı Ceza Hukuku ve Güvenlik Tedbirleri Hukuku).

Pradel, Jean, Manuel de droit pénal général (Lehrbuch des allgemeinen Strafrechts), 14. Aufl., Paris 2002 (zit.: *Pradel*, Manuel de droit pénal général).

Şimşirgil, Ahmet/Ekinci, Ekrem Buğra, Ahmed Cevdet Paşa ve Mecelle (Ahmed Cevdet Paşa ve Mecelle), İstanbul 2016 (zit.: *Şimşirgil/Ekinci*, Ahmed Cevdet Pascha und Mecelle).

Sözüer, Adem, Türk Ceza Kanununda Öngörülen Mazeret Sebeplerine İlişkin Soru ve Cevaplar (Fragen und Antworten zu den im türkischen Strafgesetzbuch vorgeschriebenen Entschuldigungsgründen), HPD 2006, 230–233 (zit.: *Sözüer*, HPD 2006).

– Türk Ceza Hukuku Reformu: Dünü, Bugünü ve Yarını (Türkische Strafrechtsreform: Ihre Vergangenheit, Gegenwart und Zukunft), DEÜHFD 2019, 3031–3050 (zit. *Sözüer*, DEÜHFD 2019).

Tandoğan, Haluk, Türk Mesuliyet Hukuku (Türkisches Obligationsrecht), İstanbul 2010 (zit.: *Tandoğan*, Türk Mesuliyet Hukuku).

Taner, Tahir, Ceza Hukuku Umumi Kısım (Strafrecht Allgemeiner Teil), İstanbul 1953 (zit.: *Taner*, Ceza Hukuku Umumi Kısım).

Toroslu, Nevzat, Ceza Hukukunda Zaruret Hali (Notstand im Strafrecht), Ankara 1968 (zit.: *Toroslu*, Ceza Hukukunda Zaruret Hali).

Töngür, Ali Rıza/Çetintürk, Ekrem, Ceza Hukuku Genel Hükümler (Strafrecht Allgemeiner Teil), Ankara 2020 (zit.: *Töngür/Çetintürk*, Ceza Hukuku Genel Hükümler).

Zafer, Hamide, Ceza Hukuku Genel Hükümler TCK m. 1–75) (Strafrecht Allgemeiner Teil Art. 1–75 tStGB), 7. Aufl., Istanbul 2019 (zit. *Zafer*, Ceza Hukuku Genel Hükümler TCK m. 1–75).

Kommentare

C.H. Beck Fischer Kommentar – *Fischer, Thomas*, Strafgesetzbuch mit Nebengesetzen, 70. Aufl., München 2023 (zit.: KK-StGB).

C.H. Beck Kommentar – *Lackner, Karl/Kühl, Kristian/Heger, Martin (Hrsg.)*, Beck Kommentar: StGB, 30. Aufl., München 2023 (zit.: BK-StGB).

C.H. Beck Kommentar – *Schönke, Adolf/Schröder, Horst (Hrsg.)*, StGB: Kommentar, 30. Aufl., München 2019 (zit.: SSK-StGB).

Hand Kommentar – *Dölling, Dieter/Duttge, Gunnar/Rössner, Dieter/König, Stefan (Hrsg.)*, Gesamtes Strafrecht: StGB, StPO, Nebengesetze: Handkommentar, 5. Aufl., Baden-Baden 2022 (zit.: HK-StGB).

Leipziger Kommentar – *Cirener, Gabriele/Laufhütte, Heinrich W./Rosenau, Henning/ Rissing-van Saan, Ruth/Rönnau, Thomas/Schluckebier, Wilhelm/Tiedemann, Klaus (Hrsg.)*, Leipziger Kommentar: StGB, 13. Aufl., Berlin 2019 (zit.: LK-StGB).

Münchener Kommentar – *Erb, Volker/Schäfer, Jürgen (Hrsg.)*, Münchener Kommentar zum Strafgesetzbuch, 4. Aufl., München 2020 (zit.: MüKo-StGB).

Nomos Kommentar – *Kindhäuser, Urs/Neumann, Ulfrid/Paeffgen, Hans Ullrich/ Saliger, Frank (Hrsg.)*, Nomos Kommentar, 6. Aufl., Baden-Baden 2023 (zit.: NK-StGB).

Satzger Kommentar – *Satzger, Helmut/Schluckebier, Wilhelm/Werner, Raik (Hrsg.)*, StGB-Kommentar, 6. Aufl., Köln 2023 (zit.: SK-StGB).

Vahlen Kommentar – *Matt, Holger/Renzikowski, Joachim (Hrsg.)*, Strafgesetzbuch: Kommentar, 2. Aufl., München 2020 (zit.: VK-StGB)

Internetquellen

https://www.beck-online.beck.de – Zugriffsdatum 13.01.2024.

https://www.dwds.de – Zugriffsdatum 13.01.2024.

https://www.institut-fuer-menschenrechte.de – Zugriffsdatum 13.01.2024.

https://www.juedische-allgemeine.de – Zugriffsdatum 13.01.2024.

https://www.juris.de – Zugriffsdatum 13.01.2024.

https://www.kazanci.com.tr – Zugriffsdatum 13.01.2024.

https://www.legalbank.net Zugriffsdatum 13.01.2024.

https://www.lexpera.com.tr – Zugriffsdatum 13.01.2024.

https://www.merriam.webster.com – Zugriffsdatum 13.01.2024.

https://www.openjur.de – Zugriffsdatum 13.01.2024.

https://www.wortbedeutung.info – Zugriffsdatum 13.01.2024.

https://www.yargitay.gov.tr – Zugriffsdatum 13.01.2024.